조선사
개념어 사전

500년 역사가 단숨에 들여다보이는

조선사 개념어 사전

유정호 지음

양부일구 仰釜日晷

상평통보 常平通寶

세종(1397~1450, 재위 1418~1450)

창덕궁 昌德宮

역사가 어렵게 느껴지는 이유는 무엇일까요? 많은 원인이 있겠지만 그중 하나가 지금은 잘 사용하지 않는 생소한 용어 때문이 아닐까 싶습니다. 비단 역사에만 국한되는 것은 아닙니다. 독자 분들도 공부하는 과정을 떠올려보면 공감할 것입니다. 어떤 공부든 처음에는 마음처럼 진도가 나가지 않습니다. 온통 모르고 생소한 언어들로 가득 차 있기 때문입니다. 그러나 용어의 개념을 이해하고 활용할 수 있게 되면 어느 순간부터 학습이 빠르게 이루어지고 있음을 느낄 것입니다. 이런 과정이 반복되면 공부가 재미있어지는 일을 경험하게 됩니다.

그런데 역사는 유독 다른 학문과는 달리 공부하는 재미가 쉽게 생겨나지 않습니다. 평소에 잘 사용하지 않는 용어와 개념이 가득하고 하나의 사건에 수많은 인물이 등장하기 때문입니다. 그래서일까요? 소설이나 드라마처럼 현재의 용어로 풀이해 설명하면 그렇게 재미있던 역사가, 공부하려는 순간 어려워지며 흥미를 잃고 맙니다.

예를 들어 많은 시청자가 눈물을 흘리며 본 MBC 드라마 〈연인〉이 있습니다. 양반이지만 피치 못할 사정 때문에 중인으로 살아가던 이장현이 유길채라는 양반 여인을 만나 사랑에 빠집니다. 하지만 병자호란이 일어나 유길채는 청나라에 붙잡혀가며 헤어지고 말죠. 이장현은 소현세자를 따라 역관으로 청나라에 들어가 사랑하는 유길채를 구해 조선으로 돌려보냅니다. 이장현도 뒤따라 고국에 돌아오지만, 소현세자의 의문스러운 죽음에 연루되어 죽을 위기를 겪으며 유길채와 헤어집니다. 그럼에도 불구하고 이장현과 유길채는 사랑으로 여러 역경을 이겨내며 해피엔딩을 맞이한다는 줄거리입니다.

드라마가 정말 재미있어서 시대 배경인 조선을 공부하려고 마음먹는 순간 인조, 소현세자, 강빈, 김상헌, 최명길, 청태종, 용골대, 양반, 중인, 노비, 역관, 인조반정, 산림, 쇄환, 광교산 전투, 주전파, 홍이포, 고명, 연호 등 수많은 용어와 인물이 등장해 머리를 지끈지끈 아프게 합니다. 그러나 반대로 생각해보면 역사 용어와 인물을 알고 있으면 〈연인〉이라는 드라마가 더욱 재미있어지지 않을까요?

그래서 역사에 친숙해지고 재미있어지기를 바라는 마음으로 역사 용어집을 출간하기에 이르렀습니다. 물론 죄송스럽게도 모든 역사 용어를 담을 수 없어서 우리가 가장 많이 접하는 조선 건국부터 세도정치까지 국왕 스물일곱 명을 비롯해 인물, 용어, 서적 등 870여 개를 간략하게 다룬 점 양해해주시기를 부탁드립니다. 그럼에도 역사를 공부하는 학생만이 아니라 역사에 관심이 많거나 역사를 사랑하는 모든 분에게 분명히 도움이 될 것이라 자부합니다.

마지막으로 이 책은 국어사전으로 단어를 찾아보신 세대라면 그리 어렵지 않게 활용하실 수 있을 것입니다. 그

조선사 개념어 사전

러나 국어사전이 생소한 세대를 위해 용어 및 인물을 찾는 방법을 소개해드리면 다음과 같습니다. 우선 자음 'ㄱ ㄲ ㄴ ㄷ ㄸ ㄹ ㅁ ㅂ ㅃ ㅅ ㅆ ㅇ ㅈ ㅉ ㅊ ㅋ ㅌ ㅍ ㅎ' 순으로 용어가 배치되어 있습니다. 같은 자음 안에서는 모음 'ㅏ ㅐ ㅑ ㅒ ㅓ ㅔ ㅕ ㅖ ㅗ ㅘ ㅙ ㅚ ㅛ ㅜ ㅝ ㅞ ㅟ ㅠ ㅡ ㅢ ㅣ' 순서를 따라 궁금하고 필요한 용어를 찾으시면 됩니다. 예를 들면 '가별초 – 간경도감 – 갑술환국 – 강빈 – 개시' 순으로 기재되어 있습니다. 이 책이 여러분의 역사 궁금증을 해소하는 데 조금이나마 도움이 되기를 희망합니다.

차례

가별초 家別抄

함경도로 이주한 태조 이성계의 조상인 이안사(목조)가 원나라에게서 천호장의 벼슬을 받으면서 고려인과 여진족 1천여 명으로 사병 집단인 가별초(가별치)를 구성했다. 이성계는 가별초를 기반으로 홍건적과 왜구를 상대로 한 수많은 전투에서 승리를 거두며 고려를 위기에서 여러 차례 구했다. 이후 가별초는 이성계가 조선을 건국하는 데 군사적 기반이 되었으나, 태종이 왕권 강화를 위해 사병을 혁파하는 과정에서 1411년(태종 11) 해체되었다.

가토 기요마사 加藤清正(1562~1611)

| 가토 기요마사 |

도요토미 히데요시를 도와 일본을 통일하는 데 큰 공을 세우며 다이묘(행정, 사법, 군사, 징세권을 행사했던 일본의 영주)로 임명된 인물로 가등청정으로 불리기도 한다. 임진왜란 초기 함경도 방면으로 올라가 임해군과 순화군을 포로로 잡는 등 일본군의 승리를 이끌었지만, 명나라와의 휴전 협상을 방해한다는 명목으로 일본으로 소환되었다. 정유재란이 발발하자 조선에 다시 건너오지만, 1597년(선조 30) 울산 전투에서 간신히 살아남아 일본으로 돌아갔다. 1600년(선조 33) 일본의 패권을 두고 벌어진 세키가하라 전투에서 도쿠가와 이에야스의 동군에 합류해 큰 공을 세우며 구마모토의 다이묘가 된다.

간경도감 刊經都監

독실한 불교 신자인 세조가 1461년 불교 서적을 수집·번역·간행하기 위해 설치한 기관이다. 승려와 학자가 실무를 담당하며 『화엄경론』 『법어언해』 등 여러 불경을 한문과 한글로 간행했으나, 숭유억불 정책으로 1471년(성종 2) 폐지되었다. 간경도감에서 한글로 번역한 불경은 조선 초 우리말을 연구하는 자료로 활용되고 있다.

간관 諫官

간쟁과 논박을 담당하는 사간원의 관원.

간쟁 諫諍

간관(諫官)이 국왕의 잘못된 행동을 비판해 국정을 바로잡기 위해 만들어진 제도로 사간원, 사헌부, 홍문관이 담당했다. 간쟁은 여론과 민의를 중시하는 조선을 보여주는

제도였으나, 조선 후기 기능이 약화되며 제 역할을 하지
못하게 된다.

갑술환국 甲戌換局

1694년 서인이 정국을 주도하고, 인현왕후가 복위하게 된
역사적 사건이다. 남인 민암은 서인이 인현왕후 복위를
계획하고 있다며 서인 수십 명을 체포해 국문을 열었다.
권력이 한쪽으로 쏠리는 현상을 경계한 숙종은 오히려 민
암을 비롯한 남인 관료들을 유배 보내고, 장희빈을 왕후
에서 희빈으로 강등한 뒤 인현왕후를 복위시켰다. 이후
서인이 요직을 차지하며 정국을 장악한다.

갑인예송 甲寅禮訟

1674년(현종 15) 효종의 비 인선왕후가 죽으면서 인조의
계비인 자의대비가 상복을 얼마 동안 입어야 하는지를 두
고 서인과 남인이 대립한 사건이다. 서인은 효종이 둘째

아들임을 강조하며 사대부의 예를 따른 대공설(9개월)을 주장한 반면, 남인은 효종이 대통을 계승했기 때문에 사대부와는 다른 예가 적용되어야 한다며 1년설을 주장했다. 현종은 국왕으로 즉위한 지 얼마 지나지 않았을 때 발생한 기해예송(1659) 때와는 달리 남인의 주장을 채택하며 왕권 강화를 모색했다.

갑자사화 甲子士禍

1504년 임사홍을 통해 폐비 윤씨의 죽음을 전해 들은 연산군은 관료들의 재산을 몰수할 기회로 여겼다. 폐비 윤씨의 죽음과 관련해 영의정 한치형 등 현직 관료 239명을 죽이고, 한명회 등 이미 죽은 관료 112명의 관을 열어 시체의 목을 자르는 부관참시를 행하며 그들의 재산을 빼앗았다. 이 과정에서 신료뿐만 아니라 인수대비와 성종의 후궁 엄숙의와 정숙의가 죽었다. 갑자사화로 자신을 비판하는 세력을 제거한 연산군은 경연을 중지하고 홍문관과 사간원을 혁파하는 등 언관 기능을 약화시켰다.

강빈(1611~1646)

소현세자의 아내로 병자호란 직후 볼모가 되어 청나라 심양에 끌려갔다. 청나라에서 소현세자와 함께 상업 활동을 통해 모은 돈으로 포로로 끌려온 조선인을 고국으로 돌려보내는 선정을 베풀었으나, 그로 인해 인조의 미움을 받았다. 볼모 생활을 끝내고 조선으로 돌아온 지 두 달 만에 남편 소현세자가 죽었다. 인조는 강빈이 수라상에 독을 넣고 후궁 조씨를 저주했다는 이유로 사약을 내려 죽였다.

| 경기도 광명시에 있는 강빈의 무덤 |

ⓒ 한국민족문화대백과사전

강상인(?~1418)

이방원이 국왕으로 즉위하는 데 공을 세우고, 강계 지방에서 여진족을 토벌하는 등 여러 활약을 펼쳤다. 그러나 1418년(세종 즉위년) 병조참판으로서 군사 업무를 태종이 아닌 세종에게 보고한 죄로 관노가 되는 처벌이 내려졌다. 다행히 원종공신이어서 관노가 되는 것은 면했으나, 이후에도 병권이 나뉘면 안 된다는 주장을 펼치다가 참수되었다.

강상죄인 綱常罪人

부모, 남편, 주인을 죽이는 등 삼강오륜에 어긋나는 강력한 범죄를 저지른 사람을 일컫는 말이다. 강상죄인이 되면 본인은 사형당하고, 가족은 노비가 되었다. 강상죄인이 살던 집은 부수어져 연못으로 만들어졌으며, 살던 고을은 연대책임을 물어 행정구역 등급이 강등되고 수령은 파면당했다. 한 예로 숙종 때 아내가 남편을 죽인 사건으로 원주목은 원주현으로 강등되기도 했다.

강순(1390~1468)

세종과 세조 때 여진족을 정벌하고 이시애의 난을 진압한 공로를 인정받아 적개공신 1등에 봉해졌다. 예종 때 영의정이 되었으나, 남이의 역모사건에 연루되었다는 유자광의 고발로 처형당했다. 1818년(순조 18) 남공철의 건의로 관작이 복구되었다.

강항(1567~1618)

| 『간양록』 |
ⓒ 한국민족문화대백과사전

정유재란 당시 의병을 모아 일본군과 맞서다 패하자, 이순신이 있는 논잠 포구로 이동하던 중 일본으로 끌려갔다. 일본 시코쿠 지방 오즈성에 머물면서 도쿠가와 이에야스에게 『대학』을 가르치던 승려 후지와라 세이카에게 유교 경전을 필사해주었다. 일본으로 귀화하라는 제의를 거절하

고 1600년(선조 33) 조선으로 돌아와서 일본에 관한 보고
서『간양록』을 작성했다. 이후 일본에 파견되는 통신사절
단은 강항이 저술한『간양록』을 필독서로 읽었다. 그러나
일제강점기에는 조선총독부가『간양록』을 금서로 지정하
며 유포가 금지되었다.

강홍립(1560~1627)

도원수로 1만 3천여 명의 병력을 데리고 명나라의 후금
정벌에 참전했다. 조명 연합군이 부차 전투에서 크게 패
하자, 광해군의 밀명에 따라 후금에 투항했다. 조선이 불
가피하게 참전했음을 후금에 설명해 조선 병력을 고국으
로 돌려보냈다. 자신은 후금에 남아 여러 정보를 조선에
건네주며 전쟁이 일어나는 것을 방지하는 데 기여했다.
정묘호란 때 후금의 군대와 함께 조선에 들어와서 화의를
주선했으나, 이 일로 관직을 삭탈당한 뒤 병으로 죽었다.

강희안(1418~1464)

세종을 이모부로 둔 명문가에서 태어나 스물다섯 살에 관리가 되어 신숙주와 함께 『운회』를 한글로 번역하고, 〈용비어천가〉를 풀이하는 등 여러 업적을 세웠다. 세조 집권후 사육신 성삼문과 친분이 있다는 이유로 처벌받을 위기를 겪기도 했다. 글씨를 매우 잘 써서 국가적인 필사 사업에 항상 참여했으며, 세조는 강희안의 글씨를 토대로 새로운 금속활자(을해자)를 주조했다. 이외에도 그림 〈고사관수도〉가 조선 전기를 대표하는 작품으로 손꼽히는 등 시·서·화에 뛰어난 재주를 가졌다.

개시 開市

병자호란 이후 청나라의 요청으로 국경 지역인 경원, 회령, 중강에 개설한 무역 시장이다. 1603년(선조 36) 왜관에 개시를 설치해 일본과 교역했다. 조선 정부는 매년 3월 15일과 9월 15일을 개시일로 정하고 엄격하게 통제했으나, 시간이 흐르면서 제대로 통제되지 않았다.

| 조선이 외국과 무역을 하던 개시 |

객주 客主

상품을 위탁받아 대신 팔아주거나 매매를 주선하는 중간 상인을 일컫는 말이다. 객주는 중국 상인을 상대하는 만상객주, 보부상과 거래하는 보상객주, 숙박을 전담하는 보행객주, 금융을 담당하는 환전객주, 일반 가정용품을 취급하는 무시객주 등으로 나뉜다.

| 과거 시험장의 어지러운 풍경을 그린 조선 후기 풍속화 |

ⓒ 국립중앙박물관

거벽 巨擘

조선시대 불법으로 돈을 받고 과거 시험의 답안지를 대신 작성하는 사람을 일컫는 말이다. 거벽으로 유명한 인물로 금액에 따라 장원, 2등, 3등의 답안지를 작성해 합격시켰다는 유광억이 있다. 과거 시험장에는 거벽 외에도 좋은 자리를 잡아주는 선접꾼, 답안지의 글씨를 대신 써

주는 사수 혹은 서수가 있다.

거북선 龜船

1413년(태종 13) 왜선과
싸우는 거북선에 대한 첫
기록이 나오지만, 이순신
이 고안하고 나대용이 만
든 거북선과의 연관성은
밝혀지지 않고 있다. 임진
왜란에서 활약했던 거북
선은 판옥선 갑판을 거북
이 등처럼 만든 뒤 칼과
송곳을 꽂아 판옥선을 올

| 국립진주박물관에 전시된 거북선 모형 |

ⓒ 유정호

라타려는 일본군을 막았다. 거북선 머리와 배 좌우에 대
포가 있었고, 꼬리에는 총구멍이 있어 전방위로 공격할
수 있었다. 그러나 시야 확보의 어려움과 제한적인 갑판
활용 때문에 많이 건조되지는 않았다.

거세 拒稅

농민들이 국가에 납부해야 할 토지세를 거부하는 운동으로 조선 후기 삼정의 문란 때 자주 발생했다.

거열형 車裂刑

반역과 같은 큰 죄를 저지른 사람의 목과 팔다리를 다섯 대의 수레에 매달아 찢어 죽이는 사형 제도로 거절형, 환형, 환열형이라고도 부른다.

거주 擧主

관리를 임명할 때 후보자 세 명을 천거하는 관리를 일컫는 말로 주로 당상관이 담당했다. 거주는 자신이 추천한 인물이 죄를 지으면 같이 처벌받는 책임도 주어졌다.

거중기 擧重機

| 경기도 남양주에 있는 정약용기념관에 복원된 거중기 |

© 유정호

수원 화성의 건축 설계를 맡은 정약용이 청나라에서 들여온 『기기도설』을 참고해 만든 기계다. 위아래 각각 네 개의 도르래를 이용해 40근(약 25kg)의 힘으로 2만 5천 근(약 15t)의 돌을 들어 올릴 수 있었다. 수원 화성 축조 과정에서 거중기가 활용된 덕분에 비용과 시간이 크게 절약될 수 있었다.

건저문제 建儲問題

선조가 의인왕후에게서 왕자를 낳지 못하자, 정철·유성룡·이산해 등이 논의 끝에 광해군을 세자로 책봉할 것을 건의하기로 결정했다. 그러나 이산해가 세자 책봉을 빌미로 정철이 인빈 김씨가 낳은 신성군을 죽이려 한다고 보고했다. 이 일로 정철은 관직이 박탈당하고 서인인 윤두수와 윤근수가 외직으로 쫓겨난다. 또한 정철의 처벌 수위를 두고 동인이 북인과 남인으로 갈라진다.

건주여진 建州女眞

두만강과 압록강 유역에 살던 여진족으로, 조선에 조공을 바치며 복종하다가도 상황이 여의찮으면 변경의 조선인을 살상하고 약탈했다. 세종 때 4군 6진 개척으로 두만강과 압록강 이북으로 내쫓기고, 세조가 명나라와 함께 토벌하면서 세력이 약해졌다. 16세기 건주여진의 누르하치와 그의 후손들이 중국 본토를 지배하는 청나라를 건국한다.

| 조선 북쪽에 살던 여러 여진족 |

건주위 建州衛

명나라 영락제가 건주여진을 통제하기 위해 설치한 부대와 그 주변 촌락인 위(衛)로, 건주본위· 좌위·우위로 나누어진다. 명나라는 건주여진 추장에게 건주위 도지휘사를 맡겨 다른 여진족을

| 건주여진 출신으로 후금을 세운 누르하치 |

조선사 개념어 사전

견제하도록 했다. 누르하치는 건주좌위 출신으로 1616년
후금을 건국했다.

격몽요결 擊蒙要訣

| 『격몽요결』 |

© 국립중앙박물관

1577년(선조 10) 이이가 황해도 해주에서 아이들을 가르친 경험을 바탕으로 유교적 인재를 양성하기 위해 저술한 아동용 교재다. 10장으로 이루어진 『격몽요결』은 배움의 목적이 성인(聖人)이 되는 것에 있음을 밝히며 학문을 익히는 올바른 자세와 태도를 제시하고 있다. 예를 들어 자기 경험과 지식을 바탕으로 『소학』-『대학』과 『혹문』-『논어』-『맹자』-『중용』-『시경』-『예기』-『서경』-『주역』-『춘추』 순으로 배워야 한다고 제시했다.

격쟁 擊錚

억울함을 토로하기 힘든 백성들이 궁궐에 난입하거나, 국왕이 거동할 때 징, 꽹과리, 북 등을 쳐서 왕 앞에서 직접 하소연하던 행위를 일컫는 말이다. 격쟁을 울린 백성은 소란을 피운 죄로 형조에 끌려가지만, 그곳에서 자신의 억울함을 호소할 수 있었다. 형조는 소란을 피운 이유를 3일 이내에 국왕에게 전달했던 만큼 백성들은 신문고보다 격쟁을 선호했다. 격쟁은 형태에 따라 궁궐에 들어가 호소하는 궐내 격쟁, 국왕이 거동할 때 시위대를 뚫고 들어가 호소하는 위내 격쟁과 시위대 밖에서 호소하는 위외 격쟁으로 나뉜다.

견종법 畎種法

양난 이후 경제적 어려움을 이겨내기 위해 농민들이 밭두둑(이랑)이 아닌 파인 부분(고랑)에 작물을 심는 농사법이다. 강한 바람이나 가뭄에도 농작물이 버틸 수 있는 환경을 제공하는 견종법은 더 많은 곡물 생산을 가능하게 해

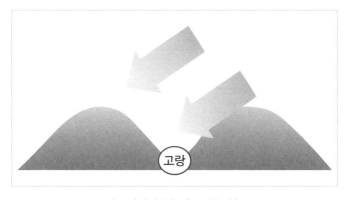

| 고랑에 작물을 심는 견종법 |

농민들의 경제적 어려움을 해결하는 데 도움을 주었다.

결 結

수확량을 기준으로 토지 면적을 측량해 세금을 거두는 척도로 활용하던 단위로, 토지 비옥도에 따라 1결의 면적이 달랐다. 1파(把)는 벼 한 주먹, 1속(束)은 벼 1단(10파), 1부(負)는 벼 10단(10속), 1총(總)은 벼 1백 단(10부), 1결(結)은 벼 1천 단(10총)을 생산할 수 있는 토지 면적이다. 세종 때 1등전 1결의 넓이는 9,859.7m², 인조 때 1등전 1결의 넓이는 10,809m²이었다. 1등에서 6등으로 갈수록 1결의 면적은 넓어졌다.

결작미 結作米

영조 때 균역법 시행으로 감소한 군포 수입을 보충하기
위해 토지에 부과한 세금이다. 1751년 홍계희가 마련한
'결미절목'에 따라 평안도, 함경도를 제외한 6도에서 개
인, 향교, 사찰 소유의 토지에 1결당 쌀 2말 또는 돈 5전을
징수했다. 토지를 소유한 양반에게도 부과되어 조세의 형
평성을 높이는 긍정적 효과도 있었지만, 결작미를 소작농
에게 전가하는 문제도 발생했다.

경강상인 京江商人

경강(한양 부근의 한강)에서 정부의 세곡 및 양반층의 소작
료를 운반하는 일에 종사했던 상인을 일컫는 말이다. 이
들은 곡물, 생선, 목재 등 다양한 물품을 다루며 17세기 이
후 사상(私商)으로, 19세기에는 매점매석을 통해 가격 상

조선사 개념어 사전

승과 매매 조작하는 도고 상인으로 성장한다.

| 경강상인의 주요 거점 중 하나인
마포나루에서 굿을 하는 굿배 |

경국대전 經國大典

| 『경국대전』 |

건국 이후 편찬된 여러 법전의 조항이 중복되거나 서로 모순되어 활용하는 데 어려움을 겪자, 세조가 육전상정소를 설치해 국가 운영의 틀이 되는 법전을 만들었지만 반포하지 못했다. 이후 법전이 수정 및 보충되다가 1485년에 『경국대전』으로 반포되었다. 성종이 『경국대전』을 수정하지 못하도록 명시했지만, 후대 국왕들은

『경국대전』을 토대로 시대의 변화를 수용하는 법전을 계속 편찬했다.

경복궁 景福宮

| 왕이 신하들을 모아 조회를 하던 경복궁 근정전 |

ⓒ 유정호

1395년(태조 4) 한양으로 천도하기 위해 정전과 왕의 침전 등 꼭 필요한 전각 390여 칸만으로 완공했다. 선조 때까지 많은 국왕이 이곳에서 조선을 경영하는 동안 제1차 왕자의 난, 한글 창제, 단종 폐위 등 수많은 역사적 사건이 일어났다. 임진왜란 때 일본군 또는 백성이 불태워버리면서

조선사 개념어 사전

폐허가 되었다. 1867년(고종 4) 흥선대원군이 중건해 고종이 생활했지만, 1896년 러시아 공사관으로 거처를 옮기는 아관파천 이후 경복궁은 다시 빈 궁궐이 되었다. 일제강점기에는 경복궁의 여러 전각이 헐리고 팔리는 등 크게 훼손되었다.

경비사 經費司

호조 소속의 관청으로 중앙에서 이루어지는 국가 경비의 지출, 왜인에게 주는 식량 지출 등을 담당했다.

경세유표 經世遺表

1817년(순조 17) 전라남도 강진에 유배 중이던 정약용이 행정, 토지, 세금 등 국가의 여러 문제를 해결할 방안을 제시한 책이다. 앞머리에 "지금이라도 고치지 않으면 반드시 나라가 망할 것이다"라고 밝힐 정도로 정약용이 심혈을 기울여 집필했으나 완성하지는 못했다. 정약용은 『경세유표』에서 기존에 주장하던 여전론을 현실에 적용하기 어렵다며, 새로운 토지 제도인 정전론을 제시했다.

경시서 京市署

태조 이성계가 고려의 제도를 계승해 상인 감독, 물가 조절, 국역 부과, 도량형기 단속, 화폐 유통 등을 맡아 보게 한 관청이다. 1466년(세조 12) 평시서로 이름이 바뀌었지만, 역할과 기능은 크게 바뀌지 않고 운영되었다.

경신환국 庚申換局

경신대출척이라고도 불리는 경신환국은 남인 영의정 허적이 조부 허잠에게 시호가 내려진 것을 축하하는 잔치에 숙종의 허락 없이 왕실의 천막인 용봉차일을 가져간 일에서 시작되었다. 서인인 김석주와 김만기를 죽이려 한다는 소문 때문에 잔치에 서인 관료들이 참여하지 않은 것에 문제가 있다고 판단한 숙종은 1680년 남인이 가지고 있던 인사권과 군권을 서인에게 넘겨주면서 정국의 주도권을 바꾸었다. 이후 서인은 상호 견제와 비판을 무시하며 일당 전제를 추구했다.

경연 經筵

국왕이 3정승과 6조 판서, 홍문관 관리들과 오전(조강), 낮(주강), 오후(석강) 세 차례 유교 경전을 공부하는 것을 일컫는다. 경연은 공부하기 위한 자리를 넘어 국왕과 관료가 국정 현안을 토론하며 해결 방안을 찾는 정치 활동이 이루어지기도 했다.

경재소 京在所

조선 전기 유향소가 수령의 권한을 침탈하는 일이 많아지자, 지방 출신 고위 관료가 출신 지역 유향소를 관리·감독할 수 있는 경재소를 두었다. 1435년(세종 16) 제도화되었지만, 점차 수령의 지방 통제가 강화되면서 1603년(선조 36)

폐지되었다.

경제문감 經濟文鑑

1395년(태조 4) 정도전이 조선의 정치 조직에 관해 쓴 서적
으로 2권 1책으로 이루어져 있다. 상권에서는 재상 제도의
역사적 변천과 직책을 다루었고, 하권에서는 대간과 수령
등의 직책을 다루었다. 국왕 중심이 아닌 재상 중심의 국
가 운영을 목표로 한 정도전의 이상이 책에 담겨 있다.

경종(1688~1724, 재위 1720~1724)

숙종과 장희빈 사이에서 태어나 국왕으로 즉위하지만, 연
잉군(영조)을 지지하는 노론의 견제로 재위 기간 내내 어
려움을 겪었다. 노론이 연잉군 세제 책봉에 이어 대리청
정까지 요구하자, 경종은 소론의 요구를 받아들여 노론의
4대신을 죽이는 신임사화를 일으켰다. 37세의 젊은 나이
에 갑작스러운 병에 걸려 죽자, 연잉군이 준 감과 게장을

먹고 죽었다는 소문이 돌았다.

경혜공주(1435~1474)

문종의 1남 2녀 중 큰딸이자 단종의 누나다. 단종이 경
혜공주 집에 머물 때 계유정난이 일어나면서 많은 신하
가 살해되었다. 단종 복위 운동이 일어나는 과정에서 남
편 영양위 정종이 금성대군의 역모에 연루되어 유배 보내
졌다가 죽임을 당했다. 세조의 명령으로 공주 신분은 유
지했지만, 거듭되는 가족의 불운으로 37세의 젊은 나이로
죽었다.

경회루 慶會樓

경복궁 근정전 서북쪽에 있는 경회루는 1412년(태종 12)
큰 규모로 중건하면서 왕실 행사나 사신을 맞이하는 연
회를 베푸는 장소로 사용되었다. 이외에도 무관 시험이
나 기우제가 열리던 경회루는 임진왜란 때 전소되었다

| 경복궁의 아름다운 누각 경회루 |

ⓒ 국가유산청

가 1867년(고종 4) 재건되었다. 단일 평면으로는 우리나라
에서 가장 규모가 큰 누각 건물이며, 경회루 현판은 신헌
(1810~1884)의 글씨다.

경희궁 慶熙宮

광해군이 인경궁을 건설하던 중 인조의 아버지 정원군이
살았던 집에 왕의 기운을 가진 바위(왕암)가 있다는 소식
을 접하자, 그곳에 궁궐을 짓고 경덕궁이라 이름을 붙였
다. 인조는 이괄의 난으로 창덕궁과 창경궁이 불에 타 머
물 곳이 없어지자, 경덕궁에서 국정을 운영했다. 영조가 궁

조선사 개념어 사전

| 경희궁을 그린 <서궐도> |

© 유정호

궐 이름을 경희궁으로 바꾸고 머무르던 시기에 1,500칸에
달하는 전각으로 가득 채워지며 서궐이라 불리기도 했다.
경복궁 중건 과정에서 규모가 축소되었다가 일제강점기
이곳에 경성중학교가 세워지며 폐허가 되었다. 현재는 다
른 궁궐과는 달리 전각 일부만 복원되어 있다.

계유정난 癸酉靖難

1453년 김종서와 황보인이 황표정사 등 국왕이 가지고 있
어야 할 인사권을 침해해 왕권이 약해졌다고 생각한 수양

대군이 한명회, 권람 등과 함께 일으킨 정변이다. 수양대군은 김종서를 죽이고 경혜공주의 집에 머물던 단종을 속여 황보인과 조극관 등 여러 신하를 죽이거나 유배 보냄으로써 권력을 장악했다. 이후 수양대군은 단종을 폐위하고 국왕(세조)으로 즉위한다.

계제사 稽制司

예조 소속의 관청으로 각종 의식과 제도, 조회, 경연, 학교, 인장, 과거, 책봉문, 사관, 선왕의 묘휘[국왕이 죽은 후에 짓는 휘(이름)]와 장사(葬事) 등을 담당했다.

계축옥사 癸丑獄事

1613년 광해군을 지지하던 대북파가 정권 유지를 위해 조작한 사건이다. 대북파는 조정 대신의 서얼 일곱 명이 문경새재에서 강도질을 한 것을 두고, 영창대군을 옹립하기 위한 자금 마련이라고 주장했다. 이를 명분으로 삼아 인

목대비의 아버지 김제남을 죽이고, 영창대군을 강화도로
유폐했다가 이듬해 살해했다.

계해약조 癸亥約條

대마도 정벌(1419) 이후 일본과 중단된 교역을 대마도주
의 요청을 받아들여 1443년(세종 25) 다시 삼포를 개항하
고 교역을 허락했다. 일본에서 오는 세견선은 1년에 50척,
삼포에 머무를 수 있는 날짜는 20일, 일본인에게 주는 세
사미두는 쌀과 콩을 합쳐 200섬으로 제한하는 등의 내용
으로 맺은 계해약조는 이후 일본과 맺게 되는 임신약조나
정미약조의 기본 틀이 되었다.

고경명(1533~1592)

전라도 광주에서 태어난 고경명은 임진왜란이 발발하자
두 아들과 의병을 일으켜 전라좌도 의병대장에 추대되었
다. 1592년(선조 25) 일본군이 호남 지역을 침범한다는 소

식을 접하자, 금산에서 곽영이
이끄는 관군과 함께 맞서 싸우고
자 했다. 일본군의 공격에 관군
은 전장에서 빠져나갔으나, 고경
명 휘하 의병들은 도망치지 않고
끝까지 일본군에 맞서 싸우다 죽
었다.

| 고경명 |

고공사 考功司

이조 소속의 관청으로 고려시대 관리의 공과를 관장하던
관서를 계승했다. 문관의 공로와 잘못, 휴가, 근무 실태 조
사, 근무 평가 등을 담당했다.

고니시 유키나가 小西行長 (1558~1600)

소서행장이라고도 알려진 고니시 유키나가는 임진왜란
초기 1만 8천 명의 병력으로 이루어진 제1진을 이끌고 한

| 고니시 유키나가 |

양과 평양성을 함락했다. 조명 연합군에 평양성을 빼앗기자, 명나라 심유경과 강화 협상을 벌였다. 1596년(선조 29) 강화 교섭이 실패하자, 정유재란 때 다시 조선을 쳐들어왔다가 순천왜성에 갇혔다. 도요토미 히데요시가 죽자 일본으로 돌아가기 위해 남해 지역의 일본군을 규합해 이순신이 이끄는 조선 수군에 맞서 싸우게 한 다음 자신은 일본으로 돌아갔다. 일본의 패권을 두고 벌어진 세키가하라 전투에서 도요토미 히데요리(히데요시의 아들) 측에서 싸우다가 패배해 효수당했다.

고려국사 高麗國史

1395년(태조 4) 정도전과 정총 등이 고려 멸망과 조선 건국을 합리화하기 위해 유교적 입장에서 저술한 37권의 역사서다. 잘못된 내용과 인물 평가 등 많은 문제가 제기되면서 여러 차례 수정되었다. 현재는 전해지지 않는다.

고려사 高麗史

『고려국사』의 내용과 서술의 문제점을 보완하기 위해 세종은 고려의 역사를 다시 기록한 『고려사전문』을 편찬했다. 그런데도 여러 문제점이 발견되자, 김종서와 정인지 등에게 고려의 역사를 바로잡는 역사서 편찬을 명령했다. 그 결과 1451년(문종 1)에 기전체로 쓰인 총 139권의 『고려사』가 완성되었다.

고려사절요 高麗史節要

1452년(문종 2) 『고려사』가 열람하기 불편하다는 김종서의 의견에 따라 스물여덟 명이 참여해 5개월 만에 35권의 편년체 형식으로 만든 역사서다. 이 과정에서 『고려사』에 없는 역사적 사건과 사론을 실어서 국왕이 고려의 역사를 교훈으로 삼아 국정을 운영하도록 하고자 했다.

고명 誥命

중국 명·청 왕조가 주변 국가의 국왕을 책봉하는 문서다. 명나라 홍무제가 1370년 공민왕에게 고명을 보낸 이후로 조선의 모든 국왕이 고명을 받았다. 세종 이후에는 국왕만이 아니라 왕비와 세자에게도 고명이 지급되었다. 현재는 연잉군 세제 책봉, 영조 책봉, 효장세자 책봉 때 받은 고명만 남아 전해진다.

고사관수도 高士觀水圖

강희안이 그린 세로 23.4cm, 가로 15.7cm 크기의 산수인물화다. 고사관수도라는 이름은 '고결한 선비가 물을 바라본다'는 의미로, 조선 전기 사대부들이 꿈꾸는 이상적 삶이 반영되어 있다.

| <고사관수도> |
ⓒ 국립중앙박물관

고율사 考律司

태종 때 설치된 형조에 소속된 관청으로 죄인에게 타당한
처벌이 적용되고 형옥이 제대로 판결되었는지 사건을 조
사하는 일을 담당했다.

고종(1852~1919, 재위 1863~1907)

철종이 후사 없이 죽자 열두 살
이라는 어린 나이로 국왕에 즉
위했다. 10년간 아버지 흥선대
원군이 국정을 대신 운영하다
가, 1873년(고종 10) 직접 정치
에 나섰다. 강화도조약 이후 서
구 문물을 받아들이며 부국강
병을 이루고자 했으나 실패했
다. 1907년 네덜란드 헤이그에
서 열린 만국평화회의에 이준,

| 고종 어진 |

ⓒ 유정호

이상설, 이위종을 특사로 파견한 일로 일제에게 강제 퇴

위당한 후 덕수궁에 머물다가 1919년 1월 21일 죽었다.

고증학 考證學

청나라 초에 유행한 고증학은 철학적이고 추상적인 성리학과 양명학 대신 실증적이고 객관적인 연구로 현실에 도움을 주어야 한다고 주장한 학문이다. 조선은 양난 이후 고증학의 영향으로 실생활에 도움이 되는 학문인 실학이 발달한다.

고훈사 考勳司

태종 때 설치된 이조 소속의 관청으로 종친이나 공신에게 작위나 시호 발급, 작위받은 여성에게 증서 발급, 지방 관리 임명장 발급, 제사를 담당하는 관원 선발 등을 담당했다.

곤여만국전도 坤與萬國全圖

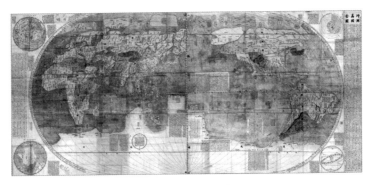

| <곤여만국전도> |

예수회 선교사 마테오 리치가 명나라 학자 이지조와 함께
그린 세계지도로 이광정과 권희가 1603년(선조 36) 조선
에 가져왔다. 숙종의 명령으로 최석정 등이 모사한 8폭 병
풍(가로 531cm, 세로 172cm)에 그려진 〈곤여만국전도〉는 현
재 보물로 지정되어 있다.

공납 貢納

통일신라 때부터 조선시대까지 지역 특산물을 국가에 납
부하는 조세제도다. 1392년(태조 1) 공부상정도감을 설치

조선사 개념어 사전

해 각 지방의 토산물을 기준으로 공물의 품목과 수량을 정한 공안(貢案)을 마련하여 공납을 거둬들였다. 시간이 흐르면서 공안이 현실을 제대로 반영하지 못하고, 관리와 상인이 결탁해 부정을 저지르면서 백성들의 삶이 힘들어졌다. 이 문제를 해결하기 위해 광해군 이후 국왕들은 지역 특산물 대신 쌀 또는 화폐 등으로 거두는 대동법을 전국에 정착시키기 위한 노력을 펼쳤다.

공명첩 空名帖

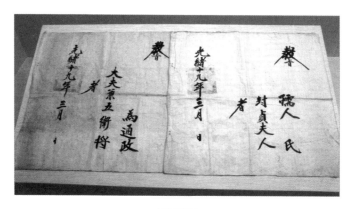

| 공명첩 |

© Piotrus

임진왜란 때 부족한 세수를 메꾸기 위해 조선 정부가 판매한 이름을 기재하지 않은 관직 임명장 또는 면역·면천을 허가하는 문서다. 공명첩으로는 관료가 될 수 없었지만, 양반이라는 신분을 획득해 군역 등 여러 혜택을 받을 수 있었다. 양난 이후 정부는 재정이 곤란해질 때마다 공명첩을 발급하면서 신분제에 변화가 일어났다. 공명첩의 종류로는 관직 임명장인 공명고신첩, 양역 면제를 나타내는 공명면역첩, 천인을 양인으로 인정하는 공명면천첩, 향리의 역을 면제하는 공명면향첩 등이 있다.

공무역 公貿易

공무역이란 국가와 국가 간에 이루어지는 공식적인 무역을 일컫는다. 명나라와 청나라가 쇄국정책을 펴자, 조선은 부족한 재화와 선진문물을 수용하기 위해 사신을 파견해 예물을 보내고, 명나라 혹은 청나라에게서 답례품을 받는 형식으로 공무역을 수행했다.

공야사 攻冶司

공조에 소속된 관청으로 중앙 관청에서 사용하기 위해 제작하는 금·은·옥·주석·도자기·기와 등을 관장하고, 길이와 양을 헤아리는 도구인 도량기와 관련된 일을 담당했다.

공인 貢人

대동법 시행 이후 국가에게 돈을 받고 궁과 관청에 필요한 물품을 조달하는 상인을 일컫는 말이다. 공인은 크게 물품을 구매해 납부하는 상인적 공인과 직접 물건을 만들어 납부하는 수공업자적 공인으로 나뉜다. 공인의 등장과 활동으로 조선 후기 상품화폐경제와 민영 수공업이 발전한다.

공장안 工匠案

공장은 전문적으로 물건을 만드는 사람을 말한다. 조선 정부는 한양과 지방의 공장을 관리하는 동시에 이들에게 공장세를 부과하기 위해 그들의 거주지 등을 기록한 문서인 공장안을 작성해 공조 소속 관청과 지방 관아에 보관하게 했다.

공조 工曹

6조의 하나로 산림, 공장 등에 관련된 일을 담당하던 관서다. 1392년(태조 1)에 설치되었다. 공조의 하위 부서로 토목공사를 담당하는 영조사, 공예품과 도량형을 관리하는 공야사, 산림·칠기·목재를 맡은 산택사가 있었다. 소속 관청으로는 왕의 의복과 궁중에 필요한 물품을 공급하는 상의원, 토목과 건축을 담당하는 선공감, 종이를 만드는 조지서 등이 있다.

공해전 公廨田

왕실과 관청 등의 경비를 충당하기 위해 마련된 토지를 일컫는 말이다. 과전법의 모순으로 수조권이 약화되자 세종이 중추원, 사헌부, 사간원, 의금부 등 관청의 공해전을 폐지하고, 세조가 내수사의 공해전을 없애면서 자취를 감췄다.

과거제 科擧制

시험을 통해 관료를 선발하는 제도로, 초시·복시·전시로 이루어져 있다. 신분보다는 능력과 실력 위주의 사회를 운영하고자 했던 조선은 고려와 달리 무과를 추가하는 등 문관, 무관, 기술관과 같은 관리를 선발하는 데 과거제를 크게 활용했다.

과전법 科田法

위화도회군으로 권력을 장악한 이성계와 정도전은 권문세족을 약화하고 조선 건국에 참여한 사대부에게 경제적으로 보상하기 위해 과전법을 시행했다. 1390년 종래의 모든 토지대장을 불태우고, 이듬해 왕궁·관아 등 국가 기관과 관료들에게 수조권을 부여했다. 관리에게 지급되는 과전의 경우 경기 지역으로 한정하고, 품계에 따라 10~150결을 차등 지급했다. 원칙적으로 관료가 퇴직하고 죽으면 수조권을 반환해야 하지만, 수신전·휼양전·공신전 등을 이용해 토지를 세습하는 문제가 발생했다.

곽우록 藿憂錄

조선 후기 실학자 이익이 경연, 병제, 균전론, 붕당론 등 여러 사회 문제를 열아홉 개 항목으로 나누고, 해결책을 제시한 2권 1책의 서적이다. 책 제목인 '곽우'가 벼슬하지 않는 백성의 걱정이라는 뜻을 가진 것처럼, 이익의 개혁 방안은 실제 정책에 크게 반영되지는 못했다.

곽재우(1552~1617)

| 곽재우 생가 |

ⓒ 유정호

임진왜란이 발발하자 경상남도 의령에서 의병을 일으켜 함안군을 수복하는 등 전공을 세워 형조정랑 및 성주목사로 임명되었다. 홍의장군이라 불린 곽재우는 제1차 진주성 전투에서 김시민 장군이 승리하는 데 도움을 주었다. 이후 진주목사에 임명되지만 관직에 나가지 않고 낙향했다가, 정유재란이 발발하자 경상좌도방어사가 되어 가토 기요마사에 맞서 싸웠다. 선조와 광해군 때 조정에서 계속 관직이 내려졌으나 끝까지 거부하고 낙향했다.

관수관급제 官收官給制

현직 관료에게만 수조권을 지급하는 직전법이 시행되자 많은 관료가 규정보다 더 많은 세금을 거두거나, 농민의 토지를 빼앗는 문제가 발생했다. 성종은 직전법으로 생긴 폐해를 막기 위해 국가가 세금을 직접 거둬들인 후 관리에게 나눠주는 관수관급제를 시행했다. 고정된 양을 지급하는 녹봉과 달리 관수관급제는 그해의 풍흉에 따라 지급되는 곡식의 양이 달라졌다. 관수관급제는 국가가 토지와 백성을 직접 지배하는 결과를 가져왔지만, 여전히 관료에게 지급할 토지 부족 문제를 해결하지는 못했다.

관시 館試

성균관 유생이 출석 점수인 원점 300점을 받으면 응시할 수 있는 문과 초시다. 자격을 가진 사람이 적은 만큼 응시하면 대부분 합격해 바로 복시에 도전할 자격이 주어졌다. 단, 시험 장소는 반드시 성균관이어야 했고, 응시 유생과 감독관 간에 친인척 등 상피 관계가 있으면 한성시에 응시해야 했다.

관찰사 觀察使

방백이라고도 불리는 관찰사는 관할 내 수령 등 지방관을
관리·감독하면서 유사시에는 병마절도사가 되어 군대를
이끌었다. 고려와 달리 조선은 관찰사가 수령의 고과를
평가해 중앙에 보고할 수 있도록 품계를 높여주는 동시에
많은 권한을 부여했다.

관혼상제 冠婚喪祭

『예기』에서 처음 사용된 관혼상제는 사람이 살면서 거쳐
야 하는 의례(성인식, 혼례, 상례, 제례)를 총칭하는 말이다.
조선시대에는 유교식 관혼상제를 강조하면서도 조선의
현실을 반영한 200여 종의 예법서가 출간되었다.

광작 廣作

조선 후기 이앙법과 견종법 등 새로운 농법의 도입으로 넓은 토지를 경작하던 현상을 일컫는 말이다. 광작은 상업 작물 재배, 신분제 변동 등 농촌 사회에 큰 변화를 일으켰는데, 특히 많은 농민이 토지에서 쫓겨나 임노동자가 되는 사회 현상을 불러오기도 했다.

광통교 廣通橋

청계천에 있는 광통교는 사람과 말이 다닐 수 있도록 태조 때 흙으로 만들어졌다. 1410년(태종 10) 광통교가 폭우로 무너지자, 돌을 이용한

| 서울특별시 청계천에 있는 광통교 |

ⓒ 국가유산청

석교로 다시 제작했다. 이때 신덕왕후의 능에 있던 석각 신장 열두 개를 건축 자재로 활용하는 과정에서 거꾸로

세워놓았다. 현재의 광통교는 2003년 청계천 복원 과정에서 원래 위치보다 155m 상류 지점에 복원한 것이다.

광해군(1575~1641, 재위 1608~1623)

선조와 후궁인 공빈 김씨의 둘째 아들로 태어난 광해군은 임진왜란 때 선조가 의주로 도망치는 과정에서 세자로 책봉되었다. 임진왜란 중에는 분조를 이끌어 관군을 재건하고 민심을 다독이는 등 많은 공을 세웠다. 하지만 전쟁이 끝난 뒤 선조의 적자로 태어난 영창대군에게 세자 자리를 빼앗길 위기에 처했다. 국왕으로 즉위해 대동법, 중립 외교, 『동의보감』 편찬 등 여러 업적을 쌓았지만, 대규모 토목공사로 백성의 원망을 듣기도 했다. 결국 인목대비를 유폐하고 동생 영창대군을 죽였다는 폐모살제를 명분으로 내세운 인조반정으로 국왕의 자리에서 쫓겨난다. 이후 강화도와 제주도에서 오랜 유배 생활을 하다가 죽는다.

괘서 掛書

'벽서' 항목 참조.

교명 敎命

왕비, 왕세자, 세자빈 등을 책봉할 때 수여하는 문서로 왕의 당부가 담겨 있다.

교종 敎宗

교리에서 깨달음을 얻고자 하는 불교 종파로 조선 건국 후 열한 개에서 여섯 개 종파로 축소되었다. 세종이 선교양종으로 폐합하면서 교세가 약화했다가 중종 때 승과 제도 폐지로 사라졌다. 1550년(명종 5) 문정왕후가 선교양종을 부활하는 과정에서 봉선사를 교종의 본사로 삼으며 잠시 부흥하는 듯했으나, 문정왕후 사후 다시 약화했다가 사라졌다.

구성군 이준(1441~1479)

세종의 4남 임영대군의 아들로, 1466년(세조 12) 무과에 급제한 뒤 이듬해 4도병마도총사가 되어 이시애의 난을 평정했다. 이때의 공로로 적개공신 1등과 영의정이 되었다. 1468년(예종 1) 남이의 옥사를 잘 다루었다며 익대공신 2등이 되었지만, 1470년(성종 1) 성종을 몰아내려 했다는 정인지의 탄핵으로 경상도 영해에서 유배 생활을 하다가 죽었다.

구운몽 九雲夢

1687년(숙종 13) 김만중이 유배지에서 어머니를 위로하기 위해 지은 소설로 한글본과 한문본이 있다. 8선녀를 희롱한 죄로 인간으로 환생한 주인공 성진이 부귀영화를 누리다가 말년에 불교에 귀의한다는 내용으로『옥루몽』『옥련몽』등 후대 소설에 영향을 주었다.

국조보감 國朝寶鑑

역대 왕의 선정을 모아 편
년체로 쓴 서적이다. 세종
이 태조와 태종의 업적을
편찬하도록 명령한 이후
세조, 숙종, 정조, 헌종이
『국조보감』에 내용을 추가
했다. 1908년(순종 1) 마지
막 작업이 이루어지면서
90권 28책으로 완성되었다.

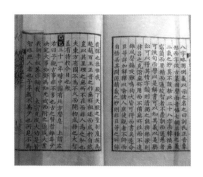

| 『국조보감』 |

ⓒ 유정호

국조오례의 國朝五禮儀

국가의 기본 예식인 오례의 예법과 절차를 글과 그림으로
정리한 책이다. 오례는 길례(제사), 가례(왕실 혼례, 책봉),
빈례(사신 접대), 군례(군대 의식과 예절), 흉례(왕과 왕후의 상
례)를 말한다. 세종의 지시로 편찬 작업에 착수해 1474년
(성종 5) 신숙주와 정척 등이 완성했다.

군기시 軍器寺

병기 제조 등을 담당하던 고려 군기감이 1466년(세조 12)
군기시로 명칭이 바뀌었다. 군기시의 야로소, 조갑소, 대
고, 제조고, 장인거소, 화약감조청, 궁전소 등 부속 시설에
서 화약과 화포 등 병기를 제조했다. 1884년(고종 21) 폐지
되면서 병기 제조의 기능이 기기국으로 옮겨졌다.

ㄱ

군정 軍政

군정은 군역 편성의 기준이 되는 문서와 운영에 필요
한 군포에 관한 일을 일컫는 말이다. 조선 전기의 군대는
16~59세의 양인 남자 중 군인으로 복무하는 갑사와 갑사
의 농사와 집안일을 도와주는 보인으로 구성되었다. 그러
나 보인의 수가 줄어들면서 병역을 기피하는 문제가 발생
하자, 1541년(중종 36) 군포 2필을 거두어 군인을 고용하
는 군적수포제가 실시되었다. 영조 때에는 백성의 부담을
덜어주기 위해 군포 2필을 1필로 줄여주는 균역법이 시행
되었다.

궁녀 宮女

궁중의 살림과 왕족을 보필하는 궁녀에게는 『경국대전』 규정에 따라 정5품에서 종9품의 직책이 주어졌다. 궁녀는 열 살 전후 궁에 들어와 애기나인(생각시)으로 시작해 나인, 상궁으로 승진했다. 평생 궁궐에서 생활해야 하지만, 천재지변이 나거나 큰 병에 걸리면 방출되기도 했다. 혼인이 원칙적으로 금지되었으나, 왕의 승은을 받으면 궁녀로서 승은상궁이 되었다. 더 나아가 왕의 자녀를 낳으면 종4품 숙원 이상의 후궁이 되기도 했다.

궁방전 宮房田

궁장토라고 불리는 궁방전은 임진왜란 이후 대군, 군, 공주, 옹주 등 왕족이 거처하는 궁방에 지급된 토지로 소유에 제한이 없었고, 조세도 면제되는 특혜가 주어졌다. 왕족이 궁방전을 이용해 농민의 토지를 빼앗는 등 여러 문제가 계속 발생하자, 1894년 갑오개혁 때 면세 특권을 폐지하고 토지를 농민에게 돌려주게 했다. 단, 원소유자가 분명하지 않으면 왕실 업무를 담당하던 궁내부에서 관리하도록 했다.

권근(1352~1409)

조선 건국 후 예문춘추관학사·중추원사 등을 역임하고, 1396년(태조 5) 표전문(황실에 보내는 글)이 예의가 없다고 트집을 잡는 명나라에 들어가 문제를 해결했다. 제1차 왕자의 난 이후 사병 폐지를 주장하고, 왕명으로『동국사략』을 편찬했다. 명나라 태조의 명을 받아 쓴 응제시 24편은 권근의 손자 권람이 주(註)를 붙여 1462년(세조 8)에 간행되었다.

권율(1537~1599)

임진왜란이 발발하자 광주목사 곽영의 중위장으로 전라도순찰사 이광과 북진하다 용인에서 패배했다. 이후 의용군을 모아 이치 전투에서 승리하여 일본군의 전라도 진입

을 저지한 공로를 인정받아 전
라도순찰사로 승진했다. 명군
과 함께 한양을 탈환하기 위해
독산성에서 일본군 총대장 우
키타 히데이에의 공격을 막아
낸 뒤, 행주산성에 주둔했다. 명
나라 이여송이 일본군에 패배
해 도망치면서 행주산성에 고
립되었을 때, 일본군 3만여 명
의 공격을 격퇴했다. 정유재란

| 행주산성에 세워진 권율 동상 |

ⓒ 유정호

때는 도원수로 육군과 수군을 지휘해 일본군의 북상을 저
지했다. 임진왜란이 끝난 이후 전란을 극복한 공을 인정
받아 선무공신 1등이 되었다.

규장각 奎章閣

1776년(정조 즉위년)에 선왕의 책과 어필, 유품을 보관하는
왕실 도서관의 역할을 수행하기 위해 창덕궁 후원에 건설
되었다. 규장각의 실질적인 목표는 왕권 강화를 위한 친

조선사 개념어 사전

| 창덕궁 후원에 세워진 규장각 |

© Daderot.

위 세력을 육성하기 위한 것이어서, 능력만 있으면 당파
와 서얼에 상관없이 누구나 규장각에서 교육받을 수 있었
다. 규장각 관원에게는 공부에만 전념할 수 있는 초계문
신 외에도 신분 보장, 왕을 직접 만나는 특혜 등이 주어지
면서 이덕무, 유득공, 박제가 등 여러 인재가 배출되었다.
정조 사후 규장각의 권한과 역할이 축소되다가 1910년 폐
지되었다.

규형 窺衡

1466년 세조가 각도와 축척의 원리를 이용해 토지의 원근과 높낮이를 측량하기 위해 직접 고안하여 제작한 측량기구로 인지의라고도 부른다. 구리로 제작된 규형은 오늘날 전해지지 않는다.

균역법 均役法

1750년 2필씩 거두는 군포가 백성의 삶을 어렵게 하자, 영조는 균역청을 설치해 군포를 1필로 줄이는 균역법을 시행했다. 균역법으로 부족해진 재원은 어전세, 염세, 선무군관포 등으로 보충하며 일시적으로 백성의 부담을 덜어주었다. 그러나 도망간 군역 대상자의 몫을 다른 양인이 부담하는 등 군역의 근본적인 폐단을 해결한 것이 아니어서 19세기 민란의 원인이 되었다.

균전론 均田論

유형원이 『반계수록』에서 토지 국유제를 전제로 주장한 토지 개혁론이다. 농민 장정 1인당 1경(약 40두락으로 장정한 명이 경작 가능한 면적)의 토지를 지급하고, 선비와 관리에게는 2~12경의 토지를 차등 지급할 것을 제안했다. 이후 많은 실학자가 균전론을 바탕으로 여러 토지 개혁을 주장했다. 균전론은 토지 국유제와 신분제 사회라는 틀에서 벗어나지는 못했지만, 당시 지식인들의 개혁 의지와 근대적 의식의 성장을 보여준다.

ㄱ

금난전권 禁亂廛權

17세기 육의전을 비롯한 시전들이 늘어나는 난전으로 인한 피해를 호소하자, 정부가 시전 상인에게 국역을 부담하는 대신 난전을 단속할 권한인 금난전권을 주었다. 이를 통해 시전 상인들은 난전의 물건을 압수하거나 난전 상인을 체벌하는 등 여러 권리를 행사하며 자신들의 이권과 이익을 지켰다. 그러나 1791년(정조 15) 신해통공으로 육의전이외의 시전들은 금난전권을 행사하지 못하게 된다.

금성대군(1426~1457)

세종의 여섯째 아들로 방석의 후사로 입적되었다. 1455년 (세조 1) 역모죄로 삭녕, 광주, 순흥에서 귀양살이를 하던 중 순흥부사 이보흠과 단종 복위를 도모했다. 그러나 거사를 일으키자는 격문을 가지고 도망치는 관노를 붙잡은 풍기군수의 고발로 단종 복위 거사가 실패하며 반역죄로 사사당한다.

금양잡록 衿陽雜錄

1492년(성종 23) 경기도 금양현으로 낙향한 강희맹이 농부에게 배운 농사법과 스스로 농작물을 키워낸 경험을 바탕으로 저술한 농서다. 80여 종의 작물의 생김새와 재배 시기, 농사에 피해를 주는 자연재해, 농사짓는 희로애락, 정부의 농업정책 비판 등 다양한 내용을 이두와 한글로

표기해 15세기 국어와
경기도 지역의 농업을
알려주고 있다.

| 『금양잡록』 |

금위영 禁衛營

1682년(숙종 8) 병조판서 김석주의 건의로 국왕 호위와 수
도 방위를 위해 설치한 중앙 군영이다. 병조판서가 대장
으로 임명되었다가 1754년(영조 30) 단독으로 금위영을
책임지는 대장이 임명되면서 독립된 군영이 되었다. 평안
도, 함경도를 제외한 6도의 향군이 2개월간 금위영에서
복무하는 방식으로 운영되었다. 1881년(고종 18) 군대 개
편 과정에서 장어영에 통합되었다가 1895년 혁파되었다.

기기도설 奇器圖說

1627년(인조 5) 스위스 출신 예수회 선교사 테렌즈가 중국에 서양 기술을 소개한 서적이다. 정약용은 정조가 준 『기기도설』을 참고해 배다리 건설과 수원 화성 축조에 거중기를 만들어 활용했다.

기묘사화 己卯士禍

1519년 조광조를 중심으로 한 사림파가 위훈 삭제를 주장하는 등 급진적인 개혁을 요구하는 것에 부담을 느낀 중종이 훈구파와 손을 잡고 사림파를 내쫓은 사건이다. 궁궐 나뭇잎에 꿀로 주초위왕(走肖爲王) 글자를 쓴 뒤 벌레가 갉아 먹게 하고는, 주초위왕이 '조(趙=走+肖)씨가 왕(王)이 된다(爲)'는 억지 주장으로 조광조를 비롯한 사림파 관료를 죽이거나 관직에서 쫓아냈다. 그리고는 공신 자격이 박탈된 훈구파를 다시 공신으로 복권시키며 재산을 돌려주었다.

기발이승일도설 氣發理乘一途說

율곡 이이가 사단과 칠정은 모두 기(氣)에서 나타나고 이(理)가 따르는 것이라고 주장한 이론이다. 기발이승일도설은 조선 성리학이 주리론과 주기론으로 나누어지는 시발점이 되어, 훗날 붕당이 국가 경영을 두고 다른 시각으로 경쟁하는 결과를 가져왔다.

기사환국 己巳換局

1689년 숙종이 장옥정을 희빈으로 삼고 그의 아들을 원자로 책봉하려 하자, 송시열을 비롯한 서인의 반대가 이어졌다. 숙종은 서인의 행동이 왕권을 위협한다고 생각해 남인 이현기의 상소를 계기로 송시열에게 사약을 내려 죽이고, 김수항 등 서인 관료를 내쫓고 남인을 중용했다. 이후 숙종은 인현왕후를 궁에서 내쫓고 장희빈을 왕비로 맞이했다.

기유약조 己酉約條

1609년(광해 1) 임진왜란 이후 일본 에도 막부의 통교 요청을 계기로 일본 정세를 파악하기 위해 맺은 조약이다. 에도 막부는 기유약조를 맺기 위해 왕릉을 도굴한 죄인과 포로로 붙잡혀간 조선인을 돌려달라는 조선 정부의 요구를 이행했다. 기유약조 이후 조선은 통신사를 파견해 일본의 정세를 파악하는 동시에 선진문물을 전수했고, 일본 에도 막부는 통신사를 통해 정권의 정통성을 확보했다.

기자실기 箕子實記

1580년(선조 13) 이이가 편찬한 책이다. 이이는 윤두수의 『기자지』가 체계적이지 못해 기자조선을 건국한 기자에 관해 제대로 알 수 없다고 생각해 이 책을 썼다. 우리 민족을 교화해 중국처럼 문화 수준을 향상시킨 기자를 숭상하는 조선 중기 시대상이 반영되어 있다.

기자지 箕子志

| 『기자지』 |

© 한국민족문화대백과사전

윤두수가 명나라 사은사로 가서 기자에 관한 질문에 제대로 답변하지 못하고 돌아온 뒤, 서적과 비문 등을 조사해 1580년(선조 13)에 편찬한 서적이다. 한반도의 기자 묘 설치와 제사에 관한 내용뿐만 아니라 중국 사서에 나온 기자 관련 내용을 포괄적으로 담아, 조선이 소중화라는 자부심을 표현했다.

기축옥사 己丑獄事

1589년(선조 22) 정여립의 모반사건을 계기로 1천여 명의 동인이 희생된 사건이다. 관직을 버리고 전라도 진안 죽도로 내려간 정여립(1546~1589)은 대동계라는 단체를 만들어 관군이 진압하지 못한 왜구를 물리치며 백성의 환호를 받았다. 1589년 황해도관찰사 한준과 안악군수 이축이 상소문을 올려 정여립의 대동계가 역모를 준비하고 있다고 알렸다. 선조가 선전관과 의금부도사를 파견해 진상을 조사하려 하자, 정여립은 자결했다. 이 일을 계기로 서인은 3년 동안 1천여 명의 동인을 죽이는 국문을 이어갔지만, 역모와 관련해 구체적 물증이 나오지 않아 정여립의 역모가 사실인지 의문이 제기되었다.

기해박해 己亥迫害

기해사옥이라고도 불리는 기해박해는 1839년(헌종 5) 집권한 풍양 조씨가 국내에서 활동하던 앵베르 주교, 모방 신부, 샤스탕 신부를 효수하는 등 한양·경기 지역의 신도 100여 명을 죽인 천주교 탄압사건이다.

기해예송 己亥禮訟

제1차 예송이라고도 부르는 기해예송은 1659년(현종 즉위년) 효종이 죽자, 현종의 할머니인 자의대비(인조 비 장렬왕후) 가 상복을 몇 년을 입어야 하는지를 두고 벌어진 서인과 남인 간의 논쟁에서 시작되었다. 서인은 효종이 왕이었어 도 둘째 아들인 만큼 사대부의 예를 따라 자의대비가 상 복을 1년(기년설) 입어야 한다고 주장했다. 반면 남인은 효 종이 왕인 만큼 적장자로 인식해 자의대비가 상복을 3년 입어야 한다고 주장했다. 최종적으로 송시열을 중심으로 한 서인이 승리하면서 남인은 조정에서 쫓겨나고, 현종은 정통성이 훼손되는 결과를 낳았다.

기호학파 畿湖學派

선조 때 동인과 서인으로 분당되는 과정에서 서인은 기호 지역(한양, 인천, 경기도, 황해도 남부, 충청도 일대)을 중심으 로 활동했다. 이들 중에 이이와 성혼의 문인과 학자 집단 을 기호학파라고 불렀다. 인조반정 이후에는 송시열을 중심으로 한 기호학파가 정계와 학계의 주도권을 장악했다. 그러나 숙종 때 송시열의 노론과 윤증의 소론으로 나누어 진다.

김굉필(1454~1504)

김종직의 문인으로 무오사화 때 붕당을 만들었다는 죄로 유배 간 평안도 희천에서 조광조에게 학문을 가르쳤다. 갑자사화 때 처형당했지만, 중종반정 이후 도승지·우의정으로 추증되었다. 정몽주-길재-김숙자-김종직으로 이어지는 성리학의 정통을 계승했다고 평가받아 1610년(광해 2) 5현으로 문묘에 배향되었다.

김대건(1821~1846)

충청남도 당진에서 생활하던 중 모방 신부에게 세례를 받고, 열다섯 살에 최양업·최방제와 마카오 파리외방 선교회에 입학했다. 페레올 교구장에게 신품성사를 받으며 우

리나라 최초의 신부가 된 김대건은 조선교구 부교구장으로 국내에서 포교하던 중 천주교 유포와 서양 세력을 끌어들였다는 죄명으로 처형당했다. 1984년 천주교는 김대건을 성인으로 선포했다.

| 서울특별시 마포 절두산 공원에
세워진 김대건 신부 동상 |

ⓒ Hijin6908

김득신(1754~1822)

대대로 도화서 화원을 배출하던 집안에서 태어났으며, 김홍도의 영향을 많이 받았다. 열여덟 살에 의궤에 이름이 기록될 정도로 뛰어난 그림 솜씨를 자랑했으며, 대표작으로 〈파적도〉 〈긍재풍속화첩〉 등이 있다.

김만덕(1739~1812)

제주도 출신으로 어려서 부모를 여의고 기녀로 살아가다가 육지와의 미곡 무역을 통해 거상이 되었다. 1795년 제주도에 극심한 흉년이 들자, 재산을 기부해 백성을 구휼했다. 정조는 그 공로를 인정해 궁궐로 초청하고, 금강산 여행을 보내주었다. 초계문신 시험에서 '만덕전'을 문제로 출제해 만인의 본보기로 삼았다.

| 김만덕 |

ⓒ 유정호

김상헌(1570~1652)

임진왜란 중에 실시한 문과에 급제해 조정에 나간 김상헌은 광해군 때 북인 정인홍을 탄핵한 일로 좌천되었다. 인조반정 이후 6조 판서 및 성균관제학 등 여러 관직에서 일하다, 인조의 아버지를 원종으로 추존하는 데 반대하며 벼슬에서 물러났다. 1635년 대사헌으로 재기용된 후 후금의 침략에 대비해 군비 강화를 외쳤고, 병자호란 당시 예조판서로서 남한산성에서 끝까지 싸우자는 주전론을 주장했다. 안동으로 낙향 후 명나라를 공격하는 일에 참여하라는 청나라의 요구에 반대하는 상소를 올려 청나라에 6년간 감금되었다.

김성일(1538~1593)

이황의 문인으로 사육신 복권과 종친 등용을 주장해 대궐의 호랑이라는 별명을 얻었다. 1590년(선조 23) 통신사 부사로 일본에 다녀온 뒤 전쟁이 일어나지 않는다고 주장했다. 임진왜란이 발발하자 파직당했으나, 유성룡의 도움으로 경상우도초유사에 임명되어 의병 곽재우를 도왔다. 그해 8월 경상도관찰사가 되어 김시민을 도와 진주성을 지키며 조선을 지키는 데 공헌했으나 병으로 죽었다.

김시민(1554~1592)

25세에 무과에 급제한 후 여진 추
장 니탕개의 침입을 신립, 이순신
과 함께 막아냈다. 임진왜란 때 달
아난 진주목사 이경을 대신해 임
시 진주목사가 되어 일본군의 공
격을 여러 차례 막아낸 공로를 인
정받아 경상우도병마절도사가 되
었다. 그해 10월 3,800명의 병력으
로 하세가와가 이끄는 2만의 일본
군에 승리하며 호남을 지켰다. 그

| 경상남도 진주의 진주성 공원
에 세워진 김시민 장군 동상 |

© Kang Byeong Kee

러나 성을 순찰하던 중 죽은 줄 알았던 일본군이 쏜 탄환
에 맞아 죽었다.

김안국(1478~1543)

김굉필의 문인으로 중종 때 예조참의, 공조판서 등을 지
냈다. 경상도관찰사 재임 시기 향교에 소학을 권하고, 의

조선사 개념어 사전

학 서적을 보급했으며 향약 시행을 추진했다. 기묘사화 때 파직되어 이천에서 후학을 양성하다가, 다시 등용되어 대사헌, 병조판서를 역임하며 성리학 이념에 따른 통치를 강조했다.

김안로(1481~1537)

기묘사화 때 유배형을 받았으나, 다시 정계에 진출해 이조판서에 올랐다. 아들이 장경왕후의 딸인 효혜공주와 결혼하자, 왕실의 친인척으로 권력을 남용하다가 영의정 남곤의 탄핵으로 유배형을 받았다. 남곤 사후 정계에 복귀해 좌의정에 올라 당시 세자이던 인종을 보호한다는 구실로 여러 번 옥사를 일으켜 정적은 물론 복성군 등 왕실 종친도 제거했다. 그러나 문정왕후 폐위를 도모하다가 진도로 유배 보내져 사사되었다.

김육(1580~1658)

광해군 때 이황을 비난하는 정인홍을 유생 명부인 청금록에서 삭제하려다 성균관에서 쫓겨났다. 1636년(인조 14) 명나라에 성절사로 다녀온 후 명의 쇠락 과정을 『조천일기』에 기록했다. 충청도관찰사 재직 시기 대동법 시행을 주장해 성공시켰다. 병자호란 이후 심양에서 소현세자를 보필했다. 1646년 소현세자 사후 인조가 강빈에게 누명을 씌워 처벌하려는 것을 반대하다가 쫓겨났지만, 효종 즉위 후 영의정에 올라 전라도에 대동법 시행을 주장했다.

김인후(1510~1560)

김안국의 문인인 동시에 이황과 공부했던 김인후는 세자 시절의 인종을 가르치다가 부모 봉양을 위해 옥과현령으로 내려갔다. 인종이 죽고 을사사화가 일어나자 관직에서 물러난 이후, 조정의 부름을 평생 거부했다. 평생을 인종에게 충성하는 자세와 더불어 뛰어난 학문으로 문묘 18현에 선정되었다.

김일손(1464~1498)

성종 때 춘추관사관으로 전라도관찰사 이극돈의 비행을
고발했다. 이후에도 이극돈과 성준이 붕당을 만들어 분
쟁을 일으킨다고 상소해 이극돈과 사이가 좋지 않았다.
1498년(연산 4) 『성종실록』을 편찬할 때 스승 김종직이 쓴
'조의제문'을 사초에 실은 것을 두고, 이극돈이 세조를 비
난하는 것이라고 연산군에게 말하면서 김일손을 비롯한
사림파 다수가 화를 입는 무오사화가 발생했다.

김자점(1588~1651)

인조반정이 끝나고 인조의 총애를 받던 김상궁에게 뇌물
을 주어 1등 공신에 책록되었다. 정묘호란 때 왕실을 호종
한 공로로 도원수가 되었으나, 병자호란 당시 청군에 패
전한 책임을 지고 강화도로 유배되었다. 조정으로 복귀한
후 강빈 처형을 주장하고, 자기 손자를 효명옹주와 혼인
시키며 영의정까지 올랐다. 효종 때 역관을 통해 북벌론
을 청나라에 알린 죄로 광양에 유배되었다가, 아들의 역

모사건에 연루되어 처형당했다.

김장생(1548~1631)

이이의 문인으로 관직에 나갔으나 1613년(광해 5) 계축옥
사 이후 은둔하며 학문에 전념했다. 인조반정 이후 75세
의 나이로 원자를 가르쳤고, 정묘호란 때는 의병을 모아
공주로 피난 온 세자를 호위했다. 높은 관직에 오르지는
않았지만, 송시열·최명길 등 많은 문인을 두며 서인이 집
권하는 데 영향을 주었다.

김정호(1804?~1866?)

생몰 연대, 신분, 고향, 가계 등이 정확하게 알려지지 않
아서 평민으로 짐작되는 김정호는 19세기 우리나라 전체
를 그린 〈청구도〉〈동여도〉〈대동여지도〉와 한양 지도인
〈수선전도〉 등 많은 지도와 지리서를 제작했다.

김정희(1786~1856)

| 김정희 |

© 유정호

스물네 살에 옹방강, 완원 등 청나라 학자들과 교유하면서 경학과 금석문 등 여러 가르침을 받았다. 1819년(순조 19) 관직에 나갔으나, 윤상도 옥사에 연루되어 고금도로 유배되었다. 이후 병조참판 등 여러 관직에 오르기도 하지만, 많은 시간을 제주도와 함경도 북청에서 유배 생활로 보냈다. 자신만의 서체인 추사체를 완성했으며, 〈세한도〉〈불이선란도〉 등 뛰어난 그림을 남겼다. 금석학에도 뛰어나 북한산 진흥왕순수비를 판독했다.

김조순(1765~1832)

1785년 과거에 급제해 초계문신으로 발탁되는 등 정조의 신임을 받았다. 당쟁 폐지 등을 주장했고, 청나라에 사은사

서장관으로 다녀왔다. 딸이 순조의 비가 되자 영안부원군에 봉해지고, 훈련대장과 호위대장 등을 역임하며 30여 년간 순조를 보필했다. 실권 있는 요직을 맡지 않았지만, 가족과 친족이 권력을 장악하는 계기를 제공해 안동 김씨의 세도정치 기반을 마련했다는 평가를 받는다.

김종서(1383~1453)

세종 때 함길도도관찰사가 되어 두만강과 압록강 일대에 6진을 설치했다. 남쪽의 백성을 옮겨 살게 하는 사민 정책을 수행해 6진에 조선인을 정착시켰다. 중앙으로 놀아온 이후에는 『고려사』 『세종실록』 총재관, 『고려사절요』 편찬을 주도했다. 문종의 유언에 따라 단종을 보필했으나, 계유정난 과정에서 수양대군에게 죽임을 당했다.

김종직(1431~1492)

정몽주와 길재의 학통을 계승하며 성종 때 도학 정치를 강조했다. 제자 정여창, 김굉필, 김일손 등을 관직에 많이 등용시키며 부정·비리를 저지르는 훈구파를 비판했다. 제자 김일손이 사관으로서 김종직의 '조의제문'을 실은 것이 문제가 되어 일어난 무오사화 과정에서 시신이 훼손당하는 부관참시를 당했다.

김질(1422~1478)

성삼문 등과 단종 복위를 준비하던 중 실패할 것이라 예상하고는 장인 정창손에게 역모 사실을 털어놓았다. 그로 인해 유응부, 성삼문 등 사육신을 비롯한 많은 관료가 죽임을 당했다. 이후 세조의 신임을 얻어 평안도관찰사를 비롯한 병조판서, 형조판서를 거쳐 우참찬으로 승진했다. 예종과 성종 재위기에는 한명회, 신숙주와 함께 원상이 되어 구성군 이준을 제거했다.

김처선(?~1505)

문종 시기부터 연산군 시기까지 활동한 환관으로 세조 때 원종공신 3등으로 책록되고, 성종 때 대비의 질병을 고치는 데 이바지해 자헌대부에 오르는 등 국왕의 신임을 크게 받았다. 1505년에 연산군의 잘못을 비판했다가 혀와 다리가 잘려 죽었다. 김처선의 충언에 화가 난 연산군은 처용무를 풍두무로 고치는 등 김처선의 이름에 들어간 '처(處)'와 '선(善)'을 사용하지 못하도록 명령했다.

김천일(1537~1593)

임진왜란이 발발하자 나주에서 의병을 일으켜 수원, 강화도, 행주산성 등지에서 일본군을 물리쳤다. 명나라 제독 이여송이 평양성을 수복하고 개성으로 남진할 때 도움을 주었으나, 일본과의 강화 협상에는 반대했다. 의병 300명과 진주성에 들어가 가토 기요마사와 고니시 유키나가의 합동 공격에 맞서 끝까지 항전하다 성이 함락되자 아들과 촉석루에서 몸을 던져 자결했다.

김홍도(1745~1806?)

| 김홍도의 모습이라 전해지는 그림 |

강세황에게 그림을 배운 김홍도는 도화서 화원이 되어 영조 어진과 왕세손(정조)의 초상을 자주 그렸다. 정조는 김홍도의 재주를 사랑해 중인으로서 가장 높이 오를 수 있는 종6품에 해당하는 충청도 연풍현감에 임명했다. 정조가 아버지 사도세자의 능에 행차하는 모습을 그린 〈원행을묘정리의궤〉, 진경산수화인 〈을묘년화첩〉, 풍속화 〈씨름〉 등 뛰어난 작품을 남겼다.

김효원(1542~1590)

문정왕후가 죽자, 훈구파의 부정·비리를 강력하게 비판하며 사림파의 중요 인물이 되었다. 1574년(선조 7) 이조전랑에 천거될 때, 심의겸에게 척신 윤원형의 문객이라는 이유로 반대를 받았다. 이후 심의겸의 동생 심충겸이 이조전랑에 천거되자, 그를 명종 비 인순왕후의 형제인 척신이라며 반대했다. 이 일을 계기로 김효원을 지지하는 사림은 동인이 되고, 심의겸을 지지하는 사림은 서인이 되었다. 김효원은 당쟁을 일으킨 죄로 중앙으로 들어오지 못하고 안악군수 등 지방직에 머물렀다.

나경언의 고변

1762년(영조 38) 형조판서 윤급의 청지기였던 나경언이
사도세자의 풍기 문란 등 10여 가지 비행을 형조에 고변
했다. 사도세자가 나경언과 직접 만나 진위를 따지게 해
달라고 요청했으나 묵살당했다. 포도청은 나경언이 세자
를 배척하는 벽파인 우의정 윤동도의 아들 광유의 사주를
받았다는 사실을 밝혀냈지만, 영조는 사도세자의 비행을
알려준 나경언을 충직한 사람으로 보고 살려주고자 했다.
그러나 결국 세자를 모함한 죄를 물어야 한다는 관료들의
주장에 따라 나경언은 처형당하고, 사도세자 또한 영조의
명령으로 죽고 만다.

나선정벌 羅禪征伐

청나라가 흑룡강 일대로 진출한 러시아를 저지하는 과정
에서 조선군이 두 차례 출병한 사건이다. 1654년(효종 5)
변급이 이끄는 150여 명이 출전한 제1차 나선정벌은 혼
동강에서 청군이 승리하는 데 크게 기여했다. 1658년 신
유 휘하 260여 명이 출전한 제2차 나선정벌은 러시아군의
전리품을 노린 청나라 장수 사이호달 때문에 위기를 겪지
만, 조선군의 뛰어난 사격술로 러시아군을 밀어붙여 네르
친스크조약 체결에 도움을 준다.

난전 亂廛

정부의 허가 없이 물건을 판매하는 상인이나 시설을 일컫
는 말이다. 시전 상인에게 부여된 금난전권 때문에 상업
활동에 여러 제약이 따랐으나, 정조 때 시행된 신해통공
이후 적극적인 상업 활동을 할 수 있게 되면서 상품화폐
경제 발전에 기여한다.

난중일기 亂中日記

| 『난중일기』 초고본 |

© 유정호

1792년 정조는 임진왜란 발발 200주년을 맞아 영의정으로 가증된 이순신의 글을 모아 『이충무공전서』 편찬을 명했다. 이때 편찬자들이 이순신이 1592년 1월부터 1598년 11월까지 쓴 『임진일기』『병신일기』『정유일기』를 묶어 『난중일기』란 이름을 붙였다.

남연군(1788~1836)

정조의 이복동생 은신군의 양자이자 흥선대원군의 아버지다. 흥선대원군이 남연군의 묘를 이장하면 아들을 왕으로 만들 수 있다는 말을 듣고 경기도 연천에서 충청남도

95

예산으로 이장했다. 1868년 독일 상인 오페르트가 흥선대원군에게 통상을 요구하기 위해 남연군 묘를 도굴하려다 도망가면서 조선의 통상수교거부정책이 강화된다.

남이(1441~1468)

젊은 종친을 중용해 원로대신을 견제하려는 세조 덕분에 1460년 관직에 나갔다. 포천·영평 일대 도적 토벌, 이시애의 난 진압, 건주여진 토벌의 공로를 인정받아 1467년 공조판서 겸 왕궁 호위를 담당하는 겸사복장이 되었다. 이듬해 병조판서에 오르지만, 대신들의 반대로 물러나 겸사복장이 되었다. 예종 즉위 후 유자광의 모함으로 역적이 되어 거열형으로 처형되었다.

남인 南人

정철의 건저문제를 두고 서인을 온건하게 처리하자고 주장하며 동인에서 갈라진 붕당이다. 남인을 주도하던 유성룡 등이 한양의 남산 부근에 살아서 남인이라 불렸다. 광해군 때 북인이 집권하면서 세력이 약해졌지만, 서인이 주도한 인조반정을 인정하면서 정치에 참여할 수 있었다. 현종 때 예송논쟁 등 서인과 경쟁하며 조선 후기 정국을 이끌었다. 숙종 때 환국으로 탁남과 청남으로 나누어지며 세력이 약화하다가 정조 사후 정계에서 밀려나며 재야에서 많은 실학자를 배출했다. 남인의 대표적 인물로 유성룡, 이원익, 채제공, 정약용 등이 있다.

납속책 納粟策

부족한 재정을 보충하거나 흉년 등으로 굶주린 백성을 구제할 목적으로 곡물이나 돈을 받고 신분을 해방하거나 세금을 면제해주는 정책이다. 조선 전기 노비를 대상으로 시행하다가, 임진왜란 과정에서 군량미를 확보하기 위해 제도화되었다. 천인은 신분 해방, 양인은 군역 면제, 양인 이상은 관직을 주었다. 세도정치하에서는 매관매직의 수단으로 활용되었다.

내명부 內命婦

왕과 왕비를 시중드는 궁중의 궁녀 조직으로 『경국대전』
에 명시되어 있다. 품계를 받고 왕과 왕비를 보필하며 궁
인을 통솔하는 내관에는 정1품 빈, 종1품 귀인, 정2품
소의, 종2품 숙의, 정3품 소용, 종3품 숙용, 정4품 소원,
종4품 숙원의 후궁이 있다. 궁중 살림을 관리하는 궁관에
도 정5품 상궁부터 종9품 주변궁까지 품계가 주어졌다.

내상 萊商

'동래 상인'이라는 뜻을 가진 내상은 지금의 부산광역시인
동래부를 근거지로 삼아 상업에 종사하던 상인 집단이다.
이들은 정부의 허락하에 일본인이 체류하는 장소인 왜관
에서 인삼·도자기 등을 팔고, 은·구리 등을 수입했다.

내시부 內侍府

내시는 궁궐 안에서 일을 보는 신하라는 뜻을 가지고 있으나, 조선시대에는 생식기를 잘라내고 관리가 된 환관으로만 선발되었다. 내시가 소속된 관서인 내시부는 국왕·왕비·세자 등 왕족을 위한 음식물 감독, 명령 전달, 청소 등의 일을 담당했다. 이들은 명령을 전달하기 위해 유교 경전과『삼강행실도』등을 교육받고 매달 시험을 치렀다. 내시부의 최고위직은 종2품 벼슬인 상선이었으며, 내시 모두 정치에 직접 참여하는 것은 엄격하게 금지되었다.

내이포 乃而浦

'제포' 항목 참조.

노걸대 老乞大

고려 말부터 조선시대 통문관과 사역원에서 사용하던 중국어 회화책이다. 중국 상인과 교역할 때 벌어질 수 있는 상황, 중국을 소개하는 상황 등 일상생활에서 겪을 수 있는 내용을 48장 106절로 제시하고 있다. 중종 때 역관 최세진은 한국어로 번역한 『노걸대언해』를 간행했다.

| 『노걸대』를 한국어로 번역한 『노걸대언해』 |

ⓒ 국립중앙도서관

노량해전 露梁海戰

도요토미 히데요시가 죽자 일본으로 철수하려는 고니시 유키나가와 시마즈 요시히로가 이끄는 일본군을 맞아 조선의 이순신과 명나라의 진린이 노량에서 벌인 해전이다. 이순신은 관음포에서 명나라 제독 진린을 구하는 등 선전해 일본군의 배 500여 척 중 450여 척을 격파했으나, 적의 탄환에 맞아 전사했다. 노량해전을 끝으로 7년간의 임진

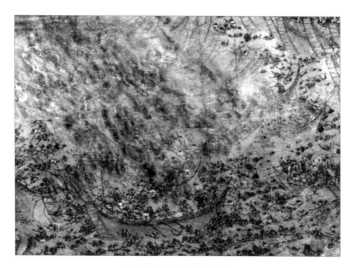

| 노량해전을 그린 그림 |

왜란이 막을 내렸으며, 200년 가까이 한반도를 향한 일본
의 대규모 침략은 이루어지지 않았다.

노론 老論

숙종 때 정국 운영과 남인에 대한 처리 등을 두고 서인에
서 갈라져 나온 붕당으로 대표적인 인물 송시열이 있다.
성리학적 명분론을 강조하며 연잉군(영조)을 지지하다가,
경종 때 소론의 반격으로 영의정 김창집을 비롯한 노론의

고위 관료 네 명이 처형되는 신임사화를 겪으며 세력이 약화했다. 영조 즉위 후 이인좌의 난으로 소론이 약화하자 정국을 주도했다.

노비 奴婢

최하층 신분으로 왕실 및 국가 기관에 소속된 공노비와 개인이 소유하는 사노비로 구분된다. 공노비는 16~60세로 한정되었지만, 사노비는 평생 노비로 살아야 했다. 공노비는 노동력을 제공하는 노역노비(선상노비)와 정해진 현물을 바치는 납공노비로 나뉜다. 사노비는 주인집에 거주하며 노동력을 제공하는 솔거노비와 주인집과 별도로 가정을 이루며 현물을 바치는 외거노비로 나뉜다. 성종 시기 150만 명으로 추산되는 노비는 이후 점차 줄어들었다. 1801년(순조 1) 공노비가 해방되었고, 1894년(고종 31) 갑오개혁으로 신분제가 폐지되면서 노비는 사라진다.

노비종모법 奴婢從母法

부모가 노비일 경우 그들의 자녀는 자연스럽게 노비가 되지만, 부모 중 한 명만 양인일 경우 자녀의 신분을 어떻게 정하는지는 시기에 따라 달라졌다. 1414년(태종 14) 양인을 늘리기 위해 아버지 신분을 따르는 종부법을 시행하다가, 1432년(세종 14) 어머니의 신분을 따르는 종모법으로 바꾸어 시행하도록 했다.『경국대전』 공포 이후 부모 중 한쪽이 노비면 그들의 자녀는 모두 노비가 되도록 법제화했으나, 양인 부족으로 1731년(영조 7) 종모법으로 확정된다.

농가집성 農家集成

| 『농가집성』 |
ⓒ 한국민족문화대백과사전

1655년(효종 6) 왕명을 받은 신속이 『농사직설』 『금양잡록』 『사시찬요초』 『구황촬요』 등 여러 농서를 종합해 저술한 서적이다. 이두와 한글 표기가 많아 국어 연구에 도움을 주

103

며, 당시 농업 기술을 보여준다.

농사직설 農事直說

1429년(세종 11) 정초, 변효
문 등이 왕명을 받아 우리나
라 풍토에 맞는 농법을 기록
한 서적으로 대한민국에 현존
하는 가장 오래된 농서. 세
종은 『농사직설』이 완성되자
각 도의 감사와 지역의 2품 이
상 관원에게 나누어주며 활용

| 『농사직설』|
ⓒ 한국민족문화대백과사전

하게 했다. 이후 간행되는 『농가집성』 『산림경제』 등 여러
농서에 영향을 주었다.

능지처참 陵遲處斬

반역과 같은 큰 죄를 저지른 사람의 팔다리 등 신체를 잘라내고, 마지막에 심장을 찌르고 목을 베어 죽이는 사형 방식으로 능지처사라고도 부른다.

다모 茶母

관청에서 밥을 짓고 잡일을 하던 여자 노비를 일컫는 말이었으나, 조선 중기 이후 의금부·형조·포도청 등에 소속되어 여성과 관련된 사건을 수사하거나 여성 피의자를 수색하는 일을 담당했다. 역적모의가 있다는 정보가 들어오면, 치마 속에 쇠도리깨와 포승줄을 숨겨 죄인을 잡아오기도 했다. 다모가 되기 위해서는 5척(150cm)이 넘어야 했고, 쌀 5말(40kg)을 들어 올릴 수 있어야 했다.

단경왕후(1487~1557)

신수근의 딸로 1499년(연산 5) 진성대군(중종)과 혼인했
다. 중종반정 과정에서 아버지 신수근이 역적으로 살해되
자, 반정 세력은 역적의 딸은 왕비 자격이 없다며 폐출시
켰다. 단경왕후와 관련해 인왕산에 붉은 치마를 둘러놓고
중종을 그리워했다는 '치마바위' 전설이 전해진다.

단종(1441~1457, 재위 1452~1455)

| 단종의 시신을 수습하는
엄흥도의 모습 |

ⓒ 유정호

문종의 유일한 아들로 열두 살
에 국왕으로 즉위했다. 김종서
와 황보인의 보필을 받는 것에
불만을 품은 수양대군(세조)이
1453년 계유정난을 일으켰다.
세조에게 왕위를 물려주고 상
왕으로 물러났으나 사육신의
난 등 단종 복위 시도가 끊이지
않았다. 강원도 영월 청령포로

107

유배 보내져 외부와 단절되었음에도, 금성대군의 역모가
일어나자 사약이 내려졌다. 세조가 내린 사약을 거부하고
열일곱 살에 스스로 목숨을 끊은 단종의 능은 강원도 영
월에 있다.

달자 韃子

명나라가 몽골족 또는 몽골족 국가를 지칭하는 말로 달
단, 달달, 달적, 달노라고 불리기도 했다. 조선은 몽골을
포함한 북방 유목민족을 달자라 지칭했다.

당상관 堂上官

정1품에서 정3품의 품계를 받은 관료로 영의정, 직제학
등 고위 관료를 일컫는 말이다. 이들은 정책을 제안·의결
하는 지위를 가지고 군권과 인사권 등을 행사하는 수장이
었다. 근무 일수를 채워야 승진할 수 있는 순자법과 친족
과 같은 부서에서 근무할 수 없게 하는 상피제가 적용되

지 않고 관직에서 물러난 뒤에도 명예직인 '봉조하'로서
녹봉을 받았다.

당하관 堂下官

종3품에서 종9품의 품계를 받은 관료로 사헌부집의, 군수
등을 담당했다. 당하관에는 양반만이 아니라 기술관이나
서얼 등도 임명되었으며 근무 일수에 따라 승진하는 순자
법을 적용받았다.

대간 臺諫

관료를 감찰하고 탄핵하는 대관과 국왕을 간쟁하고 봉박
하는 간관을 합쳐 부르는 말로 보통 사간원과 사헌부의 관
원을 일컫는다. 이들은 국왕과 재상을 상대로 언론과 공론
을 주장해야 하는 만큼 학식과 강직함이 필요했으며, 국왕
과 관료의 균형을 이루는 데 중요한 역할을 담당했다. 성
종 이후 권력 투쟁에 이용되는 등 여러 문제가 발생했다.

대공수미법 代貢收米法

'수미법' 항목 참조.

대동법 大同法

토지 결수와 호구 수를 토대로 지역 특산물을 거두는 공납이 제 기능을 하지 못하자, 1608년(광해 즉위년) 한백겸이 현물을 거두는 대신 현물 가격만큼의 쌀을 거두는 대공수미법 시행을 제안한 것을 이원익이 재청하면서 경기도에서 시범적으로 시행되었다. 이후 조익과 김육 등의 노력으로 100여 년에 걸쳐 함경도, 평안도를 제외한 전국에서 대동법이 시행되었다. 대동법은 호(戶)가 아닌 토지를 기준으로 1결당 쌀 12두를 거두면서 상품화폐경제의 발달에 기여했다. 또한 공인 등장과 신분제 변화를 촉진하는 등 조선 후기 여러 변화를 가져왔다.

대동여지도 大東輿地圖

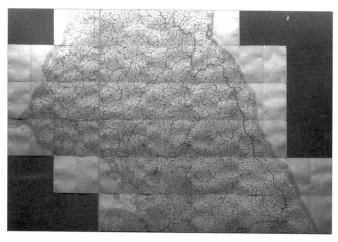

| <대동여지도>의 일부 |

ⓒ유정호

김정호가 조선 정부의 요청으로 기존 지도와 지리서를 토대로 만든 지도로 동서 89리(약 50km), 남북 120리(약 68km)를 한 면에 담아 전국을 총 227면으로 제작되었다. 전부 펼치면 가로 3.8m, 세로 6.7m로 거대하지만, 가로 20cm, 세로 30cm 정도 크기로 접어 휴대할 수 있다. 〈대동여지도〉는 10리마다 표식을 남겨 거리 계산을 도우며, 색상을 넣을 수 없는 단점을 보완해 곡선으로 산을 표현하고, 직선으로 도로를 표시했다. 산줄기도 험한 정도를 나타내기 위해 굵기를 다르게 하거나, 특정 산을 강조하는 '산악투영법'이 활용되었다.

대리청정 代理聽政

국왕이 국정을 직접 운영하기 어려울 경우 왕세자, 왕세손, 왕세제 등에게 국정을 맡기는 일을 일컫는 말이다. 조선시대 대리청정을 했던 인물로 문종, 경종, 영조, 사도세자, 정조, 효명세자(익종) 여섯 명이 있다.

대립제 代立制

지방에 사는 사람이 한양으로 올라가 군인으로 복무하는 것을 '번상'이라고 하는데, 이때 타인에게 일정 대가를 지불해 자기 대신 번상하게 하는 것을 '대립'이라고 한다. 16세기 이후 번상한 군인들이 힘든 토목공사에 동원되는 등 신체적·경제적으로 부담이 커지자 대립이 증가했다. 초기에는 대립한 사람에게 처벌이 내려졌으나, 나중에는 군속들이 번상 군인에게 대립을 강요하며 시세보다 더 높은 비용을 거두어 문제가 되었다. 결국 정부는 대립제를 인정하며 군역을 포로 징수하는 제도를 공식적으로 시행한다.

대원군 大院君

왕위를 계승할 자손이나 형제가 없으면, 왕실의 종친이 왕위를 이어받았다. 이때 즉위하는 국왕의 정통성을 높이기 위해 왕의 친부에게 주는 호칭이 대원군이다. 조선시대에는 네 명의 대원군이 있었는데, 선조의 친부 덕흥대원군, 인조의 친부 정원대원군, 철종의 친부 전계대원군, 고종의 친부 흥선대원군이다. 흥선대원군만이 유일하게 살아 있을 때 대원군으로 봉해졌다.

대윤 大尹

중종의 비 단경왕후가 폐위되고, 계비 장경왕후가 세자(인종)를 낳고 죽었다. 이후 두 번째 계비로 맞은 문정왕후가 경원대군(명종)을 낳으면서 다음 왕위를 두고 다툼이 벌어졌다. 이때 장경왕후의 오빠인 윤임을 중심으로 세자를 지지하던 세력을 대윤이라고 부른다. 명종이 즉위하면서 소윤(小尹)이 일으킨 을사사화로 대부분 처형되거나 유배 보내졌다.

대전통편 大典通編

1785년(정조 9) 『경국대전』『속대전』『오례의』 등 이전에 쓰인 여러 법전을 통합해 편찬한 법전으로 지방 관아로 보내 활용하도록 했다.

| 『대전통편』 |
ⓒ Alvis Jean

대제학 大提學

홍문관, 예문관의 정2품 벼슬이다. 1401년(태종 1) 예문관에 대제학 한 명, 1420년(세종 2) 집현전에 대제학 두 명이 있었으나 사육신 사건으로 사라졌다. 1463년(세조 9) 홍문관이 설치되면서 다시 대제학을 두었다. 당대 최고의 성리학자로 인정받는 사람이 대제학에 임명되는 만큼, 3정승처럼 높은 관직을 역임하더라도 임명되지 못하는 경우가 많았다.

덕대 德大

조선 후기 광산 소유주에게 채굴권과 운영권을 얻어 경영하던 사람으로 광업 자본가로 성장한다.

덕수궁 德壽宮

| 밤에 보는 덕수궁 중화전 |

ⓒ 유정호

임진왜란이 발발하자 의주로 몽진했던 선조가 한양으로 돌아와 월산대군 집터를 임시 거처로 사용하면서 정릉동 행궁으로 불렸다. 광해군 때 경운궁으로 개칭했는데, 인목대비가 이곳에 유폐되었다가 인조반정을 승인하고 광해군을 강화도로 유배 보냈다. 고종이 러시아 공사관에서 경운궁으로 환궁하면서 정관헌 등 서양식 건물이 들어섰다. 1907년 순종에게 강제로 제위를 물려준 고종이 머물면서 이름을 덕수궁으로 바꿨다. 1919년 고종이 승하하면서 3·1운동의 중심지가 되었던 덕수궁은 광복 이후 석조

조선사 개념어 사전

전에서 미소공동위원회가 열리는 등 근현대사의 중심지
가 되었다.

덕흥대원군(1530~1559)

후궁 창빈 안씨에게 태어난 중종의 일곱 번째 아들이다.
명종의 뒤를 이어 셋째 아들 하성군(선조)이 왕으로 즉위
하면서, 1570년 대원군으로 추존되었다.

도결 都結

중앙에서 내려온 관리와 서리 들이 중앙에 납부할 세금을
착복한 뒤, 부족한 세수를 메우기 위해 결세를 더 부풀려
징수하는 것으로 전정(田政)의 대표적인 폐해다. 도결은
임술농민봉기 등 조선 후기 백성들의 저항이 일어나는 주
요한 원인이 되었다.

도고 都賈

조선 후기 매점매석을 통해 이윤을 추구하는 상행위 또
는 상인이나 조직을 일컫는 말이다. 조선 정부는 1791년
(정조 15) 신해통공 이후 여러 차례 도고의 폐해를 근절하
려 했으나 성공하지 못했다.

도순찰사 都巡察使

국가에 위기가 닥쳤을 때 한 개 도(道) 또는 여러 도의 군
정과 민정을 총괄하던 임시 관직이다. 품계에 따라 정1품
은 도체찰사, 종1품은 체찰사, 정2품은 도순찰사라고 불
렀다.

도조법 賭租法

조선 후기 수확량에 상관없이 수확량의 1/3 정도를 소작
료로 납부하는 지대법으로, 지주의 간섭 없이 농사를 지

을 수 있어 소작농에게 유리했다. 그러나 전국적으로 보편화된 형태는 아니었다.

도첩제 度牒制

숭유억불 정책의 일환으로 승려의 수를 제한하기 위해 국가에서 승려의 신분을 인증해주는 제도다. 태조 때 승려가 되기 위해서는 양반 100필, 양인 150필, 천인 200필의 포를 국가에 바쳐야 했다. 세조 때는 교종과 선종 본산에서 시행되는 시험에 합격한 뒤, 포 30필을 바치면 예조에서 도첩을 발급했다. 1492년(성종 23) 도첩제가 폐지되지만, 이후에도 설치와 폐지가 거듭되었다.

도체찰사 都體察使

'도순찰사' 항목 참조.

도화서 圖畫署

예조에 소속된 관청으로 국가의 각종 의식이나 행사 및 왕실 초상화 등 그림 그리는 일을 담당했다. 도화서 화원은 대나무, 산수, 인물, 화초, 영모(翎毛, 새나 짐승) 가운데 두 개를 선택해 그리는 시험으로 선발했다. 화원은 주로 중인 계급이 세습했는데, 대표적 인물로 김홍도가 있다.

동국문헌비고 東國文獻備考

1770년(영조 46) 국가 통치에 활용하기 위한 목적으로 홍봉한 등이 왕명을 받들어 각종 제도의 연혁과 내용을 정리해 편찬한 100권의 서적이다. 누락과 오류가 많아 『증보동국문헌비고』를 편찬했고, 1908년에는 내용을 보충해 250권의 『증보문헌비고』가 간행되었다.

| 『동국문헌비고』를 보강한 『증보문헌비고』 |

© 한국민족문화대백과사전

동국사략 東國史略

1403년(태종 3) 권근, 하륜 등이 성리학적 기준으로 단군 조선부터 삼국시대의 역사를 6권 3책으로 편찬한 서적이다. 삼국시대 이전의 역사는 외기로 묶어서 간략하게 서술하고, 삼국시대는 신라 중심으로 서술되어 있다.

동국여지승람 東國輿地勝覽

1481년(성종 12) 노사신, 양성지 등이 성종의 명령을 받아 지역의 역사와 산물과 풍속 등을 기록한 지리지다. 전국을 한성부, 개성부의 양경과 8도로 구분해 기록하는 과정에서 지도를 수록해 이해를 도왔다. 이후 수정 및 보충 작업이 이루어지면서, 1530년(중종 25) 『신증동국여지승람』이 간행된다.

동국정운 東國正韻

우리나라의 바른 음이라는 뜻을 가진 『동국정운』은 1448년 세종의 명령을 받아 신숙주, 박팽년 등이 여러 방식으로 불리던 한자음을 통일해 정리한 서적이다. 한자음을 우리 음으로 표기한 최초의 운서라는 점에서 높이 평가받고 있다.

동국지도 東國地圖

영조 때 정상기가 100리를 1자(약 47km), 10리를 1치(약 4.7km)로 표시하고, 산천과 도로 등지에 각기 다른 색을 입혀 그린 전국 지도다. 한 장의 전국 지도와 여덟 장의 도별 지도로 제작되었는데, 우리나라 최초로 축척을 사용해 당시 가장 정확한 지도로 평가받는다.

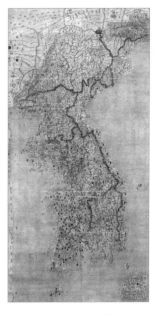

| <동국지도> |

ⓒ 국립중앙박물관

122 조선사 개념어 사전

동국통감 東國通鑑

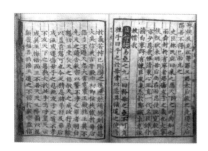

| 「동국통감」 |
© 유정호

1485년(성종 16) 세조 때 우리의 역사를 정리하려던 작업이 이시애의 난으로 중단된 것을 계승해야 한다는 서거정의 건의로 편찬되었다. 단군조선에서 삼한까지를 외기, 669~935년을 신라기, 935년~고려 말을 고려기로 구분했으며, 고구려, 백제, 신라 삼국을 대등한 관계로 서술했다. 382편의 사론에는 사림의 성리학적 관점과 역사의식이 크게 반영되어 있다.

동묘 東廟

정식 명칭은 동관왕묘로 중국 촉나라 장수 관우를 모시는 사당이다. 관우를 모시는 사당은 1598년(선조 34) 임진왜란에서 부상당한 명나라 장수 진린이 거처하던 후원에

| 동묘의 관우상 |

ⓒ 유정호

세운 남관왕묘를 시작으로 동묘(1601), 북묘(1883), 서묘
(1902)가 세워졌다가 현재는 동묘만이 남아 있다.

동문선 東文選

1478년(성종 9) 왕명으로 서거정, 강희맹 등 스물세 명이
참여해 130권 45책으로 편찬한 시문선집이다. 문체 55종
과 최치원, 이규보, 정도전 등 500여 명의 작가의 작품이
수록되어 있다.

124

동몽선습 童蒙先習

중종 때 박세무와 민제인이 아동이 배울 만한 내용을 엮어 만든 책으로 오륜(부자유친, 군신유의, 부부유별, 장유유서, 붕우유신), 삼황오제에서 명나라까지의 중국 역사, 단군부터 조선까지의 우리 역사를 담고 있다. 영조는『동몽선습』을 전국에 보급해 아동에게 가르치도록 했다.

동사 東史

1803년(순조 3) 이종휘의 문집『수산집』에 수록된 기전체 형식의 역사서다. 부여, 고구려, 백제, 예맥, 옥저를 단군의 후예로 간주하고, 발해를 우리 역사로 인식하고 있다. 윤관이 개척한 동북 9성이 두만강 북쪽 700리(약 329km)에 있었으며, 요수(지금의 랴오허강)를 우리나라 하천에 포함하는 역사 서술에는 조선이 중국과 대등하다는 의식이 담겨 있다.

동사강목 東史綱目

1778년(정조 2) 안정복이 고조선부터 고려 공양왕까지 기록한 역사서로, 우리 역사의 정통성이 기자조선-마한-통일신라-고려 순으로 이어진다고 기술했다. 또한 다른 역사서와는 달리 말갈, 거란, 여진 등 주변 민족과 국가를 상세히 기록하고 있다. 나라를 위해 목숨 바친 계백 등을 높게 평가하는 등 중국 중심의 역사에서 벗어나 우리 중심으로 역사를 기술하려는 역사 인식이 반영되어 있다.

동서활인원 東西活人院

가난한 사람들의 의료와 의식을 제공하는 일을 맡은 관청으로 1466년(세조 12) 동서활인서로 개칭되었다. 일반 의료 외에도 전염병 환자를 격리, 치료 및 매장까지 담당하던 동서활인원은 1709년(숙종 35) 혜민서로 이속되었다가 1743년(영조 19) 폐쇄되었다.

동약 洞約

16세기 이후 양반층이 주도한 촌락 자치 조직으로, 마을마다 다양한 형태와 내용을 가지고 있다. 양반 중심의 지배 질서를 강화하는 데 목적을 두고 운영되었으나, 18세기 이후 양반 체제가 무너지면서 단순히 상부상조하는 성격으로 변했다. 동약의 다른 용어로 동계, 동의, 동안이 있다.

동의보감 東醫寶鑑

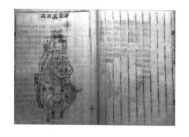

| 『동의보감』 |

ⓒ 유정호

허준이 왕명을 받아 1610년 (광해 2) 완성한 의학서로 25권 25책으로 구성되어 있다. 중국 의학서와 조선이 간행한 『향약집성방』『의방유취』등 많은 의서와 임상 경험이 반영되어 있으며, 내과·외과·부인과·소아과·유행병·약제·약물·침구 등 다양한 의료 지식이 담겨 있다. 2009년 유네스코는『동의보감』을 세계기록유산으로 등재했다.

동인 東人

훈구파를 몰아낸 뒤 사림파가 분파되는 과정에서 김효원을 중심으로 한 신진 관인들이 형성한 붕당이다. 주로 이황과 조식의 문인으로 구성되었는데, 대표적 인물로 유성룡, 이산해, 이발 등이 있다. 정여립의 난으로 많은 사람이 희생되었지만, 정철이 광해군을 세자로 책봉하자는 건저 문제로 서인이 물러나면서 세력을 회복했다. 그러나 정철의 처벌을 두고 강경론을 주장하는 북인과 온건론을 주장한 남인으로 갈라진다.

동학 東學

1860년 서학(천주교)에 대립해 최제우가 창시한 민족 종교다. 세도정치와 열강의 침략에 신음하는 사람들에게 평등 사상과 희망을 제시하는 후천개벽 사상을 제시했다. 최시형-손병희로 이어지면서 교리가 정비되고, 반봉건·반외세를 외치는 동학농민운동과 국권 회복을 위한 활동을 펼쳤다. 1905년 천도교로 개칭했다. 동학의 주요 경전으로 『동경대전』『용담유사』가 있다.

동호문답 東湖問答

이이가 홍문관교리로 동호독서당에서 사가독서하면서 저술한 서적이다. 국왕의 정치, 충신과 간신의 구분, 사회적 병폐를 유발하는 다섯 가지 법을 거론하며 해결책을 제시했다.

되

| 되를 비롯한 다양한 계량 도구들 |

ⓒ 코리아넷/한국문화홍보원

부피를 측정하는 계량 단위로 승이라고도 부른다. 1되는 약 1.8L에 해당한다.

두레

마을에서 농사와 길쌈 등 대규모 노동력이 필요할 때 조직되는 공동 노동조직으로 지역마다 구성이나 기능이 달랐다. 고대 씨족사회에서 시작된 두레는 노동조직 외에도 신앙·오락·군사 등 여러 기능을 수행하며, 마을 사람들이 공동체 생활을 영위하는 데 도움을 주었다.

두정갑 頭釘甲

성종 때 간행된 『국조오례의 서례』 「병기도설」에 처음 등장하는 갑옷으로 두루마기 형태의 옷 안에 갑옷미늘을 부착한 형태다. 조선시대 보편적으로 사용된 갑옷이었으나, 조선 후기에는 전쟁이 일어나지 않으면서 갑옷미늘을 부착하지 않은 장식 갑옷을 입는 일이 많았다.

| 두정갑 |

ⓒ 유정호

둔토 屯土

변경 지역이나 군사 요지에 필요한 군량을 비축하고 관청의 경비를 보전하기 위해 제공된 토지로, 버려지거나 주인 없는 땅인 경우가 많다.

등자룡(1528~1598)

정유재란 때 진린을 따라 참전한 명나라 장수로 노량해전에서 일본군에 맞서 싸우다 전사했다. 조선은 전라남도 완도군 고금도에 관우의 위패를 모시는 탄보묘 사당에 등자룡의 위패도 보관해 배향하도록 했다.

만기요람 萬機要覽

1808년 순조의 명령을 받아 서영보, 심상규 등이 재정과 군정에 관한 내용으로 편찬한 서적이다. 궁중 경비, 환곡, 국가 세입 등 「재용편」과 비변사, 훈련도감, 요충지 등 군사시설과 관련한 「군정편」으로 구성되어 있어 조선 후기의 상황을 보여준다.

만동묘 萬東廟

임진왜란을 도와준 명나라의 신종과 마지막 황제 의종을 모신 사당이다. 특히 송시열이 의종의 친필 '비례부동(非禮不動)'을 화양동 석벽에 새겨 놓고, 그 위에 사당을 지었

| 만동묘의 내력과 명나라 신종, 의종을
추모하는 글이 쓰인 만동묘정비 |

ⓒ 유정호

다. 송시열이 죽자 제자 권상하가 묘우를 지어 명나라 황제 신종과 의종을 제사지냈다. 조정에서 토지와 노비를 주었고, 관찰사가 제사에 참여하도록 했다. 그러나 제사 비용을 백성에게 강제로 거둬들이는 등 여러 폐해가 발생하자 흥선대원군이 철폐했다.

만상 灣商

조선 초 중국과 무역을 하던 의주 상인을 일컫는 말로 초기에는 사신 행렬을 따라 무역을 했으나, 조선 후기에는 국경 지역에서 교역을 담당했다. 청나라와의 교역 규모가 커지자, 1707년(숙종 33) 조선 정부는 만상에게 사무역을 허용하는 대신 세금을 거두어들였다. 이들은 매년 수십만 냥의 은과 인삼을 수출하는 동시에 송상 등 다른 지역의

상인들과 연계하며 조선 후기 상품화폐경제 발달에 기여
했다.

만언봉사 萬言封事

1574년 이이가 자연재해를 극복할 방안을 구하는 선조에
게 올린 상소문으로 『율곡전서』에 수록되어 있다. 사치풍
조·군정 등 나라의 문제점과 해결 방안을 제시하면서, 근
본적인 문제를 해결하지 못하면 10년 내에 큰 난리가 일
어날 수 있음을 경고하고 있다.

말

부피를 측정하는 계량 단위로 두(斗)라고도 부른다. 1말은
10되에 해당하며, 약 18L에 해당한다.

면리제 面里制

1393년(태조 2) 국가의 지배력을 모든 지역에 확대하기 위해 수령이 파견되는 군현의 하부 조직을 면과 리로 나누는 면리제를 시행했다.『경국대전』에서 5호(戶)를 1통(統), 5통을 1리(里)로 하고, 몇 개의 리를 합쳐 1면(面)을 만들고, 통에는 통주(統主), 리에는 이정(里正), 면에는 권농관(勸農官)을 둔다고 규정했다. 숙종은 면리 기구의 담당자인 면임과 이임의 자격과 지위를 규정하는 과정에서 양반을 책임자로 임명해 촌락의 질서를 바로잡게 했다. 19세기에는 면임과 이임이 조세 수취를 담당하는 등 역할이 강조되는 과정에서 새롭게 등장한 향촌 지배 세력이나 부농이 면임이나 이임을 맡기도 했다.

면신례 免新禮

관직에 나가는 자를 신래(新來)라고 한다. 선임들이 위계질서를 잡는다는 명분으로 신래를 괴롭히는 행위를 면신례라고 한다. 면신례는 배속된 관청에 참여하는 것을 허락받고자 음식으로 대접하는 허참례 이후 진행되었는데, 그 과정에서 이루어지는 인격 모독 및 가혹 행위가 문제가 되어 『경국대전』에서 금지했다. 하지만 조선 후기까지 면신례는 근절되지 않아 사회문제가 되었다.

면포 綿布

무명실로 만든 면직물로 무명 또는 목이라고도 부르는데, 색·품질·용도에 따라 백세목, 관목, 생상목 등으로 나누어진다. 면포는 의복의 재료로만 쓰이지 않고 세금 납부 등 화폐로

| 옛 방식대로 직조한 면포 |

ⓒ유정호

도 활용되었다. 근래에는 재래식 베틀로 만들어진 직물을 일컬어 면포라고 부른다.

명량대첩 鳴梁大捷

1597년 원균이 칠천량해전에서 조선 수군 대부분을 잃은 상황에서 이순신이 삼도수군통제사로 복귀했다. 이순신은 물살이 매우 빠르고 해협이 좁은 명량에서 전선 12척(또는 13척)과 전선으로 위장한 피난선 100여 척으로, 일본 전선 133척을 맞아 싸워 31척을 침몰시키며 승리를 거두었다. 명량대첩 이후 조선은 제해권을 되찾으면서 일본군의 북진을 막는다.

명종(1534~1567, 재위 1545~1567)

인종이 후사 없이 재위 9개월 만에 죽자, 열두 살의 나이로 즉위했다. 문정왕후가 수렴청정하면서 을사사화를 일으켜 대윤의 윤임과 이언적 등 사림파를 제거했다. 1555년 전라도를 침입한 60여 척의 왜구를 방비하는 과정에서 비변사를 상설화했다. 선종과 교종을 부활시키고 승과를 설치하는 등 불교 중흥을 이끌었지만, 문정왕후가 죽자 보우를 귀양 보내며 불교를 다시 탄압했다. 명종 때 훈구파의 농단과 윤원형의 횡포로 삶이 어려워진 백성이 고향을 떠나거나 도적이 되는 경우가 많았는데, 대표적인 도적으로 임꺽정이 있다. 명종은 후사 없이 서른네 살의 젊은 나이로 죽었다.

모내기

모심기라고도 부르는 모내기는 못자리에서 기른 모(벼의 싹)를 논에 옮겨 심는 일이다. 모내기를 하게 되면 1년 2모작이 가능해지는 장점이 있지만, 충분한 물이 확보되지 않으면 1년 농사를 망치는 단점이 있다. 조선 정부는 수리 시설을 갖추지 못한 지역은 모내기하지 못하도록 금지했으나, 조선 중기 이후 모내기가 점차 확대·보급되며 정치·경제·사회 등 전반적으로 많은 변화를 가져왔다.

목극등 穆克登

1712년(숙종 38) 청나라 대표로 백두산에 올라 압록강과 토문강을 경계로 조선과 청나라의 국경을 확정 짓고, 백두산정계비를 세웠다.

| 목극등 |

목민관 牧民官

백성을 다스리는 관리라는 뜻으로 수령 등 문관 출신의 지방관을 통틀어 부르는 용어다.

목민심서 牧民心書

1818년(순조 18) 정약용이 유배지 강진에서 지방관이 주는 폐해를 거론하며, 지방관으로서 지켜야 할 정책과 지침을 12편으로 나누어 저술한 서적이다. 48권 16책으로 구성된 『목민심서』에는 개혁 방안 외에도 백성의 어려운 실상이 기록되어 있다.

목호룡의 고변

1722년 서얼 출신 지관이던 목호룡이 노론 김성행, 김용택 등이 경종을 시해하려는 역모를 꾸미고 있다고 고변한 사건이다. 소론은 목호룡의 고변을 내세워 김창집, 이이명, 이건명, 조태채를 처형하는 등 노론의 많은 인물을 제거하는 신임사화를 일으켰다. 영조 즉위 후 목호룡의 고변이 거짓임이 밝혀지면서 신임사화로 죽은 노론 관료의 명예가 회복되고, 목호룡은 옥에 갇혀 죽었다.

몽유도원도 夢遊桃源圖

꿈에서 본 도원의 모습을 그려달라는 안평대군의 부탁을 받은 안견이 1447년(세종 29) 사흘 만에 완성한 그림이다.

| <몽유도원도> |

안평대군이 그림에 〈몽유도원도〉라는 제목과 제작 과정을 적었으며, 성삼문, 신숙주, 박연, 김종서 등 스물한 명의 축하 시가 적혀 있다. 가로 106.5cm, 세로 38.7cm 크기의 〈몽유도원도〉는 일본 덴리대학 중앙도서관에서 소장하고 있다.

묘호 廟號

죽은 국왕의 공덕을 칭송하며 붙이는 호칭으로, '태조', '태종' 등 조와 종으로 끝나는 형태를 지닌다. 나라를 건국한 왕에게 조를 붙이고 나머지는 종을 붙이는 것이 원칙이지만, 조선 중기 이후 조가 종보다 높다는 인식이 있었다. 조로 끝나는 왕은 태조, 세조, 선조, 인조, 영조, 정조,

순조 일곱 명이다.

무과 武科

사병을 국가 관료로 흡수하고자 1402년(태종 2) 처음 시행
된 이후 3년마다 실시하는 정기시와 필요에 따라 실시하
는 별시가 운영되었다. 시험은 『손자』와 같은 병법서와 무
예를 검증하는 방식으로 초시, 복시, 전시 3단계로 시행되
었다. 초시는 훈련원에서 주관하는 원시와 각 도에서 시
행하는 향시에서 190명이 선발되었다. 복시는 병조에서
주관해 28명을 선발하고, 왕이 참여하는 전시에서 갑과
3명, 을과 5명, 병과 20명을 선발해 합격 증서인 홍패를
주었다. 그러나 무과의 선발 인원은 시대와 상황에 따라
달랐다.

무비사 武備司

병조 소속의 관청으로 군사·말·무기·군함 등을 관리하고, 군사 훈련·순찰·성곽 방어·외적 토벌 등을 담당했다.

무선사 武選司

병조 소속의 관청으로 무관과 군사 선발과 임명, 임명장 및 녹봉 증서 관리, 무과 시험, 궁궐의 열쇠 관리 등 무관의 인사 행정을 주로 담당했다.

무수리

'수사' 또는 '수사이'라고 불리는 무수리는 몽골어로 '소녀'라는 뜻이지만, 조선시대에는 궁중에서 청소 등 궂은일을 담당하는 여자 종을 일컫는 말이다. 궁궐 소식이 밖으로 새어나가는 것을 막기 위해 『경국대전』에서 무수리는 관리와 결혼할 수 없다고 규정했다.

무악 母岳

서울특별시 서대문구 안산 지역을 무악이라고 부른다. 조선 건국 이후 계룡산으로 천도하려던 계획이 하륜의 반대로 무산되자, 무악이 새로운 수도 후보로 거론되었다. 하지만 최종적으로 무악 대신 한양이 새로운 수도로 결정되었다.

무역별장 貿易別將

중국으로 가는 사신단은 필요한 여비를 스스로 마련해야 하는 만큼, 조선 정부는 일정액의 은화를 가져가 사무역을 할 수 있도록 허락했다. 이때 사신단의 무역을 대행하던 상인을 무역별장이라 부른다.

무예도보통지 武藝圖譜通志

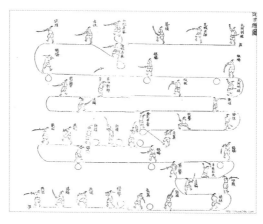

| 『무예도보통지』의 일부 |

1790년(정조 14) 군인들이 무예와 병법을 이해하도록 돕기 위해 4권 4책으로 편찬한 무예서로 한자를 모르는 양인을 위해 한글로 쓰인 언해본도 있었다. 한·중·일 무예를 집대성한 『무예도보통지』는 기존의 무예서와는 달리 실전에서 활용할 수 있는 무예와 병기를 다루고 있다. 도식을 통해 무기의 사용법과 형태를 그림으로 보여주고, 무기나 무예의 역사와 관련 인물 등을 설명한다. 백동수가 무예를 선보이면 규장각검서관 이덕무와 박제가가 주석과 해설을 붙이는 방식으로 만들어진 『무예도보통지』

는 2017년 북한의 신청으로 유네스코 세계기록유산으로 등재되었다.

무오사화 戊午士禍

1498년 『성종실록』 편찬 책임자인 이극돈이 김일손의 사초에 있는 김종직의 '조의제문'이 세조를 비난한 글이라는 상소문을 올렸다. 사림파에 좋지 않은 감정을 가졌던 연산군은 '조의제문'을 내세워 김종직을 부관참시하는 등 여섯 명을 처형하고, 서른한 명을 유배 보내는 무오사화를 일으켰다.

무학대사(1327~1405)

원나라에서 유학하고 돌아온 이후 태조 이성계를 도왔다. 조선이 건국되던 해 왕사로 책봉되고, '대조계종사 선교도 총섭 전불심인 변지무애 부종수교 홍리보제 도대선사 묘엄존자' 호를 받았다. 한양을 도읍으로 정하는 데 참여하

고, 상왕이 되어 함흥에 머무는 이성계를 설득해 한양으로 돌아오게 했다. 저서로 『불조종파지도』 『인공음』이 있다.

| 무학대사 |

ⓒ 국가유산청

문과 文科

3년마다 생원, 진사를 각각 100명씩 선발하는 소과(사마시)와 관료를 선발하는 대과로 나뉜다. 소과는 초시와 복시만 치러졌는데, 초시는 200명을 선발하는 한성시와 500명을 선발하는 향시로 나뉜다. 복시는 예조에서 생원·진사를 각각 100명씩 선발했는데, 복시 합격자는 성균관 상재생으로 진학하거나 대과에 응시할 자격을 얻었다.

대과는 3년마다 보는 식년시와 정해진 시기 없이 시행되는 별시로 나누어진다. 식년시는 초시·복시·전시 3단계로 이루어지는데, 초시에 합격한 240명을 대상으로 복시에서 33명을 선발하면 전시에서 국왕이 갑 3명, 을 7명, 병 23명으로 등급을 나눴다. 대과에 합격하면 종6품 실직에 나갈 수 있었고, 현직 관리가 합격하면 1~4품계까지 승진할 수 있었다. 조선시대에는 식년시보다 별시가 더 많이 시행되었다.

문방구 文房具

글을 쓰고 그림을 그리기 위해 또는 책을 읽기 위해 사용하는 물건으로 문방사우(종이, 붓, 먹, 벼루) 외에도 필통, 서판, 책장 등 다양한 물건을 포함하는 넓은 의미로 쓰이기도 한다.

| 조선시대 도자기로 만든 문방구 |

ⓒ 국립중앙박물관

문선사 文選司

태종 때 설치된 이조 소속의 관청으로 종친, 문관, 잡직 등의 벼슬 임명, 임명장과 녹봉 증서 발급, 문과의 생원과 진사 합격증 배부, 임시 직무 선정 및 취재 시험 등을 담당했다. 이외에도 죄인의 이름이 적힌 명부 관리를 맡았다.

문인화 文人畵

선비나 사대부처럼 그림을 직업으로 삼지 않는 사람들이 다양한 주제로 자신의 마음을 표현한 그림으로 사대부화라고도 불린다. 문인화를 그린 대표적 인물로 강희안, 강세황, 김정희 등이 있다.

문정왕후(1501~1565)

1517년 중종의 계비가 되어 명종을 낳았다. 인종이 재위 8개월 만에 죽으면서 아들 명종이 열두 살에 즉위하자 수

렴청정했다. 인종을 지지하는 대윤 일파를 쫓아내는 을사
사화를 일으켰고, 보우를 중용해 도첩제를 시행하는 등
불교를 중흥했다. 중종의 능을 봉은사 근처(정릉)로 이장
하면서 함께 묻히고자 했으나, 지대가 낮은 정릉 재실에
물이 차서 공릉동(태릉)에 묻혔다.

문종(1414~1452, 재위 1450~1452)

세종의 맏아들로 1445년 세종을 대신해 국정을 맡아 나라
를 경영했다. 아내와 사이가 좋지 않아서 두 명의 아내를
폐출했고 세 번째로 맞은 현덕왕후 사이에서 단종을 낳았
다. 1450년 36세에 국왕으로 즉위한 이후 이민족과의 전쟁
을 기록한 『동국병감』, 고려 역사인 『고려사』 『고려사절요』
를 간행했다. 국방 강화를 위해 병제 정비와 읍성을 보수·
축성하는 등 노력을 기울였으나, 재위 2년 만에 죽었다.

미륵 신앙 彌勒信仰

석가모니가 구하지 못한 중생을 미륵불이 구원한다고 믿는 신앙으로 삼국시대부터 고려시대 지배층이 자신들의 권위를 높이거나 백성을 통합하는 데 활용했다. 조선 후기에는 피지배계층 사이에서 기존 질서가 무너지고 새로운 세상이 출현하기를 바라는 신앙으로 널리 퍼졌다.

민무구의 옥

외척을 견제하려는 태종이 원경왕후의 동생 민무구를 비롯한 4형제를 제거한 사건이다. 민무구와 민무질은 제주도로 유배 보내져 스스로 목숨을 끊고, 민무휼과 민무희는 양녕대군에게 두 형의 죽음이 억울하다고 호소한 일로 처형당했다. 이 일로 원경왕후는 태종과 자주 다투다가 폐비가 될 위기에 처하기도 했다.

민화 民畵

조선 후기 다양한 소재를 자유
롭게 그린 작자 미상의 그림이
다. 민화는 액운을 쫓거나 가족
의 복을 바라는 용도 외에도 방
을 장식하는 등 일상생활에서
폭넓게 활용되었다. 백성뿐만이
아니라 관공서나 왕실에서도
민화를 구매할 정도로 큰 인기
를 누렸다.

| <까치호랑이> |

ⓒ 한국민족문화대백과사전

조선사 개념어 사전

박세당(1629~1703)

| 박세당 |

조정에 나갔으나, 당쟁에 혐오를 느껴 관직에서 물러나 제자 육성에 힘썼다. 정국을 주도하던 노론과 달리 신분제도의 모순을 지적하고, 실리주의 외교 등 여러 개혁을 주장했다. 1703년(숙종 29) 주자학을 비판하고 독자적 견해를 제시한 『사변록』을 저술해 노론에게 사문난적으로 몰려 관작을 삭탈당했다.

153

박연(1378~1458)

문과에 급제해 여러 관직을 거치다 세종 때 악학별좌에
임명되어 음악과 관련된 일을 맡아보았다. 편경 12장을
만들고, 조회 때 사용하던 향악을 아악으로 대체하는 등
궁중음악의 기틀을 마련했다. 고구려 왕산악, 신라 우륵과
함께 한국 3대 악성(樂聖)으로 추앙받고 있다. 시문집으로
『난계유고』『가훈』이 있다.

박연(?~?)

네덜란드인으로 일본 나가사키를 가던 중 태풍으로 표류
하다가 동료 두 명과 함께 1628년(인조 6) 제주도 해안에
상륙했다. 훈련도감에 배속되어 무기를 제조하다가 병자
호란에 참여했다. 이후 명나라 홍이포 제조법과 조작법을
가르치다가, 하멜 일행이 제주도에 표류하자 통역과 한양
호송을 맡았다. 조선에서 결혼해 1남 1녀를 두었으나, 이
들의 거취는 전해지지 않는다. 네덜란드 암스테르담 북쪽
더레이프에 박연 기념비가 세워져 있다.

박원종(1467~1510)

월산대군의 부인 박씨의 동생으로 무과에 급제해 관직에 나간 이후 재정 긴축 등 여러 시무책을 건의했다. 연산군의 미움을 받아 벼슬과 품계를 빼앗기자, 성희안·유순정 등과 중종반정을 일으켜 성공시켰다. 이후 우의정, 좌의정, 영의정을 역임하며 정국을 주도했다.

박제가(1750~1805)

| 박제가 |

서얼 출신으로 연암 박지원을 스승으로 모시고 학문을 익히며 실학사상을 전개했다. 청나라에 다녀온 후 수레가 다닐 수 있는 길의 필요성과 상공업 발달을 강조했다. 경제를 우물에 비유하며 소비를 권장하는 등 부국강병을 주장하는 활동으로 정조의 신임을 받았다. 규장각검서관으로 임명되

어 여러 활동을 펼쳤으나 정조가 죽자 유배 보내졌다. 대
표적 저서로 『북학의』가 있다.

박지원(1737~1805)

조선 후기 청나라 문물을 배
워야 한다는 북학파의 영수다.
1780년(정조 4) 사은사 일행으
로 청나라에 다녀와 쓴 『열하
일기』를 통해 조선의 문제점
을 비판하며 개혁을 주장했다.
관직에 나가서는 왕명으로 농
서 『과농소초』를 저술했다. 사
대부 토지를 제한하자는 한전

| 박지원 |

론과 서양 과학기술 도입을 주장했으며, 『양반전』『허생
전』등 현실을 비판하는 한문 소설을 저술했다.

조선사 개념어 사전

박팽년(1417~1456)

사육신의 한 명으로 1434년(세종 16) 급제하며 집현전학
사로 여러 편찬 사업에 참여했다. 계유정난으로 세조가
국왕으로 즉위하자 충청도관찰사로 나가면서 공문에 신
하를 뜻하는 신(臣)을 사용하지 않는 절의를 보였다. 형조
참판으로 단종 복위를 준비하다가 김질의 밀고로 체포되
어 옥중에서 고문을 이기지 못하고 죽었다.

박포(?~1400)

조선이 건국되면서 대장군에 오른 뒤 제1차 왕자의 난에
참여해 중추부지사가 되었다. 그러나 논공행상에서 일등
공신이 되지 못한 것에 불평하다가 죽주(충청북도 영동)로
귀양을 갔다. 이에 불만을 품은 박포는 유배 생활이 끝나
자 이방원이 넷째 형 이방간을 죽이려 한다는 거짓말로
제2차 왕자의 난을 일으키는 계기를 제공한 죄로 참수되
었다.

반계수록 磻溪隨錄

1670년(현종 11) 유형원이 전라북도 부안에서 22년간 중국, 고려, 조선의 법제를 비교·분석한 것을 토대로 조선의 개혁 방안을 제시한 서적이다. 실제로 경작하는 사람에게 토지를 지급하자는 균전제를 비롯해

| 『반계수록』 |
ⓒ 국립중앙박물관

교육, 관리 제도, 군사 제도, 노비 세습 폐지 등 많은 내용이 담겨 있다. 유형원이 주장한 여러 개혁안은 정책에 반영되지 못했지만 이후 실학에 많은 영향을 미쳤다.

반상제 班常制

조선의 공식적인 신분제도는 양반·농민·상인 등의 양인과 노비를 비롯한 천인으로 나누는 양천제지만, 조선 중기 이후 관직을 가진 사람을 의미하던 양반이 하나의 특

권 신분으로 굳어지면서 지배층 양반과 피지배층 상민(농민, 장인, 상인 등) 간에 차별을 두기 위한 반상제가 일반화되었다. 전체 인구 중 가장 큰 비중을 차지하는 양반과 상민에서 한 글자씩 가져온 반상제 때문에 양반, 중인, 상민, 천민으로 구분하는 신분제도가 고착화된다.

발해고 渤海考

1784년(정조 8) 유득공이 발해가 고구려를 계승했다는 사실을 알리기 위해 저술한 역사서로 왕, 관료, 지방 제도, 특산물, 외국에 보낸 국서 등 아홉 개 분야로 발해의 역사를 정리했다. 발해를 우리 역사로 기록하지 않았던 고려를 비판하고, 한·중·일 고서를 바탕으로 발해가 우리 역사임을 밝히고 있다. 현재 고구려와 발해가 중국 역사라고 왜곡하는 동북공정에 맞서는 중요한 자료로 활용되고 있다.

방계 傍系

조부모, 부모, 자식으로 이어지는 직계와 달리 형제, 조카 등으로 갈라져 나온 계통을 뜻한다. 조선은 직계에서 왕위를 계승하는 것이 원칙이었으나, 명종의 직계 자손이 없어 선조가 방계로는 처음 국왕으로 즉위했다.

방군수포제 放軍收布制

관속들이 지방군으로 복무해야 하는 군사에게 포(布)를 받고 고향으로 돌려보내는 제도다. 초기에는 군사들의 편의를 위해 일부 허용했으나, 시간이 지나면서 관료들이 사리사욕을 채우기 위해 강요하는 일이 많아졌다. 그로 인해 진관체제가 무너지면서 임진왜란 초기 일본군의 침략을 막아내지 못하는 원인이 된다.

조선사 개념어 사전

방납 防納

아전이나 상인이 대가를 받고 공물을 대신 납부하는 일을 일컫는 말이다. 처음에는 지방에서 생산되지 않는 물품을 대신 납부하기 위한 목적으로 시작되었다. 하지만 관리와 결탁한 상인들이 부당한 이익을 얻기 위한 수단으로 악용하면서 국가와 백성에 큰 피해를 주었다. 조광조와 이이는 방납의 폐해를 막기 위해 쌀로 공납을 대신하는 수미법을 주장했고 광해군 이후에는 대동법으로 방납의 폐단을 바로잡고자 했다.

방외인문학 方外人文學

조선의 체제에 순응하지 않고 부정하거나 비판하는 사람들의 문학작품을 일컫는 말이다. 대표적 인물로『금오신화』를 쓴 생육신 중 한 명인 김시습, 여성 시인 황진이, 허난설헌 등이 있다.

백골징포 白骨徵布

조선 후기 관료와 아전이 사리사욕을 채우기 위해 죽은 사람에게도 군포를 징수하는 부정한 행위를 일컫는 말이다.

백동수(1743~1816)

서얼 출신 무인으로 숙종 때 검선으로 불리던 김체건의 아들 김광택에게 검술과 병법을 익혔다. 1771년(영조 47) 무과에 급제했으나 17년 동안 임용되지 못하고, 박지원·박제가·유득공 등 지식인과 교우 관계를 맺었다. 매형이던 이덕무가 정조에게 추천하면서 46세에 장용영외영초관(종9품)에 임용되어 창과 검술을 가르쳤다. 1790년(정조 14) 『무예도보통지』를 편찬하는 과정에서 실기를 담당한 공로를 인정받아 서얼의 한계를 넘어 현감이 되었다.

백두산정계비 白頭山定界碑

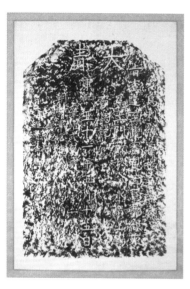

| 백두산정계비 탁본 |

ⓒ 국립중앙박물관

청나라 오라총관 목극등이 조선군관 이의복, 조태상, 허량 등 여섯 명을 데리고 백두산 정상에 올라 조선과 청의 국경선을 압록강에서 토문강으로 획정했다. 백두산 정상 남동쪽 4km에 호랑이가 엎드린 모양의 바위를 받침돌로 삼아 높이 67cm, 폭 45cm 비석을 설치했다. 토문강이 두만강이 아니라 송화강의 지류임을 보여주기 위해 돌과 흙으로 돈대를 쌓아 위치를 표시했지만, 현재는 백두산정계비와 돈대가 모두 사라졌다.

백자 白瓷

흰색 흙으로 만든 그릇에 무
색투명한 유약을 입힌 뒤,
1,300~1,350℃에서 구워 제
작한 자기로 청자보다 기술
적으로 발전된 모습을 보인
다. 성리학적 질서를 표방했
던 조선은 화려함보다는 청
결하고 검소함을 보여주는
백자를 더 선호했다.

| 대표적인 백자인 달항아리 |

ⓒ 유정호

백정 白丁

고려시대 백정은 특정한 직역을 부담하지 않는 농민을 지
칭하는 말이었다. 조선 전기 국내에 들어온 여진족 등 유
목민족을 정착케 하기 위해 이들을 백정에 포함시켰다. 그
러나 농민들은 이러한 조치에 반발하며 자신들을 백정으
로 지칭하지 않게 되면서, 주로 도축업에 종사하는 천민을

조선사 개념어 사전

지칭하는 말이 되었다. 백정은 천인 신분으로 국가에 세금을 납부할 의무가 없어서 평민 중에서 생활이 곤란해지면 백정이 되는 일도 있었다. 신분제가 사라진 갑오개혁 이후에도 백정을 천시하는 풍조는 사라지지 않았다.

백패 白牌

| 1810년 진사시에 합격한
조기영의 백패 |

ⓒ 국립중앙박물관

과거 시험 중 복시에 합격한 생원과 진사에게 발급한 합격 증서로 흰 종이에 관명(官名), 성명, 성적 등급, 성적 순위를 기입한 뒤 어보를 찍어 발급되었다.

ㅂ

번상 番上

지방의 군사가 군역을 치르기 위해 한양으로 올라오는 일.

번상숙위 番上宿衛

무예가 뛰어나고 강단이 있는 지방 군인을 선발해 중앙 군영의 무관으로 당번하게 하는 일.

벽서 壁書

익명으로 누구를 비방하거나 고발하는 내용의 글을 벽에 붙인 것을 일컫는다. 개인의 사적인 고발도 있지만, 붕당이나 나라를 비방하는 내용의 벽서는 옥사와 사화를 일으키기도 했다. 국가에서는 벽서를 불법으로 간주해 벽서를 만든 범인을 잡은 사람에게 벼슬을 내리고, 벽서를 보고도 지나치거나 전파하는 사람에게는 국경으로 강제 이주시킬 정도로 강하게 규제했다.

벽역신방 辟疫神方

1613년(광해 5) 허준이 왕명을 받아 당홍역 또는 당독역으로 불리는 전염병의 치료 방법과 예방법, 약 처방을 정리해 편찬한 의학서로 1991년 보물로 지정되었다.

벽파 僻派

ㅂ

사도세자는 도의에 어긋나는 행동으로 폐세자되어 죽었고, 만약 국왕이 되었으면 나라를 망칠 인물이라 동정할 필요가 없다고 주장한 붕당이다. 정순왕후의 수렴청정 동안 권력을 장악해 정조의 업적을 부정하고 파기했다. 그러나 정순왕후 사후 안동 김씨의 세도정치가 시작되면서 몰락했다. 대표적인 인물로 심환지가 있다.

변무사 辨誣使

조선의 국정과 왕실에 관한 내용이 중국 왕조에 잘못 알려진 경우 해명 또는 정정하기 위해 보내는 특별 사절단이다. 대표적으로 태조 이성계가 이인임의 아들로 기록된 『대명회전』의 내용을 바로잡기 위해 변무사를 파견한 일이 있다.

별시 別試

나라에 경사가 있는 경우 문과와 무과를 함께 시행했고, 10년마다 한 차례씩 병년(丙年)에 당하관 등 기존 관료가 응시하는 것을 허락한 과거 시험이다. 문과의 경우 정기 시험인 식년시가 167회 6,123명이 선발된 것과 달리 별시는 638회 9,014명이 선발되었다. 무과도 1676년(숙종 2)에 18,251명을 선발하는 등 식년시보다 더 많은 인재를 선발했다.

병마절도사 兵馬節度使

고려 말 왜구의 침입을 막기 위해 각 도에 보냈던 병마도
절제사를 1466년(세조 12) 병마절도사로 명칭을 바꾸었다.
병마절도사의 다른 명칭으로 병사(兵使)가 있다.『경국대
전』에 따르면 전임관이 임명되는 병마절도사 일곱 명과
관찰사가 겸직하는 병마절도사 여덟 명이 있었다. 조선
후기 열여섯 명으로 확대된 병마절도사는 외적 침입 방비
외에도 내란 진압과 맹수 사냥을 담당했다.

병오박해 丙午迫害

| 병오박해 때 김대건 신부와 천주교 신자
7명이 처형당한 한강 새남터 |

© Craig Rohn

1846년 우리나라 최초의 신부 김대건이 선교사를 데려올 해로를 개척하다가 백령도 해역에서 체포되었다. 해주감영에서 심문받던 김대건은 천주교 탄압에 항의하며 포교 인

정을 요구하다가 한강 새남터(지금의 서울특별시 용산구에
접한 한강변)에서 처형당했다. 이때 김대건 외에도 현숙문
등 일곱 명이 죽었지만, 다른 박해에 비해 피해 규모가 크
지 않았다.

병자호란 丙子胡亂

1636년 청나라 태종이 직접 12만의 대군을 끌고 조선을
침략한 전쟁이다. 강화도로 피신하지 못한 인조는 조정
을 끌고 남한산성으로 들어가 40여 일간 항전했다. 한양
에 들어온 청 태종이 홍이포로 남한산성을 공격하며 위협
하는 상황에서 지방의 구원군은 남한산성에 오지 않았다.
결국 인조는 주화파의 뜻에 1637년 1월 30일 삼전도(지금
의 서울특별시 송파구)에서 청의 신하가 되겠다고 약조하며
항복했다. 항복의 증표로 두 왕자를 인질로 보내고 매년
공물을 보낼 것을 약속하는 정축화약을 맺었다.

병작반수제 竝作半收制

농사짓는 전호가 지주의 토지를 빌려 경작하는 대가로 수확량의 절반을 바치는 지대법으로 타조법이라고도 부른다. 이 제도는 많은 수확량을 받으려는 지주 또는 관리에게 심한 간섭을 받을 가능성이 커서 전호에게 불리했다.

병조 兵曹

6조의 하나인 병조는 1392년(태조 1) 설치될 당시에는 지위와 기능이 약했으나 1405년(태종 5) 6조 체제가 완성되는 과정에서 국방에 관련된 모든 실무를 통괄하는 최고 기관으로 자리 잡았다. 병조의 하부 기관으로 무관 품계와 출정 등을 담당하는 무선사, 의장과 말을 키우고 작전 계획 등을 담당하는 승여사, 무예 시험·봉화·병기 등을 담당하는 무시사가 있었다. 1894년 군무아문으로 관제가 개편된다.

보 洑

통나무와 돌을 이용해 하천을 막아 수심을 높이고, 그 위에 흙을 덮는 구조인 보는 농업용수와 생활용수에 필요한 수원을 마련하기 위해 설치한 구조물이다. 홍수가 날 때마다 유실되어 매년 다시 보를 설치하는 과정에서 많은 노동력이 필요했다.

| 콘크리트로 만들어진 현대의 보 |

ⓒ Risker

조선사 개념어 사전

보국안민 輔國安民

동학을 창시한 최제우가 외세한테서 국권을 지키기 위해 강조한 것으로 '나라를 보호하고 백성을 편안하게 한다'라는 뜻을 가지고 있다. 동학농민운동 당시 동학농민군이 내건 기치 중 하나다.

보부상 褓負商

조선 전기 정부의 지원을 받아 만들어진 등짐장수인 부상과 조선 후기 부피가 작고 비싼 물건을 다루는 봇짐장수인 보상을 일컫는 말이다. 보상과 부상은 서로의 영역을 침범하지 않았으나 1883년(고종 20) 정부가 혜상공국을 통해 부상과 보상을 통합해 정치적으로 활용했다. 이들은 정부의 지원을 받는 특권을 누렸으나, 개항 이후 청과 일본 상인의 경제 침탈에 쇠퇴하다가 일제강점기 사라졌다.

ㅂ

보우대사(1509~1565)

15세에 금강산 마하연암에서 출가한 보우는 문정왕후의 지원을 받아 봉은사 주지로 임명되어 선교양종을 부활시키는 등 불교 중흥에 힘썼다. 선종 본사를 봉은사, 교종 본사를 봉선사로 지정하고 선종의 최고 승직인 선종판사에 올라 도첩체와 승과제를 부활시켰다. 문정왕후 사후 유배 간 제주도에서 목사 변협에게 매질을 당해 죽었다.

| 보우대사가 주지로 있었던 서울특별시 강남의 봉은사 |

ⓒ 유정호

조선사 개념어 사전

보인 保人

군역을 치르기 위해 번상하는 정군의 경제적인 보조를 위해 베나 무명 등을 납부하는 사람을 일컫는 말로 봉족이라고 부르기도 한다. 조선 초기 정군에게 3~6인의 보인이 지정되었으나 1464년(세조 10)부터는 토지 2결 이하의 가난한 정군에게 2인의 보인을 지정했다. 『경국대전』에서는 군사 활동하는 정군이 면포를 직접 보인에게 징수하도록 규정했다. 임진왜란 이후 모병제로 바뀌면서 정군과 보인의 구별이 없어지자, 정부가 군역을 진 모든 사람에게 2~3필의 군포를 납부하도록 했다.

복시 覆試

소과(사마시)에서 초시를 통과한 사람을 대상으로 예조가 생원과 진사를 100명씩 합격시킨 뒤, 성균관 입학 또는 문과(대과)에 응시할 자격을 주었다. 문과는 성적만으로 33명을 선발해 전시에 나갈 권리를 주었다. 무과에서는 병조 주관으로 초시에서 선발된 사람 중 28명을 선발해 전시에 나갈 권리를 주었다.

봉박 封駁

임금의 명령이 담긴 조서가 잘못되었다고 판단되면, 반박 의견서를 작성해 조서와 함께 국왕에게 전달했다. 왕명 출납을 맡은 승정원은 조서의 부당함을 이야기하고 사헌부와 사간원에서는 조서를 공개적으로 논박했다. 그 결과 봉박은 국왕의 권력을 제한하는 동시에 보좌하는 두 가지 기능을 가지고 있었다.

봉조청 奉朝請

'원임' 항목 참조.

봉조하 奉朝賀

'원임' 항목 참조.

봉족 奉足

'보인' 항목 참조.

부관참시 剖棺斬屍

큰 죄를 저지른 사람의 시신을 관에서 꺼내 목을 벤 뒤, 거리에 내거는 형벌.

부차 전투

1618년(광해 10) 누르하치의 후금 세력이 커지는 것을 경계한 명나라가 정벌군을 편성하는 과정에서 조선에 원병을 요구했다. 조선 정부는 도원수 강홍립, 부원수 김경서에게 1만 3천 명의 병력을 주어 명군의 유정이 이끄는 부대에 합류하도록 했다. 이듬해 사르후 전투에서 명군이 대패하며 전세가 기울어진 상황에서 조선군도 부차 지역에서 홍타이지가 이끄는 후금군에 패배했다. 강홍립이 조선의 출병이 부득이하게 이루어졌음을 알리며 5천 병력과 투항하자, 후금은 강홍립을 제외한 조선군을 석방해 조선으로 돌려보냈다.

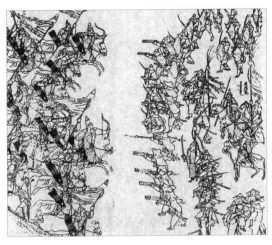

| 강홍립이 이끄는 조선군이 참전한 부차 전투(사르후 전투) |

북벌론 北伐論

효종은 청에 당한 치욕을 갚기 위해 훈련도감 병력을 늘리고 어영군과 금군을 개편했다. 그 외에도 김자점 등 청나라에 우호적인 인사를 조정에서 제거하고 북벌에 찬성하는 이완 등 무인을 등용했다. 그러나 송시열 등 서인의 북벌 반대론에 부딪혀 시행되지 못했다. 현종과 숙종 때 윤휴와 허적 등 남인을 중심으로 북벌론이 제기되었으나 대부분이 정치권력을 장악하기 위한 수단으로 활용한 것이었다.

북인 北人

서인인 정철이 광해군을 세자로 책봉하자고 건의하자, 정인홍을 중심으로 서인을 강하게 처벌해야 한다고 주장한 붕당이다. 이들은 조식과 서경덕의 제자들이 주류를 이루었고 임진왜란 때 의병장으로서 나라를 지킨 인물이 많았다. 광해군을 지지하며 집권 세력이 되자 인목대비를 축출하고 이언적과 이황을 배격하는 행동을 보였다. 인조반정 이후 정계에서 내쫓겨 재기하지 못했다.

북학 北學

조선의 후진성을 비판하며 청나라 학술과 문물을 배워야 한다고 주장하는 학문적 경향을 말한다. 홍대용·박지원·박제가·유득공 등 북학파 학자들은 상업 발전과 교역 증대를 도모하고, 서구 과학기술 등을 도입해 부국강병으로 나가야 한다고 주장했다. 북학이 현실에 많이 반영되지 못했지만, 개화사상을 형성하는 데 큰 영향을 미쳤다.

북학의 北學議

사은사로 가는 채제공의 수행원으로 청나라를 다녀온 박제가가 1778년(정조 2)에 쓴 기행문으로 내편과 외편으로 구성되어 있다. 내편에는 성벽·도로·교량 등 일상생활에 필요한 기구와 시설을 소개하고, 외편에는 농업 생산력 증대와 상공업 발전 등 경제 성장의 필요성을 주장했다.

조선을 세상에서 가장 가난한 나라로 진단하며 변화를 촉
구했으나, 정책에 반영된 것은 적었다.

분청사기 粉靑沙器

| 분청사기 상감 물고기무늬 매병 |

ⓒ 국립중앙박물관

고려 말 고려청자를 만들던 도
공들이 전국 각지로 흩어져 조
잡한 도자기를 만들며 시작된
분청사기는 14세기 후반부터
16세기까지 제작되었다. 공납
품이던 분청사기를 빼돌리는
일이 빈번해지자, 조정은 도공
의 실명을 자기에 표기하도록
지시하거나 경기도 광주에 사
옹원의 분원을 설치해 직접 자기 생산을 관리했다. 임진
왜란 이후 백자가 발달하면서 분청사기는 더는 생산되지
않았다. 일본인이 미시마(三島)라고 부르는 것에 반발해
1930년대 고유섭이 '분장회청사기'라고 표현한 것을 줄여
분청사기라고 부른다.

불씨잡변 佛氏雜辨

1398년(태조 7) 정도전이 성리학 관점에서 고려 말 불교의 폐해와 문제점을 제시한 서적이다. '불씨'는 부처, '잡변'은 잡스러운 이야기라는 뜻으로 불교를 격하하며 절대 믿어서는 안 되는 이단이라고 주장했다. 조선이 500여 년 동안 숭유억불 정책을 펼치는 데 영향을 주었다.

붕당 朋黨

조선 중기 학통과 정치적 입지에 따라 형성된 집단을 일컫는 말이다. 『경국대전』에서는 붕당을 만들고 참여하는 행위를 범죄로 인식하며 처벌할 것을 강조했다. 그러나 훈구파를 몰아내고 정권을 장악한 사림파가 서인과 동인으로 나누어지며 붕당을 이루었다. 여기에는 중국 송나라의 구양수와 주희가 학식과 덕행이 높은 군자의 무리인 군자당이 정치를 주도해야 한다는 논리가 적용되었다. 시간이 흐르면서 견제와 비판, 여론 수렴 등 여러 장점을 잃어버리고 자기 붕당의 이익을 우선해 국익을 해치는 부작용이 커졌다. 숙종·영조·정조 등은 붕당의 폐해를 막고 약해진 왕권을 강화하기 위해 탕평책을 펼쳤으나, 성공하지는 못했다. 조선시대의 대표적 붕당으로 서인, 동인, 노론, 소론, 북인, 남인 등이 있다.

비격진천뢰 飛擊震天雷

| 전투에서 사용된 비격진천뢰 |

© 유정호

선조 때 이장손이 발명한 폭탄으로 둥근 표면은 무쇠로 만들어졌고 내부에는 적을 살상하는 데 사용되는 얇고 작은 철 조각과 화약이 들어 있다. 폭파하는 시간을 조절할 수 있는 비격진천뢰는 1592년(선조 25) 경상좌도병마절도사 박진이 경주 전투에서 효과를 확인한 후 수많은 전투에서 활용되며 조선군이 승리하는 데 큰 도움을 주었다.

ㅂ

비변사 備邊司

1517년(중종 12) 여진족과 왜구의 침입에 대비해 설치한 축성사에서 시작된 비변사는 을묘왜변 이후 상설 기구가 되어 군사 문제를 총괄했다. 임진왜란과 인조반정 이후 전·현직 대신과 6조 당상관이 모여 국정 전반을 논의하고 해결했다. 관직으로 도제조·제조·부제조·낭청이 있었으나, 대신이 도제조가 되어 비변사를 실질적으로 이끌었다. 대신은 자문 역할의 원임대신과 실질적으로 주관하는 시임대신으로 나뉘며, 제조는 특정 관직과 관련된 5~14인으로 이루어진 예겸당상과 군사 전문가 5~30인으로 이루어진 전임당상으로 구성되었다. 조선 후기 특정 붕당과 가문이 권력을 장악하는 용도로 활용되다가 1865년(고종 2) 혁파되었다.

사가독서 賜暇讀書

인재를 육성하기 위한 목적으로 젊고 유능한 관료가 학문 연구에 전념할 수 있도록 휴가를 주는 제도다. 세종 때 집현전학사에게 사가독서를 주었으나, 세조가 집현전을 없애면서 함께 폐지되었다. 성종이 용산에 있던 빈 사찰에 독서당이라는 편액을 내려 사가독서하는 장소로 사용하도록 했으나, 갑자사화 때 독서당과 함께 폐지되었다. 중종이 두모포(옥수동)에 독서당을 지어 사가독서하도록 했으나, 양난 이후 제 기능을 하지 못하다가 폐지되었다. 사가독서는 1~12명을 선발했는데 영조 때까지 총 48차에 걸쳐 320명이 선발되었다.

사간원 司諫院

의정부를 설치할 때 문하부의 낭사를 독립시켜 만든 관청으로 왕의 언행이나 잘못을 바로잡는 간쟁과 일반 정치에 대해 비판하는 논박을 담당했다. 그 외에도 관료 탄핵, 관료 임명, 법 제정에 관한 서경권을 행사하며, 사간원 관리는 경연과 서연에 참여할 수 있었다. 간원 또는 미원이라 부르던 사간원은 사헌부와 함께 대간, 사헌부·홍문관과 함께 삼사, 형조·사헌부와 함께 삼성이라 불리기도 했다. 왕권과 신권의 독주를 막는 순기능이 있었지만 16세기 이후 특정 붕당이 사간원을 장악해 상대 붕당을 공격하는 도구로 활용하기도 했다.

사고 史庫

역사 기록이 담겨 있는 주요 서적 및 문서를 보관하는 장소로 한양(춘추관), 충주, 성주, 전주에 두었다. 임진왜란 때 세 곳이 불타고 유일하게 보존된 전주 사고본을 토대로 실록 다섯 질을 만들어 강화도, 묘향산, 태백산, 오대산, 춘추관 다섯 곳에 보관했다.

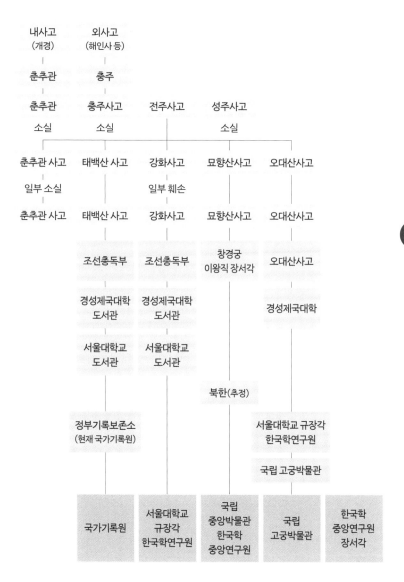

4군 6진

| 조선의 국경을 확립한 4군 6진 |

세종은 영토 개척을 위해 1432년 평안도도절제사 최윤덕
에게 황해도, 평안도에서 차출한 1만 5천 명으로 압록강
유역인 4군(우예, 여연, 자성, 무창)을 개척하게 했다. 영토를
빼앗기지 않으려는 여진족의 저항이 계속되자, 세종은 이
천 장군을 보내 재정벌하며 1443년 4군을 완성했다. 두만
강 유역에는 김종서를 함길도도절제사로 임명해 6진(온
성, 경원, 경흥, 부령, 회령, 종성)을 개척하게 해 1449년 마무
리 지었다. 이로써 압록강과 두만강을 경계로 하는 조선

의 국경선이 확정된다.

사군자 四君子

| 부채 위에 그려진 사군자 |

© 국립중앙박물관

문인들이 매화, 난초, 국화, 대나무를 군자에 비유해 그린 문인화다. 도화서 화원을 뽑는 시험 과목 중 하나로, 산수화나 인물화보다 더 중요하게 여겨졌다. 사군자를 잘 그린 인물로 박팽년, 신사임당, 안평대군 등이 있다.

사대교린 事大交隣

주변국과 평화적인 관계를 유지하기 위해 조선이 선택한 외교정책이다. 상대적으로 국력이 강한 명·청에는 하정사(정월 초하루), 성절사(황제 생일), 동지사(동짓날)에 정기적으로 사신과 조공을 보내 평화 유지, 교역을 통한 경제 교류, 선진문물 수용 등 이득을 취했다. 일본과는 왜구 침입을 막기 위해 통신사를 보내고, 대마도주에게 무역 통제 권한을 부여했다. 여진 추장에게는 명예 관직을 내려 조선 국왕에게 충성을 맹세하는 절을 올리게 해 종속 관계를 확인하는 동시에 진상과 회사를 통해 그들에게 필요한 물자를 제공해 침입을 막았다.

사도세자(1735~1762)

영조와 후궁 영빈 이씨에게서 태어난 사도세자는 중전의 양자로 입적해 두 살에 왕세자에 책봉되고, 열다섯 살에 대리청정을 하는 등 일찍부터 후계자 수업을 받았다. 그러나 영조와의 갈등과 노론의 견제로 입지가 좁아진 상황

에서 사도세자의 비행을 고발하는 나경언의 고변으로 뒤주로 추정되는 물건에 갇혀 죽었다. 이후 영조는 그에게 '사도'라는 시호를 내렸고 정조는 '장헌'으로 시호를 높였다. 고종은 1899년 사도세자를 '장조'로 추존했다.

| 후대에 그려진 사도세자 |

사량진왜변 蛇梁鎭倭變

1544년(중종 39) 왜선 20여 척이 경상남도 통영시 사량진에 침입한 사건이다. 이를 계기로 조선 정부는 임신약조를 폐기하고 일본인의 조선 왕래를 금지했다.

사르후 전투

'부차 전투' 항목 참조.

사림 士林

성종이 훈구파를 견제하기 위해 재야에 있던 김종직 등을 중앙으로 불러들이면서 역사에 등장했다. 고려 말 유학자인 정몽주와 길재를 시조로 하는 온건파 사대부의 후예인 신진 사류로 유향소를 통해 지역사회에 영향력을 행사했다. 이들은 훈구파와는 달리 유교 경전을 중요하게 여기는 경학을 중시하고, 도교와 불교 등 성리학 이외의 학문에 배타적인 모습을 보였다. 성리학적 명분론을 강조하며 부정·비리를 저지르는 훈구파를 견제하다가 무오·갑자·기묘·을사사화를 겪으며 큰 피해를 보았다. 그러나 서원과 향약, 유향소를 기반으로 지방민의 지지를 얻어 선조 때 훈구파를 몰아내고 권력을 장악했다. 이후 학문과 정치 운영을 두고 동인과 서인으로 나뉘어 붕당을 형성한다.

사명대사(1544~1610)

| 사명대사 |

© 한국민족문화대백과사전

명종 시기 승과에 합격하며 서른 살 전후에 직지사 주지가 되었으나, 정여립의 난에 참여했다는 소문으로 고초를 겪었다. 임진왜란이 발발하자 스승 서산대사와 함께 승병을 일으켜 평양성 탈환에 공을 세워 선교양종판사를 제수받았다. 1594년(선조 27)에는 명과 일본의 휴전협정 내용을 조사해 '토적보민사소'를 올렸다. 임진왜란이 끝나자 일본으로 건너가 도쿠가와 이에야스를 만나 조선을 다시는 침략하지 않겠다는 약조와 함께 3천여 명의 조선인 포로를 데리고 돌아왔다.

사문난적 斯文亂賊

주자와 다르게 유교 경전을 해석하는 사람을 비난하는 말이었으나, 조선 후기에는 정적을 비난하는 표현으로 변질되었다. 정치권력을 획득하거나 유지하기 위해 상대 붕당을 사문난적으로 지목하는 방식이 자주 쓰였는데, 대표적으로 송시열이 윤휴를 사문난적으로 비난해 유배지에서 사사하게 만든 사례가 있다.

사민정책 徙民政策

북방을 안정시키기 위해 백성을 이주하는 정책이다. 태조는 함경도에 경원부를 설치하고 백성을 이주시켰다. 세종은 4군 6진에 함경도와 평안도 남부 지역에 거주하는 사람을 이주시키고, 이주당한 이들이 살던 곳에는 하삼도(충청도, 전라도, 경상도) 사람을 채워 넣었다. 세조는 하삼도 백성을 이주시키는 과정에서 토지를 지급했다. 성종 때까지 사민정책은 이어졌지만, 북방의 척박한 환경과 여진족의 잦은 침입 등으로 참여율이 높지 않았다.

조선사 개념어 사전

사복시 司僕寺

임금이 타는 수레, 말, 목축 등을 담당하는 관청으로 시작했으나, 태종이 병조의 속아문으로 편성했다. 무과 출신이 많았던 사복시 관원들은 200여 개의 지역 목장을 관리했다.

사사 賜死

죄인을 대우해 신체가 손상되지 않도록 국왕이 내린 사약(賜藥)을 먹고 스스로 목숨을 끊게 하는 처형 방법.

人

사상 私商

조선 후기 장시를 돌아다니며 물품을 교역하던 상인으로 18세기에는 대외무역에도 참여하며 활동 범위를 넓혔다. 대표적인 사상으로 한양의 경강상인, 개성의 송상, 의주의 만상, 동래의 내상 등이 있다.

사상의학 四象醫學

1894년(고종 31) 이제마가 『주역』의 태극설을 이용해 창안한 것으로 인체를 태양, 태음, 소양, 소음 네 가지로 분류한 뒤, 체질에 맞는 치료법을 제시한 우리나라만의 독창적인 의학 이론이다.

사설시조 辭說時調

조선 후기 평시조의 틀에서 벗어나 글자 수가 열 자 이상으로 늘어난 시조로 사랑, 사회 비판 등 다양한 주제를 자유롭게 다루었다. 중인을 비롯해 부녀자, 기생, 상인 등 신분에 구애받지 않고 많은 사람이 작품을 짓거나 즐겼다.

사섬시 司贍寺

1401년(태종 1) 종이로 만든 돈(저화)을 유통·보급하기 위해 설치한 사섬서가 1460년(세조 6) 사섬시로 변경되었다.

저화 발행과 외거노비가 바치는 공포(貢布)를 담당했으나 저화가 보급되지 못하면서 폐지와 설치를 반복하다가, 1705년(숙종 31) 호조의 사섬색에 병합되었다.

사수 射手

임진왜란 때 설치한 훈련도감과 속오군에서 활을 쏘는 군인이다. 사수는 천민이 배치되는 포수, 살수와는 달리 양인으로만 충원되었다.

사액 賜額

사당, 서원 등에 국왕이 이름을 지어준 편액을 내리던 일을 일컫는 말이다.

人

사액서원 賜額書院

국왕에게서 서원 이름이 적힌 현판인 편액을 비롯해 서적, 노비, 토지를 하사받은 서원을 일컫는 말이다. 사액서원은 경제적 지원뿐만 아니라 제향 때 국가에서 직접 예관을 파견해주는 특전이 주어졌다. 전국에 많은 사액서원이 생겨나면서 국가 재정에 부담을 주고, 인재 양성과 강학이라는 서원의 원래 기능이 약화하는 등 여러 폐단이 발생했다. 영조 이후 사액서원을 정리하려는 시도가 이어졌다.

사역원 司譯院

1393년(태조 2) 주변국과의 외교를 위해 통역과 번역에 관련된 업무를 담당하던 관청이다. 사역원에서 주로 다루던 외국어는 중국어, 몽골어, 일본어, 여진어가 있다.

사우 祠宇

서원과 달리 교육 기능 없이 선조나 선현에 대한 제사와 풍속 교화에만 목적을 둔 사당이다. 향사, 별묘 등으로 불리던 사우는 충절을 지킨 인물이나 지역을 지키는 공을 세운 장군 등을 제향했다. 서원과 사우는 목적과 기능이 달랐지만 17~18세기에 이르면 전국에 1천여 곳 넘게 설치될 정도로 남설되면서 서원과 차이를 보이지 않았다. 조선 후기 서원이 여러 폐단으로 철폐될 때 사우도 함께 철폐되었다.

사육신 死六臣

남효온의 『육신전』에 소개된 단종 복위를 도모하다 죽은 성삼문, 박팽년, 하위지, 이개, 유성원, 유응부 여섯 명을 말한다. 1456년(세조 2) 창덕궁에서 명나라 사신을 맞이하는 자리에서 세조를 죽이고 단종을 복위하려다 실패하면서 처형되었다. 이 과정에서 처형되거나 목숨을 끊은 사람이 70여 명에 달했으며, 단종은 강원도 영월로 유배 보내졌다.

| 사육신을 모신 사당인 서울특별시 노량진의 의절사 |

©유정호

사은사 謝恩使

명나라와 청나라에게서 받은 은혜에 보답한다는 명목으로 보내는 사절 또는 사신단을 일컫는 말이다. 사은사는 정사 한 명, 부사 한 명, 서장관 한 명을 비롯해 역관과 의관을 대동한 30여 명 내외로 구성되었다.

사전 私田

개인의 사유지 또는 세금을 거둘 수 있는 수조권이 개인에게 있던 토지.

사전 賜田

국왕이 공을 세운 신하에게 지급하는 토지로 사여전, 사패전, 사급전이라 부르기도 한다.

ㅅ

사족 士族

사대부지족(士大夫之族)의 줄임말로 문무 양반 및 그들의 혈족을 지칭하는 용어로 양반이란 용어와 함께 통용되었다. 명종 때 친가 혹은 외가 한쪽이라도 4대조 안에 문·무반 6품 이상 관원을 배출한 가문의 후손 또는 생원과 진사를 사족으로 규정했다. 조선 후기에는 지배 계층 전체를 지칭하는 용어로 사용되었다.

사초 史草

실록 편찬을 위한 기초 자료인 사초는 전임사관이 왕의 언행을 기록해 춘추관에 제출한 입시사초와, 사관이 인물에 대한 평가나 민감한 정치 현안에 대한 평가를 집에서 보관하다 실록을 편찬할 때 실록청에 제출하는 가장사초로 나뉜다. 사초는 왕과 관료의 평가가 담겨 있는 만큼 사초로 인한 정치 보복 등의 문제가 발생하지 않도록 국왕의 열람조차 막았다.

사직단 社稷壇

1394년(태조 3) 토지의 신 '사(社)'와 곡식의 신 '직(稷)'을 모시는 사직단을 경복궁 서쪽에 설치했다. 이곳에서 1년에 네 차례 지내는 대사(임금이 직접 주관하는 제사) 외에도 중사(대사보다 간단한 제사), 기우제 등을 지냈으며 이를 주관하는 관청으로 사직서가 있었다.

조선사 개념어 사전

사헌부 司憲府

헌부, 상대, 오대라 불리기도 하는 사헌부는 관리들의 부정을 적발해 처벌하는 사법권을 가지고 있었다. 그 외에도 관원의 자격을 심사해 관리 임명에 동의하는 권한인 서경권, 관리 탄핵, 입법 논의, 경연과 서연 참여, 억울한 사람의 소송을 재판하는 등의 권한이 있었다. 사간원과 함께 사헌부 관원을 대간이라 불렀다. 조선의 중요한 관청이었지만, 1894년(고종 31) 갑오개혁 때 폐지되었다.

삭탈 削奪

죄에 대한 처벌로 벼슬과 품계를 빼앗은 뒤, 관리 명부에서 이름을 지우는 것을 일컫는 말이다.

산림 山林

과거를 통해 관직에 나가지 않아도 학덕이 높아, 유림의 존경을 받으며 국가의 부름을 받는 인물을 일컫는 말로 산림지사, 산림독서지사 등으로도 불린다. 산림의 언행이 국가 경영에 큰 영향을 미치면서 인조반정 이후 산림직이 신설되었다. 그러나 산림으로서 마땅한 인물이 없으면 임명되지 않았다. 영조 이후 산림의 역할이 축소되어 상징적인 의미만 남았다가, 세도정치하에서는 거의 요직에 등용되지 않았다. 대표적인 산림으로 송시열, 김집, 윤휴 등이 있다.

산림경제 山林經濟

실학자 홍만선(1643~1715)이 구황, 작물 경작, 가축, 해충 방지, 구급법 등 농촌 경제활동을 비롯해 일상생활에 도움이 되는 광범위한 내용을 기술한 서적이다. 인쇄와 보급이 이루어지지 않아 농민에게 실질적인 도움을 주진 못했으나, 후대 실학자들의 활동에 많은 영향을 주었다.

조선사 개념어 사전

산택사 山澤司

태종 때 설치된 공조 소속의 관청으로 산림, 연못, 나루터, 다리, 궁궐의 정원, 목재, 석재 등을 관리하고 배와 수레를 제조하는 일을 담당했다.

살수 殺手

임진왜란 중에 설치된 훈련도감과 속오군에서 칼과 창 등을 이용해 근접전을 벌이는 군인을 일컫는 말이다. 양인이 살수가 되기를 꺼리면서 천민이 주로 배치되었다.

삼강행실도 三綱行實圖

아들이 아버지를 살해한 일이 벌어지자, 처벌에 앞서 효행을 알리는 것이 중요하다며 1428년(세종 10)에 편찬한 윤리서다. 중국과 우리나라에서 본보기가 될 효자 112명, 충신 112명, 열녀 94명의 행적을 이해하기 쉽도록 글과 그림으로 설명한 뒤 이들을 찬양하는 시를 수록했다. 그러나 우리나라 사람은 효자 4명, 충신 6명, 열녀 6명만 선정되었다.『삼강행실도』는 백성들의 윤리 교육에 활용되었으며, 일본에 수출되기도 했다.

| 『삼강행실도』 |

ⓒ 유정호

삼남 三南

한반도 남쪽에 있는 충청도, 전라도, 경상도를 말하며 하삼도라고 부르기도 한다. 세부적으로는 금강 이남의 호남 지방(전라도), 제천 의림지 서쪽의 호서 지방(충청도), 조령 남쪽의 영남 지방(경상도)으로 나누기도 한다.

삼대모역사건

1777년 노론 홍계희 가문이 일으킨 세 번의 역모사건이
다. 첫 번째는 홍계희의 손자 홍상범이 백부와 아버지가
귀양 간 것에 앙심을 품고 전흥문, 강용휘 등 장졸을 끌고
경희궁 존현각에 들어가 정조를 죽이려다 발각되어 실패
했다. 두 번째는 홍계희의 며느리 효임이 무속인을 시켜
정조와 홍국영을 저주했다가 처벌받았다. 세 번째는 홍계
희의 팔촌 홍계능과 홍상범의 사촌 홍상길이 정조의 이복
형제인 은전군을 국왕으로 추대하려다가 발각되어 처형
당했다. 삼대모역사건 이후 정조는 신변 안전을 명분으로
내세워 숙위소를 설치하고, 홍국영에게 숙위대장·훈련대
장·금위대장직을 맡겼다.

삼도수군통제사 三道水軍統制使

임진왜란에서 수군의 역할이 커지자 1593년(선조 26) 삼
남 지방 수군을 총괄하는 삼도수군통제사라는 새로운 직
제를 만들어 이순신을 임명했다. 삼도수군통제사는 관찰

사와 같은 품계로 임기 2년이었지만, 수사 이하 지휘관들이 명령을 따르지 않으면 처벌할 수 있는 권리가 주어지는 등 막강한 권한을 가지고 있었다. 삼도수군통제사는 1895년(고종 32)에 폐지되기까지 208명이 임명되었다.

삼망 三望

공정한 인사를 위해 이조와 병조에서 관직에 적당한 인물 세 명을 추천하면, 국왕이 그중 한 명의 이름 위에 친필로 점을 찍는 낙점으로 적임자를 결정하는 일이다. 실무를 담당하는 관리의 의사가 반영되는 동시에 국왕이 마음에 드는 인물이 없으면 추가로 추천하도록 명령할 수 있어서 왕권과 신권이 균형을 이루는 역할을 했다.

삼베

한해살이풀인 삼 껍질 안쪽 부분을 이용해 만든 옷감으로 베, 대마포라고 부르기도 한다. 폭 36cm에 길이 6자

(약 180cm)를 기본 단위로 제작된 삼베는 무명과 함께 화폐로 쓰이기도 했지만, 15세기 이후 무명에 밀리면서 화폐 기능이 약화했다.

| 삼베 |

삼사 三司

사헌부, 사간원, 홍문관을 총칭하는 말로 왕과 고관 대신의 잘못을 비판하며 견제하는 언론 기관이다. 삼사는 국왕이 자신들의 비판을 받아들이지 않을 경우 대궐 앞에 엎드려 허락을 요청하는 합사복합(合司伏閤)을 시행하기도 했다.

삼심제 三審制

1421년(세종 3) 사형은 세 번 재판해 왕에게 보고하도록 제정된 이후 『경국대전』에서 법제화되었다. 1심과 2심은 수령과 관찰사가 맡고, 재판 당사자가 결과에 불복하면 형조에 3심을 요구할 수 있었다.

삼전도비 三田渡碑

1639년(인조 17) 청나라의 강요로 강화 협정을 맺은 자리에 세운 비석으로 원래 이름은 '대청황제공덕비'다. 청나라 황제 태종을 칭송하는 내용 외에도 청나라가 조선을 침략한 이유와 청군이 조선 백성에게 피해를 주지 않았다는 내용이 몽골 문자, 만주 문자, 한자로 적혀 있다. 이조판서 이경석이 글을 짓고, 오준이 글씨를 쓰는 등 조선이 제작한 삼전도비

| 서울특별시 송파구에
세워진 삼전도비 |

ⓒ 한국민족문화대백과사전

는 높이 5.7m에 너비 1.4m 크기로 석촌 호수 언덕에 자리하고 있다.

삼정의 문란

조선 후기 전정, 군정, 환정(환곡)의 수취 과정에서 나타난 부정·비리를 일컫는 말이다. 전정은 토지세를 실제 소유하지 않은 토지에서 징수하거나, 실제보다 몇 배 더 많이 거둬들이는 부정행위를 말한다. 군정은 군포를 가족과 이웃에게 부과하거나 어린아이나 죽은 사람에게 거둬들이는 부정행위를 말한다. 환정은 강제로 곡식을 빌려주고 정해진 양보다 더 많이 돌려받는 부정행위를 말한다. 삼정의 문란은 19세기 홍경래의 난과 임술농민봉기 등 농민 항쟁의 주요 원인으로 작용했다.

삼정이정청 三政釐整廳

삼정의 문란으로 전국에서 항쟁이 일어나자 안핵사로 파견된 박규수의 건의로 삼정 문제 해결을 위해 1862년 (철종 13) 특별히 설치된 관청이다. 원로대신을 총재관으로 하고 판서급을 당상관으로 임명한 뒤 삼정의 문란 해결책으로 올라온 내용을 토대로『삼정이정절목』을 편찬했다. 하지만 기존의 해결책을 부연 설명하는 등 근본적인 해결 방법을 제시하지 못하면서 그해 철폐되었다.

삼포왜란 三浦倭亂

중종 즉위 이후 왜관에 머물던 일본인에게 세금을 징수하고, 규정된 60명 외에는 추방하는 등 강경책을 폈다. 그로 인해 1510년 조선에 머물던 4천~5천여 명의 일본인들은 생활이 어려워지자, 대마도주의 아들 소 모리히로를 대장으로 삼아 제포첨사를 납치하고 웅천과 동래를 공격했다. 조선 조정은 경상좌도방어사에 황형, 경상우도방어사에 유담년을 임명해 일본인 295명을 죽이고 선박 다섯 척을 격침했다. 이후 왜관에 거주하던 일본인 모두를 추방하고, 일본과의 교역을 중단했다. 경제적 어려움을 겪게 된 대마도주가 삼포왜란 주모자를 처형하고, 잡아간 조선인을 송환하며 통교를 요청한 결과 1512년(중종 7) 임신약조가 체결되었다.

상례 喪禮

사람이 죽었을 때 행해지는 의례로 장례, 초상 등으로 부르기도 한다. 조선 초기는 유교식 제사와 불교식 의례가 함께 이루어졌으나, 16세기부터는 조선만의 유교식 제례가 이루어졌다. 조선 후기에는 자의대비가 입어야 할 상복 기간을 두고 서인과 남인이 예송을 벌일 정도로 상례는 매우 중요한 문제로 대두했다.

상민 常民

농업, 어업, 수공업, 상업 등에 종사하며 국가에 세금을 납부하는 계층으로 전체 인구 중 가장 많은 수를 차지했다. 이들은 신분상 양인으로 과거를 보고 관직에 나갈 수 있었다.

상복사 詳覆司

형조에 소속된 관청으로 세종 때 사형죄에 해당하는 죄인을 세 번 심리하도록 한 의금부삼복법과 관련해 설치되었다. 판서를 비롯한 3당상의 지휘를 받으며, 사형에 해당하는 중죄인의 2심을 담당했다.

상평통보 常平通寶

1633년(인조 11) 상평청을 설치해 주조했으나, 백성들이 사용하지 않아 중단되었다. 1678년(숙종 4) 다시 주조하면

서 화폐로서 기능했다. 평안감영과 전라감영이 주조를 전담했으나, 재정이 부족하면 각 관청에서 독자적으로 주조해 사용했다. 갑오개혁으로 발행이 중단되었어도 화폐로서의 기능은 유지하다가, 1905년 일제의 화폐정리사업으로 사라졌다. 상평통보의 다른 명칭은 엽전이다.

상품작물 商品作物

조선 후기 시장에 팔기 위해 재배한 작물로 인삼, 담배, 목화, 약재 등이 있다. 이모작 등 농업 기술 발달, 국제 교역 증가, 대동법 시행 등으로 상품화폐경제가 발달하면서 상품작물의 재배와 유통이 확대되었다.

상피제 相避制

관료가 부정·비리를 저지르지 않도록 친족이 같은 관청에 근무하지 못하게 하고 연고가 있는 지역에 임명되지 않도록 한 제도다. 이조와 병조의 당상관처럼 인사권을 지닌 관직과 사헌부, 사간원 등 감찰 업무를 하는 관직은 상피제가 특히 엄격하게 적용되었다.

생원 生員

소과 생원시에 합격한 사람으로 진사와 더불어 성균관에 입학하거나 하급 관료로 취임할 자격이 주어졌다. 이들은 유교 경전을 암기하는 명경과에 응시해 5경(五經: 시경, 서경, 주역, 예기, 춘추)의 의의를 논하는 글 한 편과 4서(四書: 논어, 맹자, 중용, 대학)의 의의를 논하는 글 한 편을 짓는 시험을 치렀다. 1894년(고종 31) 과거제가 폐지될 때까지 식년시 162회와 증광시 67회로 총 229회의 생원시에서 2만 4천여 명의 생원이 배출되었다. 그러나 이들 중 문과에 진출한 사람은 3천여 명에 불과했다.

서경권 署經權

국왕이 관리 임명이나 법령 제정 시 대간의 동의를 구하도록 해 국왕과 대신의 독단적 인사나 정책 결정을 막는 제도다. 인사에 관한 서경을 고신서경이라고 하며, 임명된 사람에게 발급되는 임명장인 고신에 대간이 서명했다. 법령 제정 등 중요 정책에 관한 서경을 의첩서경이라 하며, 예조가 국왕의 허락을 받으면 사헌부와 사간원의 서경을 거쳐 해당 관청에 보내졌다.

人

서경덕(1489~1546)

여러 차례 관직에 나갈 기회를 거부하고 개성에서 교육과 학문 연구에 힘썼다. 황진이·박연폭포와 함께 송도삼절로 불리며, 황진이의 유혹을 이겨낸 것으로 유명하다. 이(理)를 기(氣) 속에 포함시켜 둘로 보지 않는 기일원론을 주장했으며, 저서로 『화담집』이 있다.

서당 書堂

초등 교육기관인 서당은 설
립에 특별한 조건과 규정이
없어서 마을이 선생을 모셔
오거나 양반이 자기 집에 서
당을 여는 등 다양한 형태가
있었다. 서당마다 학생 정원,
나이, 학문 수준이 모두 달랐
지만 일반적으로 『천자문』
『명심보감』『소학』등을 배웠

| 김홍도의 풍속화 <서당> |
ⓒ 국립중앙박물관

다. 조선 후기에는 상민도 서당에 자녀를 입학시키고 몰
락한 양반들이 생계를 위해 서당을 운영하면서 서당의 수
가 많이 늘어났다. 서당에서의 기초 교육이 끝난 학생은
향교, 서원, 성균관으로 옮겨 학업을 이어 나갔다.

서리 書吏

각 관청에서 문서를 처리하고 연락 업무를 담당하던 수청 서리와 소속 관청 책임자의 명령을 수행하는 배서리가 있었다. 이들은 읽기, 계산, 훈민정음을 평가하는 서리 취재를 통해 선발되었는데, 과거에 합격하지 못한 지방 향교의 생도가 많이 지원했다.

서산대사(1520~1604)

| 서산대사 |

ⓒ 국립중앙박물관

법명인 휴정으로 알려진 서산대사는 임진왜란 때 70세가 넘은 나이로 승병을 이끌고 일본군에 맞서 싸웠다. 평양성 탈환에 참여한 공로를 인정받아 '팔도선교도총섭'이라는 군직을 받지만 나이가 많다며 제자 사명대사에게 물려주었다. 700여 명의 승군을 거느리고 개성에서 한양으로 돌아오는 선조를 호위한 후 묘향산에 들어가 나라의 안녕을 위한 기도를 올렸다. 선조는 '국일도 대선사 선교도총섭 부종수교 보제등계존자'라는 존칭과 함께 정2품 당상관 직위를 하사했다.

서얼 庶孽

'서(庶)'는 양인 출신 첩의 자손, '얼(孽)'은 천인 출신 첩의 자손으로 이들을 합쳐 서얼이라고 부른다. 태종은 서얼금고법을 제정해 이들의 관직 진출을 막았고, 『경국대전』에서는 문과나 생원·진사시에 응시하지 못하도록 명문화했다. 그 외에도 서얼에게는 재산상속권도 주어지지 않았다. 명종 때 서얼 출신임을 밝히는 조건으로 과거에 응시할 수 있게 되었다. 숙종과 영조 때 차별을 없애달라는 상소를 올리는 등 신분 상승 운동이 꾸준히 전개되었다. 정조는 서얼이 관직에 오를 수 있는 '정유절목'을 발표해 규장각검서관에 이덕무, 유득공, 박제가 등을 임명했다. 서얼의 신분 상승을 위한 운동은 꾸준하게 이어지다가, 1894년 갑오개혁 때 신분제가 폐지되면서 서얼 차별이 사라진다.

서얼금고법 庶孼禁錮法

1415년(태종 15) 서선의 건의를 받아들여 양반의 자손 중 첩의 소생은 관직에 나갈 수 없게 막은 제도.

서원 書院

백운동서원이 이황의 건의로 소수(紹修)라는 사액을 받은 이후 전국적으로 건립되어 지방 사림의 자치활동을 보장하고 후학을 양성하는 교육 기능을 수행했다. 그러나 조선 후기 붕당의 정치적 기반을 강화하려는 목적으로 서원이 경쟁적으로 건립되고, 서원에 주어진 면세와 면역이라는 특권 등이 악용되면서 국가 경영이 어렵게 되었다. 영조 이후 서원을 정리하려는 노력이 계속 이루어지다가 1864년(고종 1) 흥선대원군의 서원철폐령으로 전국에 47개소의 서원만 남았다.

서유구(1764~1845)

조선 후기 실학자로 관직에 있으면서 전국의 농업 기술을 정리한 농서를 편찬하자고 주장했으며, 정조를 도와 농업 개혁을 추진했다. 정조가 죽자 홍문관부제학에서 물러나 농업 관련 백과사전인 『임원경제지』, 고구마 재배와 관련한 『종저보』 등 수많은 농서를 집필했다.

| 서유구 |

서이수(1749~1802)

서얼 출신으로 이덕무, 유득공, 박제가와 함께 규장각 서적을 검토하고 필사하는 검서관으로 발탁되어 4검수라 불렸다. 용인, 포천, 토산 등의 군수를 역임하면서 서얼의 신분 상승 운동을 보여주는 대표적 인물이다.

조선사 개념어 사전

서인 西人

선조 때 이조전랑직 임명을 두고 김효원과 심의겸이 대립
했는데, 이때 심의겸을 지지한 사람을 서인이라 불렀다.
서인은 학통으로는 이이·성혼·김장생의 문하, 지역으로
는 경기 지역 출신이 많았다. 선조 이후 동인과 정국 운영
을 두고 경쟁하다가, 광해군을 내쫓는 인조반정을 성공시
키면서 정국을 주도했다. 숙종 때 정국 운영 방식을 두고
노론과 소론으로 나누어졌다. 이들은 주자의 사상을 고수
하면서, 명에 대한 의리를 지켜야 한다고 강조했다.

ㅅ

서장관 書狀官

중국 왕조와 일본에 보내는 사신단 일행을 감독하고 물화
를 점검하며 기록을 담당하는 직책으로 주로 사헌부감찰
이 임명되었다. 정사, 부사와 함께 3사(使)라 불렀다.

서학 西學

좁은 의미로는 가톨릭, 넓은 의미로는
서양 사상과 문물을 의미한다. 17세
기 초 중국에 갔던 사신단을 통해 세
계지도와 마테오 리치가 지은 『천주
실의』 등 서양 문물이 서학으로 조선
에 소개되었다. 학문적·사상적 대상
이던 서학이 시간이 흐르면서 종교
로 인식되자, 18세기 후반부터 성리

| 조선에 서학 책으로
받아들여진 『천주실의』 |
ⓒ 한국민족문화대백과사전

학적 질서를 위협하는 이단으로 취급받아 탄압받았다.

석보상절 釋譜詳節

1447년 아내 소헌왕후의 명복을 빌기 위해 세종이 수양대
군에게 석가모니의 일대기와 설법을 한글로 번역하라고
명령해 편찬된 서적이다. 15세기 국어와 한자음을 알려준
다는 점과 최초의 한글 번역 불경이라는 점에서 가치가
높게 평가되고 있다.

조선사 개념어 사전

선농단 先農壇

| 왕이 선농제를 지내던 제단인 선농단 |

ⓒ 국가유산청

서울 동대문 밖 전농동에 설치된 제단으로 농사와 관련 있
는 중국 전설 속의 왕 신농과 후직에게 제사를 지내며 풍
년을 기원하던 장소다. 태조가 선농단에서 직접 쟁기를 잡
고 밭을 간 이후 1909년(순종 3)까지 조선의 국왕들은 이곳
에서 풍년을 기원하는 선농제를 진행했다. 국왕이 농사짓
는 모습을 보기 위해 온 백성에게 소뼈를 우린 국물에 밥
을 말아 대접한 음식이 설렁탕으로 발전했다고 전해진다.

선대제 수공업

상인이 수공업자에게 원료·도구·임금 등을 지불한 뒤, 필요한 물품을 생산하도록 하는 것을 말한다. 17세기 이후 대동법 시행으로 상품화폐경제가 발달하면서 등장한 선대제 수공업은 일제의 강요가 아닌 조선이 자발적으로 자본주의 사회로 발전하는 중이었음을 보여준다.

선무군관 選武軍官

1751년(영조 27) 함경도와 평안도를 제외한 나머지 도에서 군역을 담당하지 않는 사족(士族)과 부민(富民)을 대상으로 무술 시험을 거쳐 선발한 지방 군관이다. 평상시에는 1년에 베 1필 또는 엽전 2냥을 납부하게 해 균역법으로 부족해진 국가 재정을 보충했다. 대신 1년에 한 번 각도별로 무예를 시험해 1등은 전시, 2등은 복시에 나갈 자격을 주었으며, 3~7등에게는 군포를 면제해주었다.

선위 禪位

살아 있는 국왕이 후계자에게 왕위를 물려주는 것으로 조선시대에는 1398년 태조가 정종에게, 1400년 정종이 태종에게, 1418년 태종이 세종에게, 1455년 단종이 세조에게, 1468년 세조가 예종에게, 1544년 중종이 인종에게, 1545년 인종이 명종에게, 1907년 고종이 순종에게 선위한 사례가 있다.

선조(1552~1608, 재위 1567~1608)

방계 출신으로 열여섯 살에 왕으로 즉위해 인순왕후의 수렴청정을 받았으나, 이듬해 직접 국정을 이끌었다. 재위 시기 사림이 동인과 서인으로 분당되고, 동인이 남인과 북인으로 다시 갈라졌다. 정여립의 난을 토벌하는 과정에서 동인 1천여 명 이상을 죽이는 기축옥사가 일어났으며, 명나라『대명회전』에 기재된 이성계에 관한 오류를 바로잡았다. 임진왜란을 일으킨 일본군을 내쫓았으나, 승리의 원인을 명나라에 돌리며 의병과 관군을 낮게 평가했다.

말년에는 영창대군을 즉위시키고자 관료들을 분열케 해, 광해군이 국정을 운영하는 데 어려움을 주었다.

선종 禪宗

참선 수행을 통해 깨달음을 얻고자 하는 불교 종파다. 1424년(세종 6) 선종과 교종으로 통합될 때 조계종, 천태종, 총남종이 선종으로 단일화되었다. 1550년(명종 5) 봉은사를 본사로 삼으며 부흥하는 듯했으나 문정왕후가 죽으면서 다시 탄압받았다. 그럼에도 서산대사, 사명대사 등 고승이 나오며 명맥을 유지해 구한말 원종, 임제종이라 불렸다. 1941년 조계종으로 종명이 확정되었다.

설점수세 設店收稅

조선 후기 광물의 수요가 늘어나면서 민간에게 광산을 운영할 권리를 부여하는 대신 세금을 징수한 것을 일컫는 말이다.

섬

곡물이나 사료를 담기 위해 짚을 엮어 만든 그릇으로 크기에 따라 다섯날섬과 일곱날섬으로 나뉜다. 10말이 1섬으로 두 가마니 무게에 해당하는 180kg 정도가 된다.

성균관 成均館

| 성균관 유생들이 수업을 받던 명륜당 |

ⓒ 유정호

1395년(태조 4) 한양 종로구 명륜동에 설치된 성균관은 공자 및 유학의 주요 인물에게 제향하고, 국가에 필요한 인재를 육성하는 교육기관이다. 성균관은 정3품 당상관인 대사성 이하 30명 이상의 관원이 배치되어 운영되었다. 성균관에 입학하기 위해서는 생원시와 진사시를 통과하거나, 4부 학당에서 생원·진사시 초시에 해당하는 승보시를 거쳐야 했다. 100명으로 시작해 세종 때 200명까지

人

증원되었으나, 양난 이후 정원이 축소되었다. 성균관 유생은 식사할 때 장부에 표시하는 일종의 출석부에 해당하는 원점(圓點) 300점을 취득하면 문과 초시인 관시에 응시할 자격이 주어졌다. 성균관 유생의 재학 기간은 따로 정해져 있지 않았으며, 재학 중에 필요한 생활필수품을 국가가 지원했다. 일제강점기 경학원으로 바뀌며 교육 기능을 상실했다가, 광복 이후 성균관으로 환원되었다.

성리학 性理學

조선을 건국했던 신진 사대부들은 성리학의 역성혁명에서 건국 명분을 찾았고, 『소학』 『주자가례』를 보급해 유교적 생활 규범을 확산하고자 했다. 15세기 중엽에는 의리와 대의를 중시하는 성리학을 강조하는 사림파가 등장했고, 선조 때는 이(理)와 기(氣)를 두고 이황·이이·기대승·성혼 등 성리학자들이 주리론과 주기론으로 나누어져 논쟁을 벌였다. 성리학은 학문과 사상을 넘어 조선의 정치, 경제, 사회, 문화를 움직이는 원리로 작용했다.

성종(1457~1494, 재위 1469~1494)

세조의 장남 의경세자의 둘째 아들로 열세 살에 국왕에 즉위했다. 정희왕후가 수렴청정하는 동안 한명회와 신숙주의 도움을 받았다. 직접 국정을 운영하면서는 김종직 등 사림파를 등용해 훈구파를 견제하며, 집현전 후신으로 홍문관을 설치했다. 『경국대전』 『국조오례의』를 완성하며 통치 규범을 완성하고, 『동국통감』 『동국여지승람』 『동문선』을 편찬하며 문화 진흥에 힘썼다. 국방과 외

| 서울특별시 강남에 있는 성종의 무덤 선릉 |

ⓒ 유정호

231

교에도 힘을 기울여 허종을 보내 여진족을 진압하고, 삼포를 중심으로 일본과 무역을 늘려 왜구의 침략을 예방했다. 25년간 재위하며 많은 업적을 쌓았지만, 실제로는 서른여덟 살의 젊은 나이로 창덕궁에서 생을 마감했다.

성학십도 聖學十圖

1568년 이황이 열일곱 살의 선조가 성군이 되기를 바라는 마음으로 국왕이 갖추어야 할 유학의 도(道)를 도식으로 설명한 상소문이다. 유학의 핵심을 도표 열 개로 제시한 뒤 경서와 여러 성현의 글로 설명하고, 마지막에 이황 자신의 의견을 밝히는 방법으로 서술되어 있다. 성학십도의 본래 명칭은 '진성학십도차병도'다.

| '성학십도' 중 일부 |
ⓒ 한국민족문화대백과사전

성학집요 聖學輯要

1575년 선조가 국왕으로서 옳은 길을 나갈 수 있도록 이이가 바친 책이다. 4서와 6경에 있는 도(道)를 간략하게 정리한 뒤, 자기 생각을 덧붙이는 방식으로 쓰였다. '성학십도'가 군주 스스로 성학을 따를 것을 제시한 것과 달리, 『성학집요』는 현명한 신하가 군주에게 성학을 가르쳐 기질을 바꿔야 한다고 제시되어 있다.

성호사설 星湖僿說

이익이 자기 견해를 기록한 것을 조카들이 옮겨 정리한 책으로, 성호 이익의 사상이 집약되어 있다. 『성호사설』은 천문과 지리를 담은 「천지문」, 서양 기기와 조선의 사물에 관한 「만물문」, 정치·경제·사회 개혁 방안이 담긴 「인사문」, 유교 경전과 한국사를 담은 「경사문」, 시와 문장에 관한 「시문문」으로 구성되어 있다. 박지원, 박제가, 정약용 등 후대 실학자에게 많은 영향을 주었다.

성혼(1535~1598)

서인으로서 거듭되는 국왕의 부름을 거부하고 관직에 나가지 않다가, 이이의 추천으로 이조참판이 되었다. 이후 사직과 재등용을 반복하면서도 사회문제를 해결할 방안을 제시했다. 임진왜란이 발발하자 광해군의 부름을 받아 우참찬 등 관료로서 국정을 이끌면서, 시급히 해결해야 할 문제와 대책을 적은 '편의시무9조' '편의시무14조'를 올렸다. 그러나 유성룡과 함께 주화론을 펴다가 선조의 미움을 받자 사직하고 고향에 머물다 죽었다. 성혼은 이황의 이기호발설을 지지하고, 이이의 기발이승일도설을 비판했다. 성혼의 학문은 소론의 계보를 형성하는 데 많은 영향을 주었으며, 문인으로 조헌·이귀·정엽 등이 있다.

성화보 成化譜

1476년(성종 7) 권제, 권람, 서거정 등이 편집한 안동 권씨의 족보를 경상도관찰사 윤호가 간행한 우리나라 최초의 족보다. 조선 후기의 족보와는 달리 남녀 구분 없이 태어난 순서대로 기재하고, 다른 성씨인 외손도 기록되어 있어 조선 전기에는 성리학적 질서가 완전히 뿌리내리지 않았음을 보여주고 있다. 『성화보』에는 간행된 시기의 문과 급제자의 51%가 기록되어 있어, 조선 전기 지배층의 인적 관계를 파악하는 데 도움을 주고 있다.

성희안(1461~1513)

연산군의 사치와 향락을 비판하는 시를 지어 무관 말단직으로 좌천되었다. 박원종과 함께 중종반정을 성공시키며 병충분의결책익운정국공신 1등에 책록되고 창산군에 봉해졌다. 명나라에 건너가 중종의 고명을 받아왔으며 실록 총재관으로 『연산군일기』 편찬을 주관했다. 도체찰사와 병조판서를 겸임해 삼포왜란을 진압하는 등 공적을 인정받아 영의정에 올랐다.

세견선 歲遣船

왜구 침입을 막기 위해 대마도주에게 허락한 무역선을 일컫는 말이다. 1443년(세종 25) 삼포를 개항하면서 세견선을 50척으로 제한했고, 삼포왜란 이후인 1512년(중종 7)부터는 25척으로 줄이는 등 일본과의 관계에 따라 세견선의 수가 달라졌다.

세도정치 勢道政治

국왕의 위임을 받은 특정인과 추종 세력이 국가를 운영하는 정치형태를 말한다. 시기적으로는 어린 왕을 대신해 외척인 안동 김씨와 풍양 조씨가 60여 년간 권력을 독점해 비정상적으로 국가를 경영하던 19세기를 말한다. 이 기간에는 삼정의 문란으로 전국에서 민란이 일어나는 등 백성의 삶이 어려워지고, 국가는 제 기능을 하지 못했다.

세조(1417~1468, 재위 1455~1468)

세종의 둘째 아들로 수양대군 시절 한글 창제를 돕고,『석보상절』편찬 등에 참여했다. 단종이 즉위하자 김종서와 황보인 등을 죽이고 권력을 장악하는 계유정난을 일으키고, 2년 뒤 국왕으로 즉위했다. 이시애의 난과 사육신의 난 등을 진압하다가 금성대군의 역모 이후 단종을 죽였다. 재위 기간 6조직계제 실시, 유향소 폐지, 호적과 호패제 강화, 5위로 군제 개편, 여진족 토벌 등 왕권을 강화하면서 중앙집권체제를 완성했다. 경제적으로는 과전법이 제 기능을 하지 못하자, 현직 관료에게만 수조권을 지급하는 직전법을 실시했다.

세종(1397~1450, 재위 1418~1450)

태종의 셋째 아들로 양녕대군 대신 세자에 오른 지 2개월 만에 국왕으로 즉위했다. 즉위 초 인사권과 군사권을 상왕 태종이 가지고 있어 자기 뜻을 펼치지 못했다. 태종 사후 훈민정음 창제, 간의대와 혼천의 설치,『칠정산』편찬,

| 서울특별시 여의도 공원에 세워진 세종 동상 |

ⓒ 코리아넷/한국문화홍보원

도량형 정비, 화포 개량과 발명, 4군 6진 개척, 『향약집성
방』편찬 등 많은 업적을 쌓았다.

세종실록지리지 世宗實錄地理志

『세종실록』 제148~155권에 실려 있는 전국 지리지여서
조선시대에는 열람할 수 없다가, 일제강점기인 1929년 일
반에 공개되었다. 중앙정부가 지방을 통제하기 위한 목적
으로 제작된 「세종실록지리지」는 한양과 개성을 독립적

으로 다룬 뒤 전국 334개 고을의 지방관 등급, 호구, 토지, 사찰 등 전반적인 내용을 기록하고 있다.

소격서 昭格署

고려시대 하늘과 산천에 복을 빌고 비를 내리게 하는 도교 의식을 담당하던 소격전이 1466년(세조 12) 소격서로 명칭이 바뀌었다. 예조의 속아문이었지만 유교 외에는 인정하지 않는 사림파의 요구로 1518년(중종 13) 폐지되었다. 상황에 따라 다시 설치되기도 했지만, 임진왜란 이후 완전히 폐지되었다.

소론 少論

1684년(숙종 10) 윤증이 송시열에게 쓴 편지를 최신이 문제 삼으며 윤증의 처벌을 요구하는 과정에서 윤증을 옹호하던 사람들을 소론이라고 불렀다. 경종을 지지하며 권력을 잡은 소론은 영조에게 대리청정을 맡기자는 노론을 신임사화로 탄압했다. 영조가 즉위하면서 정권에서 소외당하자, 일부 세력이 이인좌의 난을 일으켰으나 실패했다. 이후 권력에서 배제된 소론은 남인과 함께 실학에 몰두하거나, 양명학을 연구하며 명맥을 유지했다.

소수서원 紹修書院

1543년(중종 37) 풍기군수 주세붕이 성리학을 들여온 안향을 위한 제사와 학생을 가르치기 위한 교육의 목적으로 백운동서원을 세웠다. 1548년 풍기군수로 부임한 이황이

| 소수서원 편액 |

© 셀수스협동조합

조정의 사액을 바라는 글을 올리자, 명종은 신광한이 올린 '무너진 유학을 다시 이어 닦게 했다'라는 뜻을 가진 소수를 선택해 '소수서원(紹修書院)'이라고 쓴 현판을 내렸다. 이로써 소수서원은 조선 최초의 사액서원으로 정치, 경제, 사회, 문화에 엄청난 영향을 미친다.

조선사 개념어 사전

소용 조씨(?~1652)

인조의 총애를 받은 후궁으로 강빈이 인조의 음식에 독을 넣었다고 모함해 죽게 했다. 자기 딸 효명옹주를 김자점의 손자 김세룡에게 시집보내며 권력을 농단했다. 효종이 즉위하고 김자점 일가가 역모죄로 처형당할 때, 소용 조씨도 궁인과 무녀를 동원해 왕세자 등을 죽이려고 저주했다는 혐의를 받고 사사되었다. 소용 조씨는 귀인 조씨라고도 불린다.

소윤 小尹

중종의 두 번째 계비 문정왕후가 낳은 명종의 외척 윤원로와 윤원형 형제의 세력을 소윤이라고 불렀다. 소윤은 김안로가 실각하자 경원대군(명종)을 국왕으로 즉위시키기 위해 대윤과 대립했다. 경원대군이 국왕으로 즉위하면서 문정왕후가 수렴청정하자, 을사사화를 일으켜 대윤 세력을 제거했다.

소중화 小中華

명나라가 멸망하자, 조선이 중화를 계승한 유일한 국가라
고 인식한 것을 일컫는 말이다. 조선은 창덕궁에 대보단
을 설치해 명나라 신종(만력제)과 의종(숭정제)의 제사를
지내며 명나라를 계승했다고 생각했으며, 유교에서 성인
으로 추앙하는 기자가 중국의 선진문물을 가지고 한반도
로 와 기자조선을 건국했다는 이야기를 강조했다. 소중화
는 구한말에는 통상개화정책을 반대하는 위정척사의 정
신적 기반으로 작용했다.

소청 疏廳

선비들이 상소를 올리기 위해 논의하던 장소.

소헌왕후(1395~1446)

세종의 아내로 외척의 발호를 막으려는 태종이 아버지 심온을 역적으로 죽이면서 폐비시키자는 논의가 있었다. 일평생 내조를 잘했다는 평가를 받는 소헌왕후는 문무에 뛰어난 문종, 수양대군, 안평대군 등 8남 2녀를 낳았다.

소헌세자(1612~1645)

인조의 맏아들로 열네 살에 세자로 책봉되었다. 정묘호란이 발발하자 전주로 내려가 분조(分朝)를 이끌고, 강화도에 있던 인조를 호위해 한양으로 돌아왔다. 병자호란 이후 볼모가 되어 청에 9년 동안 억류되었다. 이때 청나라 황제를 비롯한 고위 관리들과 친분을 나누며 조선 포로를 쇄환하고 서구 문물을 받아들이려는 노력을 기울였다. 1645년 귀국한 지 두 달 만에 창경궁 환경전에서 갑자기 죽으면서 독살설이 제기되었다.

속대전 續大典

| 『속대전』 |

ⓒ 국립중앙박물관

1746년 변화된 사회상을 반영하기 위해 만든 법전이다. 영조가 직접 찬집청을 설치하고, 서문을 저술할 정도로 편찬에 큰 관심을 보였다. 『속대전』은 조선 전기와 달라진 후기의 모습을 알 수 있게 도움을 준다.

속오군 束伍軍

1594년(선조 27) 임진왜란으로 무너진 지방 군사 조직을 재편하기 위해 명나라 척계광이 저술한 『기효신서』를 바탕으로 속오군을 창설했다. 속오군은 신분에 상관없이 거주지에서 일정 기간 훈련받다가 전쟁 등 유사시에만 동원되었다. 수령이 속오군을 소집하면, 영장(營將)으로 임명된 무신이 병사를 포수·사수·살수의 삼수병으로 나누어 훈련시켰다. 그러나 군역까지 이중으로 부담하는 것에 속오군이 불만을 품자, 영조는 사노비만으로 구성하도록 했다. 정조 이후에는 요역에 동원되면서 군사적 기능을 상실한다.

속오례의 續五禮儀

『국조오례의』 편찬 이후에 변화된 예법을 반영해 1744년(영조 20) 5권 4책으로 편찬한 서적이다. 왕권을 강화하려는 영조의 의지가 반영된 『속오례의』는 그림을 추가로 넣어 다섯 가지 의례를 설명했다.

송상 松商

개성을 중심으로 장사하는 상인으로 조선 후기 주요 지점에 송방이라는 조직을 설치해 전국에 상품을 유통하는 일을 담당했다. 특히 중국에 인삼을 수출해 막대한 이익을 거둔 송상은 세계에서 가장 오래된 회계 처리 방식인 송도 사개치부법을 활용했는데 서양의 복식부기법보다 200년 이상 앞선 것으로 평가받고 있다.

송시열(1607~1689)

김장생의 문인으로 남인에 대한 강경책을 주장한 노론의 관료이자 학자다. 이조판서로 효종과 북벌을 논의했으며, 현종 때에는 효종의 계모인 조대비의 상복을 두고 남인과 예송논쟁을 벌였다. 숙종 때 청주로 내려가 은거하다가, 1689년 (숙종 15) 장희빈의 아들(경종)을 원자로 삼은 것에 반대하는 상소를

| 송시열 |

ⓒ 유정호

올린 죄로 사약을 받아 죽었다. 주자학과 예학을 강조하면서, 다른 사상이나 해석을 하는 사람은 사문난적으로 몰아 제거했다. 조선시대 학자 중 유일하게 '자'가 붙은 인

물로 조선 후기의 정국 운영과 학문에 엄청난 영향을 미쳤다. 주요 저서로『송자대전』을 남겼으며, 화양서원 등 전국 각지의 많은 서원에 배향되었다.

수군절도사 水軍節度使

세종 때 왜구를 막기 위해 설치한 수군도안무처치사를 1466년(세조 12) 수군절도사로 명칭을 바꾸었다. 수사(水使)라고도 불리는 수군절도사는 경상도·전라도·함경도에 세 명, 경기도·충청도·평안도에 두 명, 황해도·강원도에 한 명씩 두었다. 하지만 관찰사나 병마절도사가 수군절도사를 겸직하는 경우가 많아서, 주로 남쪽에만 전임 수군절도사가 배치되었다. 특히 경상도와 전라도에는 각각 좌수사와 우수사를 두어 왜구의 침입에 적극 대비하도록 했다. 수군절도사는 임기가 720일로 여러 포(浦)를 순찰하며 왜구의 침입 등을 막는 데 힘을 기울였다.

수렴청정 垂簾聽政

국왕이 너무 어리거나 건강이 좋지 않을 때, 국왕의 어머니 또는 할머니가 일정 기간 국정을 운영하는 제도다. 예종 때 세조의 왕비였던 정희왕후가 최초로 수렴청정한 이후 성종, 명종, 선조, 순조, 헌종, 철종, 고종 여덟 명의 국왕이 수렴청정을 받았다.

수령 守令

군현에 파견된 종2품의 부윤에서 종6품의 현감에 이르는 지방 관리를 총칭하는 말로, 군수와 현령의 준말이다. 사또 또는 원님으로도 불리는 수령이 되기 위해서는 문과, 무과, 음과 중 하나를 통과해야 했다. 상급 수령은 문과 출신이 많고, 변방 지역은 무과 출신이 많았으며, 중소 군현은 음과 출신이 많았다. 수령은 행정·사법·군사권을 행사하는 대신 수령 7사라고 해 농잠 번성, 호구 증가, 교육 진흥, 군역 확보, 부역 균등, 간편한 소송, 간활한 자 경계라는 책무가 주어졌다.

수미법 收米法

16세기 이이와 유성룡이 방납의 폐단을 바로잡기 위해 공납을 쌀로 대신하는 수미법(대공수미법)을 주장했다. 이이는 황해도 해주와 송화 지역에서 쌀로 공물을 마련하는 사례를 들며 수미법 보급을 주장했고, 유성룡은 임진왜란이 일어나자 군량미 확보를 위해 필요하다고 주장했다. 하지만 권세가와 방납업자의 방해로 제대로 시행되지 못하다가 광해군 때 이원익의 건의로 대동법 또는 선혜법으로 시행되었다.

수민묘전 壽民妙詮

정조가 『동의보감』에 나와 있는 병의 원인과 증세 그리고 처방 중에서 꼭 필요한 부분을 직접 선정해 편찬한 의학서로 4권 2책으로 이루어져 있다.

수시력 授時曆

1281년 원나라 천문학자 곽수경이 1년을 365.2425일로 계산한 역법이다. 세종은 고려 충선왕 이후 활용하던 수시력을 바탕으로 『칠정산 내외편』을 편찬했다. 1653년 (효종 4) 서양 역법이 반영된 시헌력이 도입되기 전까지 약 400년간 활용되었다.

수신전 守信田

과전법에서 전현직 관료가 사망하면 국가에게서 받은 토지를 반환하도록 했다. 그러나 재혼하지 않은 부인이 생계를 유지할 수 있도록 반환한 토지 일부를 다시 지급한 것을 수신전이라고 한다. 태종 이후 자식이 있으면 반환한 토지의 2/3, 아내만 있으면 1/3이 지급되었다. 과부가 재가하거나 사망하면 국가로 재반환하도록 규정했으나 제대로 지켜지지 않으면서 과전이 부족해지는 현상을 낳았다. 결국 1466년(세조 12) 직전법이 시행되면서 폐지되었다.

수어청 守禦廳

| 남한산성의 지휘소인 수어청 수어장대 |

ⓒ 유정호

조선 후기 5군영의 하나로 남한산성을 거점으로 삼아 수도를 방어한 부대다. 정조 때 한양에 있던 수어청 본청을 남한산성으로 이전하면서 광주유수가 책임지도록 했다. 하지만 포를 내고 군역을 대신하는 납포군이 계속 증가하면서 19세기에는 전투 부대로서 기능을 상실한다.

수원 화성 水原華城

| 수원 화성의 북문인 장안문 |

© 유정호

사도세자의 능을 양주 배봉산에서 화성 화산으로 옮기는 과정에서 수원 팔달산 아래에 쌓은 성이다. 정조는 화성을 군사, 정치, 행정의 중심지로 삼는 동시에 군사 요충지로도 활용하고자 했다. 영의정 채제공이 총책임을 맡아 거중기 등 새로운 도구를 활용해 1794~1796년까지 총 2년 9개월 만에 완공했다. 축성 과정을 담은 『화성성역의궤』를 토대로 일제강점기와 6·25전쟁으로 파손된 화성을 복원한 결과, 1997년 유네스코 세계문화유산으로 등재되었다.

숙위 宿衛

궁궐에서 국왕을 호위하는 사람 또는 제도.

숙빈 최씨(1670~1718)

숙종의 계비 인현왕후를 모시던 무수리 출신으로 1693년 아들 영수를 낳으며 후궁이 되었다. 숙종과의 사이에서 연잉군(훗날 영조)을 낳고 정1품 숙빈에 봉해졌지만, 인현왕후 사후 장희빈처럼 궁녀가 왕비가 되는 것을 금지하는 법이 만들어지면서 왕비가 되지 못했다. 영조가 이인좌의 난 때 숙빈 최씨의 고향인 전라도 태인이 연루되었음에도 처벌하지 않았다는 이야기가 전해진다.

숙종(1661~1720, 재위 1674~1720)

열네 살의 나이로 국왕이 되었지만, 수렴청정 없이 국정을 이끌었다. 재위 기간 세 번의 환국(경신환국, 기사환국, 갑

| 숙종의 글씨를 목판으로 찍어 만든 병풍 |

© 국립중앙박물관

술환국)으로 왕권을 강화하는 과정에서 인현왕후가 폐위 되었다가 복위되고, 장희빈과 송시열이 사사되었다. 국 방 강화에 힘을 기울여 강화도 49곳에 돈대를 쌓고, 금위 영을 창설해 5군영 체제를 완성했다. 안용복 사건을 계기 로 울릉도와 독도가 우리 영토라는 사실을 일본에 확인받 고, 백두산정계비로 청과 영토 경계선을 확정했다. 경제적 으로는 상평통보 사용을 권장하고, 영남 지역에 대동법을 실시했다.

조선사 개념어 사전

순자법 循資法

관료가 일정 근무 일수를 채워야 품계가 올라 승진하는 제도다. 참하관은 450일(15개월), 참상관은 900일(30개월)을 근무해야 품계가 올라갈 자격이 생겼다. 그러나 당상관은 순자법이 적용되지 않았다.

순조(1790~1834, 재위 1800~1834)

정조의 갑작스러운 죽음으로 열한 살에 국왕으로 즉위했다. 정순왕후가 수렴청정하는 기간 정권을 잡은 벽파가 신유박해를 일으켜 정조의 측근 세력을 정계에서 쫓아냈다. 1804년 수렴청정이 끝났으나, 장인 김조순을 중심으로 한 안동 김씨의 세도정치로 삼정의 문란이 발생했다. 순조는 『만기요람』을 편찬하고 암행어사를 파견해 삼정의 문란을 해결하고자 했으나, 홍경래의 난을 필두로 청주 괘서사건 등이 연이어 터지며 전국이 어수선했다. 말년에 아들 효명세자에게 대리청정을 맡기며 국정을 바로잡으려 노력했으나 실패했다.

순종(1874~1926, 재위 1907~1910)

고종과 명성황후의 둘째 아들
로 고종이 강제 퇴위당하면서,
일제의 강요로 1907년 대한제
국의 제2대 황제로 즉위했다.
즉위한 해 정미7조약을 시작으
로 일제에 주권을 넘겨주는 조
약을 연이어 체결했다. 1910년
8월 29일 한일병합조약이 체결
되면서 나라를 빼앗기고 이왕

| 대한제국 시기 순종 |

(李王)으로 강등된 순종은 창덕궁에서 왕실 업무만 담당하
다가 1926년 52세의 나이로 죽었다.

숭례문 崇禮門

한양 사대문의 하나로 1398년(태조 7) 완성된 한양 도성 남
쪽의 정문이다. '숭례'는 예를 숭상한다는 뜻으로 양녕대군
이 현판을 썼다고 알려져 있다. 숭례문은 1448년(세종 30),

| 숭례문 |

ⓒ 유정호

1479년(성종 10) 보수공사가 이루어지며 도성을 책임지는 관문의 역할을 했으나, 일제강점기 성곽이 허물어지고 전차가 다니는 등 크게 훼손되었다. 2008년 방화사건으로 건물 대부분이 불타 없어졌으나 현재는 복원되었다.

승여사 乘輿司

병조 소속의 관청으로 왕의 행차와 관련해 각종 기구와 수레, 교통편, 마구간 및 지방 목장, 군사 보충대 등을 담당했다. 정조 이후 마색으로 명칭을 변경하면서 지방으로

부임하거나 공무로 이동하는 관료에게 역마 혹은 인력 및
음식을 제공하는 업무가 추가되었다.

승정원 承政院

1400년(정종 2)에 왕명 출납과 국왕 보좌를 위해 설치된
관청이다. 승정원에 소속된 승지는 정3품 이상의 당상관
여섯 명으로 구성되었으며, 도승지를 중심으로 좌승지·우
승지·좌부승지·우부승지·동부승지가 국왕과 6조 사이에
서 업무 보고와 왕명 전달을 담당했다.

승정원일기

승정원의 승지 여섯 명이 업무와 관련된 문서와 사건을
『승정원일기』로 남겼다. 정7품 주서 두 명이 국왕과 대신
들이 국정을 논의한 내용을 기록했다가 매월 책으로 엮어
보관했다. 『조선왕조실록』보다 더 구체적인 내용이 기술되
어 있는 『승정원일기』는 안타깝게도 임진왜란 때 소실되

어 현재는 1623년(인조 1)부터 1894년(고종 31)까지의 내용만 남아 있다. 2001년 유네스코에 세계기록유산으로 지정되었다.

| 『승정원일기』 |

ⓒ 국가유산청

시비법 施肥法

토양이나 작물에 비료를 공급하는 농사법이다. 오래 삭힌 분(똥)과 소변을 섞은 요회(오줌재)를 활용했으며, 작물에 따라 파종 전 시비하는 기비(밑거름)와 파종 후에 시비하는 추비(덧거름)를 다르게 했다. 그로 인해 조선시대는 매년 농사를 지을 수 있는 연작 상경이 가능하게 되었다.

시암

태국의 옛 이름으로 '사이암' 또는 『명사(明史)』에 기록된 '섬라(暹羅)'라고 불리기도 했다.

시임 時任

직책을 맡고 업무를 수행하는 관리.

시전 市廛

도시에 형성된 상설 시장으로 태종 때 한양에 1,360칸 규모로 건립되었다. 시전 상인은 봄·가을 각각 저화 20장을 국가에 납부했으며, 이들 중 일부는 육의전으로 발전했다. 17세기 시전 상인은 난전을 제재할 금난전권을 가지고 있었으나 18세기 이후 폐지되었다.

시정기 時政記

춘추관에서 사관이 기록한 사초와 각 관청의 기록을 정리한 기록물로 예문관 전임사관이 관리했다. 관청에서 보고한 문서와 제도에 관한 기록을 시간순으로 기록한 『시정기』는 실록을 편찬할 때 기초 자료로 활용되었다.

시파 時派

사도세자의 죽음을 동정하며 정조의 정책을 지지하는 세력으로 남인과 소론 그리고 노론 일부가 참여했다. 순조 즉위 후 정순왕후와 벽파가 권력을 장악하면서 몰락했다. 하지만 순조의 장인이자 시파 출신의 김조순이 권력을 잡으면서 세도정치가 시작되었다.

人

시헌력 時憲曆

중국에 선교하러 온 아담 샬 등 예수회 신부가 소개한 서
양 역법이다. 1644년(인조 22) 관상감제조였던 김육의 건
의로 1653년(효종 4) 조선에 도입된 이후 1895년(고종 32)
태양력인 그레고리력을 채택할 때까지 사용되었다. 오늘
날 시헌력은 음력으로 사용되고 있다.

시호 諡號

죽은 왕이나 사대부의 공덕을 찬양하며 추증한 호를 말한
다. 조선 초 왕과 왕비, 종친, 정2품 이상의 문·무관과 공
신에게 주어지다가 점차 대상이 확대되었다. 왕과 왕비는
시호도감에서 시호를 결정했고, 관리의 시호는 봉상시에
서 주관했다.

식년시 式年試

자(子), 묘(卯), 오(午), 유(酉)가 드는 해를 식년으로 해 3년마다 정기적으로 시행하는 과거 시험이다. 소과는 생원과 진사의 복시, 문과와 무과는 복시와 전시, 잡과는 역과·의과·음양과·율과의 복시가 식년에 시행되었다. 조선시대 식년 문과는 33명, 무과는 28명, 잡과는 역과 19명, 의과 9명, 율과 9명, 음양과 9명 등 38명을 합격 정원으로 했다.

신경준(1712~1781)

조선 후기 실학자로 영조의 명령을 받아 『여지승람』과 『동국여지도』를 감수하고, 『증보문헌비고』의 「여지고」를 맡아 편찬했다. 수레와 배 등을 연구한 『거제책』『수차도설』, 지리와 관련한 『강계고』『산수경』 등을 저술했다. 이 외에도 언어 분야로 한글의 원리와 기원을 담은 『훈민정음운해』『동음해』 등을 편찬했다.

신기전 神機箭

1448년(세종 30) 고려 말 최
무선이 제조한 로켓형 무기
인 주화(走火)를 개량한 무
기다. 크기에 따라 사정거리
가 달라서 대신기전, 산화신
기전, 주신기전, 소신기전 등
으로 나뉜다. 조선 전기 4군
6진을 개척하고 여진족의 침

| 해미읍성에 전시된 화차와 신기전 |
ⓒ 송영은

략을 막아내는 데 중요한 역할을 담당했다.

신덕왕후(?~1396)

태조 이성계의 둘째 부인으로 이방번, 이방석 두 아들과
경순공주를 낳았다. 조선 건국 후 왕후가 되어 이방석을
세자로 책봉하는 데 많은 영향을 주었으나, 이방원과의
갈등으로 생긴 화병으로 죽었다. 이성계는 국법을 어기며
도성 안에 신덕왕후의 능을 조성하고, 흥천사를 세워 위

조선사 개념어 사전

로했다. 이방원이 국왕으로 즉위하면서 후궁으로 격하되고, 묘는 성북구 정릉으로 이장되었다. 1669년(현종 10)에 왕비로 복위되었다.

신량역천 身良役賤

신분은 양인이지만 천민이 하는 일을 담당하며 무시당하던 계층을 일컫는 말이다. 철을 제련하는 철간, 소금 제조하는 염간, 봉수 업무를 수행하는 봉수간, 물고기 잡는 해척, 나룻배를 모는 진척 등이 신량역천으로 명칭이 간(干), 척(尺)으로 끝나 칭간칭척자(稱干稱尺者)라고 불리기도 했다. 이들은 과거 응시가 불가능했으며, 이들과 혼인한 사람도 신량역천으로 편입되는 등 여러 차별을 받았다.

신립(1546~1592)

1583년(선조 16) 북변을 공격해 온 여진족 니탕개의 군사 1만여 명을 격퇴한 공로로 함경북도병마절도사에 올랐다.

이후 함경남도·평안도병마절도사, 한성부판윤 등을 역임하다가 임진왜란이 발발하자 3도도순변사가 되어 충주 탄금대에서 왜군에 맞서 싸웠다. 고니시 유키나가가 이끄는 일본군에 끝까지 맞서 싸우다가 부하 장수인 김여물과 강물에 투신해 자결했다.

신문고 申聞鼓

1401년(태종 1) 중국 송나라 등문고를 본떠 억울한 백성이 직접 왕에게 호소할 수 있는 신문고를 설치했다. 한양은 주장관-사헌부, 지방은 관찰사-사헌부를 거쳐 신문고를 울릴 수 있지만, 상사 고발·노비의 주인 고발·수령과 관찰사 고발은 금지했다. 또한 거짓으로 고발하면 무고죄로 처벌받았다. 신문고는 태종 이후 여러 차례 폐지와 설치가 반복되었고, 고발할 수 있는 내용도 한정되어 있어 효과는 크지 않았다.

신사임당(1504~1551)

| 강원도 강릉 오죽헌에 있는
신사임당 동상 |

ⓒ 채지형

조선을 대표하는 문인이자 율곡 이이의 어머니다. 일곱 살에 안견의 그림을 모방할 정도로 뛰어난 능력으로 풀과 벌레를 그린 〈초충도〉 등 다수의 그림과 「사친」 「낙구」 등 여러 편의 시를 남겼다. 5만 원권 지폐의 모델인 신사임당은 파주 자운서원 뒤편 가족 묘역에 묻혀 있다.

신속(1600~1661)

1655년(효종 6) 공주목사로 재직할 때 농업과 관련한 서적을 구할 수 없어 힘들어하는 백성을 돕고자 『농가집성』을 편찬했다.

신숙주(1417~1475)

세종 때 재능을 인정받아 여러 관직을 역임하면서 훈민정음 창제에 기여했다. 계유정난 이후 세조의 측근으로 활동하며 3정승에 올랐으며, 이후 예종과 성종 때 공신으로 권력의 중심에 있었다. 명나라에 세조의 즉위를 알리는 등 외교력과 강원도·함길도체찰사로 여진족을 정벌하는 등 군사적 능력이 뛰어났다. 학문도 뛰어나서『세종실록』『예종실록』『동국통감』편찬을 총괄했으며『국조오례의』를 개찬했다. 또한 일본을 다녀온 뒤 기록한『해동제국기』는 일본을 파악하는 데 큰 도움을 주었다.

신유박해 辛酉迫害

1801년(순조 1) 정순왕후와 노론 벽파 관료가 서학이 사회를 어지럽히는 비윤리적 종교라고 내세우면서 실질적으로는 정조의 측근을 제거하기 위해 벌인 종교 박해다. 이 과정에서 우리나라 최초로 북경에서 세례를 받고 귀국한 이승훈과 중국인 신부 주문모를 포함한 300여 명의 천주교 신자가 붙잡혔다. 이 중 권철신·이가환은 고문으로 죽고, 이승훈·정약종·최필공 등은 참수당했다. 이후 천주교 신자는 탄압을 피해 강원도와 경기도 오지로 숨어 믿음을 이어 나갔다.

신윤복(1758~?)

도화서 화원으로 풍속화, 산수화, 영모화 등 뛰어난 작품을 남겼다. 특히 남녀 간의 사랑을 다루는 작품을 많이 남겼는데, 대표작으로 〈미인도〉〈풍속화첩〉 등이 있다. 김홍도와 김득신과 더불어 조선 3대 풍속 화가로 뽑힌다.

| 신윤복의 대표작 〈단오풍정〉 |

신의왕후(1337~1391)

태조 이성계의 첫 번째 부인이며 정종, 태종 등 6남 2녀를 낳았다. 조선이 건국되기 1년 전인 1391년 55세로 죽었으며, 조선 개국 다음 날 시호가 절비(節妃)로 추존되었다. 능은 경기도 개풍군 상도면 풍전리에 있다.

신임사화 辛壬士禍

숙종과 장희빈 사이에서 태어난 경종을 지지하지 않는 노론의 요구로 이복동생 연잉군(영조)이 세제로 책봉되었다. 노론은 여기서 더 나아가 연잉군의 대리청정을 요구하자, 1721~1722년 경종과 소론이 이이명, 이건명, 김창집, 조태채 등 노론의 중심인물을 처벌한 사건이다.

신증동국여지승람 新增東國輿地勝覽

|『신증동국여지승람』|

ⓒ 유정호

1530년(중종 25) 성종 때 편찬한『동국여지승람』을 추가 보충해 편찬한 55권 25책의 관찬 지리서다. 책 머리에 행정구역 도(道)의 지도를 삽입하고, 정치·경제·역사·행정·군사·사회·민속·예술·인물 등을 서술하고 있다. 하지만 세종 때 제작된 지리지와 달리 지도의 기능이 약화되고, 경제·군사·행정 측면은 축소되었다. 반면 인문·예속·시문 등이 더 많이 추가되며 종합적인 지리서로 발전했다.

신진사대부 新進士大夫

고려 말 성리학을 바탕으로 개혁을 주장했던 유학자들로 이색, 정몽주, 정도전 등이 있다. 이들 대부분은 하급 관리나 향리 출신으로 불교와 권문세족의 부정·비리를 비판

271

했다. 공민왕을 도와 고려를 개혁하고자 했으나, 공민왕이 시해되면서 온건파와 급진파로 나뉜다. 정도전을 중심으로 급진파 신진사대부는 이성계와 손을 잡고 조선을 건국한다.

신찬벽온방 新纂辟瘟方

허준이 왕명을 받아 전염병 예방과 치료법을 담은 의학 서적으로 1613년(광해 5) 간행해 전국에 배포되었다,

신해통공 辛亥通共

국가에 세금을 납부하는 시전 상인이 난전을 통제할 수 있는 금난전권을 남발하면서 도성 안에서 생필품 품귀 현상과 물가 상승 등 부작용이 일어났다. 이 문제를 해결하기 위해 1791년(정조 15) 채제공의 건의에 따라 육의전을 제외한 일반 시전 상인들의 금난전권을 폐지한 정책이다.

실사구시 實事求是

객관적 사실을 통해 진리를 깨달으려는 학문적 태도를 일컫는 말로 조선 실학에 영향을 미쳤다. 실사구시를 강조했던 대표적 인물인 김정희는 성리학을 비판하며 실사구시의 고증학을 추구했고, 홍석주는 성리학과 고증학의 조화를 강조했다.

실학 實學

18~19세기 초 성리학의 모순과 사회 문제를 해결할 방안을 제시한 학문이다. 실학자들은 토지개혁을 주장한 중농학파와 상공업 진흥을 내세운 중상학파(북학파)로 나누어진다. 실학은 민족적이고 근대지향적 인식을 가져왔다는 평가를 받으나, 현실 정책에 반영되지 못했을 뿐만 아니라 성리학으로 대변되는 전통 질서에서 벗어나지 못했다는 한계를 지니고 있다. 실학의 대표적 인물로 유형원, 이익, 박지원, 박제가, 정약용 등이 있다.

심온(1375~1418)

세종의 장인으로 고려 말 열한 살의 나이에 급제할 정도로 뛰어난 능력을 보였다. 조선 건국 후 대사헌, 이조판서 등 여러 관직을 거치다가 세종이 즉위하자 사은사로 명나라에 갔다. 이때 많은 사람이 심온을 배웅하자, 외척의 발호를 경계하던 태종이 강상인의 옥사를 내세워 역적으로 처형했다. 문종 때 관작이 복구되고 시호가 내려지면서 명예를 회복했다.

심의겸(1535~1587)

명종 비 인순왕후의 동생 심의겸은 척신이지만, 이황의 문인으로 사림파를 숙청하려는 이량을 탄핵해 유배 보내는 활동으로 존경받았다. 김효원이 이조전랑으로 천거되자, 윤원형의 집에서 한동안 머무른 일을 내세워 반대했다. 이후 김효원이 심의겸 동생 심충겸의 이조전랑직 임명을 반대하자, 이를 두고 사림이 동인과 서인으로 나누어졌다. 이때 심의겸을 따르는 세력을 서인이라 부르고,

김효원을 따르는 세력을 동인이라 불렀다. 동인과 서인 간의 갈등이 심해지자, 이이의 제의에 따라 심의겸은 개성부 유수로 보내졌다. 이후 지방 관리로 활동하다가 이이가 죽자, 동인의 주도로 파직당했다.

아악 雅樂

국가 제례에 사용되는 음악과 노래 그리고 춤까지 포함하
는 아악은 고려시대 중국 송나라에서 수입되었다. 세종은
박연과 함께 아악을 정비했고, 세조는 전담부서인 아악서
를 장악서로 개칭하며 다른 음악까지 관장하도록 했다.
조선 후기 영·정조 때 아악 정리가 다시 이루어졌지만, 일
제강점기 때 대부분 소실되어 현재는 종묘 제례악과 문묘
제례악만 남았다.

조선사 개념어 사전

안용복(?~?)

동래부 출신 어부로 1693년(숙종 19) 울릉도에서 어업 도
중 일본에 끌려갔으나, 막부에게서 울릉도가 조선 영토임
을 확인하는 서계를 받았다. 대마도주에게 서계를 빼앗겼
으나, 조선이 울릉도와 독도가 우리 영토임을 에도 막부
에게서 확인받는 계기를 만들었다. 1696년 여전히 일본
어민이 울릉도에서 불법으로 어업 행위를 하자 '울릉우산
양도감세관'이란 관리를 사칭해 일본 호키주 번주를 찾아
가 사과를 받아냈다. 이듬해 일본 에도 막부가 다시는 울
릉도에서 어업 행위를 하지 않겠다는 사과를 해왔지만,
정작 안용복은 관리를 사칭한 죄로 귀양 보내졌다.

안정복(1712~1791)

어려운 가정환경으로 열 살이 되어서야 공부를 시작해서
의학, 병서, 불교 등 다양한 학문을 익혔다. 스물여섯 살
에『도통도』『치통도』를 저술하고, 스물아홉 살에 고전 연
구서인『하학지남』상하권을 편찬했다. 서른여덟 살에 관

직에 나갔으나 건강 악화와 아버지의 죽음으로 5년 만에
물러난 뒤, 『임관정요』『동사강목』 등을 편찬했다. 61세에
세손 시절의 정조를 가르치고, 충청도 목천현감과 돈녕부
주부 등을 역임하다가 80세의 나이로 세상을 떠났다.

안평대군(1418~1453)

세종의 셋째 아들로 시문, 그림, 가야금 등 다양한 분야에
서 뛰어난 능력을 보였다. 특히 글씨가 뛰어나 당대 최고
의 명필로 손꼽혔다. 세종을 도와 국정에 참여했으며, 함
경도에서 야인을 토벌하기도 했다. 단종 즉위 후 둘째 형
수양대군과 갈등을 일으키다가 계유정난 과정에서 반역
죄로 강화 교동도에서 사사되었다.

암행어사 暗行御史

지방관의 비리를 감찰하는 암행어사는 승정원, 예문관, 삼
사 등의 당하관 가운데 3정승의 추천을 받은 자를 국왕이

파견했다. 성종 때부터 암행어사는 잘못을 저지른 지방관의 업무를 중단시키고, 조사한 내용을 왕에게 보고하는 임무를 부여받았다. 암행어사의 보고문은 크게 지방관의 잘못과 대응책을 보고하는 서계와 지역사회가 겪는 문제와 해결 방법을 보고하는 별단이 있다.

압슬형 壓膝刑

| 죄인의 자백을 받기 위해 행하는 잔인한 고문 압슬형 |

ⓒ 국립민속박물관

태종 때부터 시행된 압슬형은 범죄 사실을 자백 받아내기 위해 무릎 꿇은 죄인의 다리 위에 판자를 얹은 뒤, 그 위에 사람이 올라가 짓누르는 고문 방법이다. 조선 후기로 가면 도자기 파편인 사금파리를 깨뜨려 바닥에 깐 다음, 그 위에서 압슬형을 행하기도 했다.

앙부일구 仰釜日晷

1434년(세종 16) 백성도 시간
과 절기를 알 수 있도록 제작
된 우리나라 최초의 해시계
다. 가마솥 또는 대접 모양의
그릇이 위를 향해 있는 모양
으로, 글을 모르는 백성도 시
간을 알 수 있도록 시각에 해
당하는 동물 형상이 그려져

| 우리나라 최초의 해시계 앙부일구 |

ⓒ 유정호

있다. 조선 후기까지 사용된 앙부일구는 휴대용으로도 제
작되어 백성들이 널리 사용했다.

양녕대군(1394~1462)

1404년(태종 4) 열 살에 세자로 책봉되어, 열세 살에 진표
사로 명나라에 다녀올 정도로 맡은 바 일을 잘했다. 성년
이 되면서 사냥과 여자에 빠져 세자로서 익혀야 할 공부
를 게을리하고, 곽선의 첩 어리를 임신시키는 등 세자로

| 서울특별시 동작구에 있는 양녕대군의 무덤 |

ⓒ 유정호

서 해서는 안 되는 행동을 자주 저질렀다. 결국 폐세자되
어 동생 충녕대군(세종)이 세자로 교체되었지만, 이에 구
애받지 않고 유유자적한 생활을 보냈다. 세종 재위 기간
에는 정치에 큰 관심을 보이지 않았지만, 단종 즉위 이후
계유정난을 일으킨 세조의 즉위를 인정하며 안평대군과
단종을 죽일 것을 건의했다.

양명학 陽明學

명나라 왕수인(1472~1529)이 지행합일과 실천을 강조한 학문이다. 조선에서는 양명학을 공부하면 주자의 주장을 따르지 않는다는 이유로 사문난적으로 몰려 탄압받았다. 그럼에도 정제두(1649~1736)의 강화학파가 형성되는 데 많은 영향을 주었다.

양반 兩班

문관인 동반과 무관인 서반을 부르는 용어로 조선 전기에 는 관료를 의미했다. 중종 이후 관료와 가족 그리고 가문 까지 일컫는 말로 확대되면서 사족과 동일한 의미로 사용되었다. 조선 후기 공명첩 발급, 관직 매매, 족보 위조 등 으로 양반의 수가 증가하면서 권세를 유지하는 세가와 몰락한 잔반 등으로 나누어졌다. 양반에게는 과거 응시·군역 면제 등 특권이 부여되었으며, 반역과 같은 큰 죄를 저지르지 않는 한 양반의 지위가 유지되었다.

양반전 兩班傳

박지원의『연암집』에 실려 있는 한문 단편소설로 정선군의 한 상민이 가난한 양반에게 신분을 사려다가 포기한다는 내용을 담고 있다.『양반전』은 조선 후기 양반의 문제점과 신분제 사회의 변동을 보여준다.

양안 量案

조세를 부과하기 위해 만들어진 토지대장으로, 소재지·지번·지형·등급·면적·소유주 등이 표기되어 있다. 20년마다 양안을 작성하는 것이 원칙이었으나, 실제로 지켜지는 일이 많지 않았다. 작성된 양안은 호조와 지방 관아에 한 부씩 보관해 조세를 수취하는 데 활용했다.

양역 良役

국가에 필요한 노동력과 재정 확보를 위해 16세에서 59세까지의 양인 남자에게 부과하던 세금이다. 양난 이후의 양역은 주로 군역을 의미한다.

양역변통론 良役變通論

양난 이후 국가 재정이 어려워지자, 양역을 개혁하려는 노력을 양역변통 또는 양역변통론이라고 부른다. 논의된 방안으로 5군영의 군액을 감액하는 군제변통, 군포액을 2필로 일원화하는 군포 균역, 필기시험에서 떨어진 향교 생도에게 베 2필을 징수하는 낙강교생징포 등이 있다. 영조 때는 양역변통론으로 균역법이 시행되었다.

양역실총 良役實摠

| 『양역실총』 |
© 한국민족문화대백과사전

1743년(영조 19) 우의정 조현명이 작성한 양역사정안을 토대로 1748년 한양과 각 도의 양역 실태 기록을 간행한 문헌이다. 지방별 총 호구 수, 양인과 천민의 수 외에도 양역에 관한 기준을 제시해 국가를 경영하는 데 도움을 주려는 목적으로 제작되었다.

양인 良人

법제적으로 천인을 제외한 양반, 중인, 상민을 일컫는 말이다. 그러나 실질적으로는 양반, 서리, 향리 등을 제외한 백성을 지칭했다.

285

양재역 벽서사건 良才驛壁書事件

1547년(명종 2) 경기도 과천 양재역에 문정왕후의 수렴청정으로 이기 등 간신들이 권력을 농단하고 있다는 벽서가 발견된 사건이다. 문정왕후와 소윤은 벽서가 을사사화의 잔당이 벌인 일이라며 대윤의 봉성군 이완·이약수 등을 처형하고 이언적·노수신 등 20여 명을 유배 보내는 정미사화를 일으켰다.

양전 量田

조세를 징수하기 위해 토지의 넓이를 측량하는 일로 20년마다 실시했다. 그러나 양전에 큰 비용이 소요되어 제때 이루어지지 못하는 경우가 많았다. 양전을 실시한 대표적인 국왕으로 태종, 세종, 성종, 광해군, 고종이 있다.

양천제 良賤制

고려와 달리 조선은 법제적으로 신분을 양인과 천민으로 구분했다. 양인은 조세를 납부하는 대신 자유인으로 기본권을 보장받으며 관직에 나갈 수 있었다. 반면 천민은 조세를 납부하지 않는 대신 매매, 상속, 증여가 가능한 재산으로 간주되었다.

어염선세 魚鹽船稅

어세, 염세, 선세를 통칭하는 용어다. 조선 초에는 어장과 염장을 국가가 관리했으나, 시간이 흘러 궁방과 공신에게 지급되면서 면세 혜택을 받아 사유화되었다. 17세기 이후 조선 정부는 부족해진 국가 재정을 보충하기 위해 어염과 선박에 대한 면세 혜택을 취소하고 국가 수입원으로 삼았다. 대표적인 사례로 어염선세로 균역법으로 부족해진 세수를 보충한 일이 있다.

어영청 御營廳

1623년 개성유수 이귀에게 화포술을 배운 260여 명의 어영군이 이괄의 난 때 인조를 공주까지 호위했다. 이를 계기로 1628년(인조 6) 어영청을 설치해 국왕을 호위하는 5군영의 하나로 격상시켰다. 효종은 이완을 어영청의 어영대장으로 삼아 북벌을 준비하도록 했다. 숙종 이후 규모와 역할이 축소되었다가 갑오개혁 때 폐지되었다.

어우동(?~1480)

승문원 박윤창의 딸로 왕족 태강수 이동과 혼인했으나, 신분에 상관없이 수많은 남성과 문란한 성관계를 가졌다. 1480년(성종 11) 방탕한 생활로 신분제를 어지럽히는 죄를 저질렀다는 이유로 의금부에 투옥되어 사형당했다. 반면 어우동과 잠자리를 함께한 양반 남성 대부분은 처벌받지 않거나 작은 옥고만 치르는 것으로 마무리되어 남녀를 차별하는 조선의 모습을 보여준다.

어유소(1434~1489)

1467년(세조 13) 이시애의 난을 진압한 공로로 적개공신 1등으로 예성군에 봉해졌다. 같은 해 명나라 군대와 함께 건주위를 공격해 공을 세웠다. 의정부 우찬성에 이어 이조판서로 임명되었으나, 문신들의 반대로 우찬성으로 내려와야 했다. 성종 때 영안도의 여진족을 설득해 침략을 막았다. 성종은 어유소를 중용하고자 이조판서 겸 5위도총관으로 임명했지만, 이때도 문신들의 반대로 시행되지 못했다.

어책 御冊

어보와 함께 올리는 책으로 주인공의 공덕을 칭송하는 글이나 국왕의 교훈과 경계하는 내용이 담겨 있다.

언문지 諺文志

순조 때 유희(1773~1837)가
지은 한글 연구서로 훈민정
음의 자모를 초성례, 중성
례, 종성례, 전자례로 분류
해 해설하고 있다. 훈민정
음의 소리를 한자로 연구하
던 기존 방식과 달리 우리

| 『언문지』 |
ⓒ 한국민족문화대백과사전

말 본래의 특징을 중심으로 연구해 설명하고 있다.

여각 旅閣

조선 후기 포구에서 선박 화물을 위탁 또는 판매하거나
여관을 제공하던 상업기관이다. 선박을 통해 운반되는 크
고 무거운 물품을 주로 관리했으며, 시전 상인과 지방 상
인의 거래를 주선하기도 했다.

조선사 개념어 사전

여전론 閭田論

정약용이 1여(약 30호)가 여장 아래 공동경작한 뒤, '일역부'라는 장부에 기록된 노동량에 따라 수확물을 분배하자고 주장한 토지개혁안이다. 그러나 지배층의 반대로 시행되지 못했다.

여진족 女眞族

| 고려시대 윤관의 여진 정벌을 그린 〈척경입비도〉 |

숙신, 읍루, 물길, 말갈 등으로 불려온 만주 지역에 살던 퉁구스 계통의 민족이다. 명나라는 여진족이 사는 곳에 위소라는 군사 거점을 설치해 통제했는데, 위소 위치에 따라 건주위, 해서위 등의 명칭이 생겼다. 조선은 여진족을 여직 또는 야인으로 부르면서 거

주지에 따라 건주여직, 건주야인, 야인여직 등으로 불렀다. 임진왜란 이후 누르하치의 건주여진을 중심으로 후금을 건국하고, 청으로 국호를 변경한 뒤 중국을 통치했다.

역법 曆法

천체의 현상을 관측·계산해 시간의 흐름을 측정하는 것을 역(曆)이라 하며, 역을 편찬하는 방법을 역법이라고 한다.

역성혁명 易姓革命

국왕이 나라를 잘못 경영하거나 부도덕하면, 하늘의 뜻(천명)에 따라 다른 성씨를 가졌더라도 자격을 갖춘 사람이 새로운 나라를 건국한다는 개념이다. 태조 이성계는 조선을 건국하는 과정에서 정당성을 확보하기 위해 고려 왕들의 무능력과 부도덕을 강조하며 천명에 따라 역성혁명이 이루어졌음을 강조했다.

조선사 개념어 사전

역참 驛站

국가의 명령이나 공문서 전달 외에도 죄인을 압송하고 외국 사신을 맞이하는 업무를 수행하기 위해 설치한 교통 통신 기관이다. 시간이 흐르면서 말 가격이 상승하고 역 임무를 수행하는 역리가 도망치는 등 제 기능을 하지 못하자, 파발제와 봉수가 그 자리를 대체하다가 1896년(고종 33) 폐지되었다.

연려실기술 燃藜室記述

실학자 이긍익(1736~1806)이 기사본말체로 조선의 역사를 기술한 서적이다. 태조부터 현종까지의 「원집」, 숙종 대의 「속집」, 천문·지리·외교 등을 수록한 「별집」으로 구성되어 있으며, 저자의 견해를 밝히지 않는 대신 출처를 명확히 기록해 객관적인 역사를 서술하고자 했다. 특히 민간의 400여 종의 자료를 인용하고 있어 조선시대를 파악하는 데 도움을 준다.

연분9등법 年分九等法

세종 때 농사의 작황을 9등급으로 나누어 가장 풍년이 든 상상년(上上年)에서 가장 심한 흉년이 든 하하년(下下年) 까지 1결당 최대 20두에서 최소 4두까지 세금을 거둬들이는 조세제도다. 의정부와 6조에서 연분을 결정한 후 국왕의 재가를 받아 등급을 확정했다. 그러나 실무를 담당하는 향리가 자의적으로 풍년의 등급을 결정하면서 신뢰성이 떨어지자, 점차 하하년에 해당하는 1결당 4두로 고정되어 갔다.

연산군(1476~1506, 재위 1494~1506)

강력한 왕권으로 국가를 경영하기 위해 '조의제문'을 문제 삼아 김종직을 부관참시하고, 그의 제자들을 유배 보내는 무오사화를 일으켰다. 어머니 폐비 윤씨의 죽음을 두고 인수대비와 성종의 두 후궁을 죽이고, 이와 관련한 김굉필 등 수십 명의 사림파를 죽이는 갑자사화를 일으켰다. 문란한 사생활과 경연과 사간원 폐지 등 언로를 막는

| 강화도에 있는 연산군 유배지 |

ⓒ 유정호

등의 폭정이 계속되자, 성희안과 박원종이 일으킨 중종반정으로 국왕의 자리에서 쫓겨났다. 이후 강화도 교동에 유배된 지 두 달 만에 역병으로 죽었다.

연좌제 緣坐制

범죄를 저지른 사람의 친족에게도 책임을 물어 처벌하는 제도다. 조선은 『대명률』에 따라 역모를 저지른 사람은 능지처사하고, 아버지와 16세 이상의 아들은 교형, 16세 이하의 아들·어머니·손자·형제자매·처첩·아들의 처첩은 노비로 삼았다. 또한 백숙부와 조카는 3천 리 안치형에 해당하는 유배형을 내렸다. 단, 남자 80세 이상, 여자 60세 이상은 처벌하지 못하도록 예외를 두었다.

연호 年號

황제가 즉위하면 이듬해를 원년(元年)으로 해 연도를 세는 호칭을 일컫는 말이다. 중국 한나라 무제가 '건원'이라는 연호를 최초로 사용한 이후, 주변국들도 중국의 연호를 사용했다. 조선도 명나라와 청나라 연호를 사용하다가 1895년(고종 32)부터 '건양'이라는 독자적인 연호를 사용했다.

열하일기 熱河日記

1780년(정조 4) 박지원이 자제 군관으로 청나라 건륭제의 칠순 잔치를 축하하는 사신단을 따라 청나라를 방문해 보고 들은 것을 기록한 기행문이다. 이궁이 있는 하북성 열하에서 만난 몽골·티베트·위구르 사신단과의 만남을 비롯해 청나라의 정치, 경제, 사회, 문화 등 다양한 주제를 다루면서 중국의 선진문물을 수용해야 한다는 북학론을 담고 있다.

염포 鹽浦

울산광역시 북구 염포동에 있던 포구로 1426년(세종 8) 부산포, 제포와 함께 왜관이 설치되면서 약 120명 정도의 일본인이 거주했다. 1512년(중종 7) 대마도주와 맺은 임신약조로 폐쇄되었다.

영규(?~1592)

| 영규 |

© 국립중앙박물관

서산대사의 제자로 임진왜란이 발발하자 800여 명의 승병으로 조헌이 이끄는 700명의 의병과 힘을 합쳐 일본군이 점령한 청주를 되찾았다. 전라도의 곡창지대를 차지하기 위해 금산으로 진격하는 일본군을 상대로 치열한 전투 끝에 순국했지만, 일본군에 막대한 피해를 주어 퇴각시킴으로써 전라도를 지켜냈다.

영락보 永樂譜

『문화류씨세보』『가정보』에서 1423년(세종 5) 『영락보』가 간행되었다는 서문이 발견되면서 우리나라 최초의 족보로 거론되지만 전해지지 않는다.

영안도 永安道

함경도의 옛 지명으로 태종 때 영길도와 함길도로 불리다가, 1470년(성종 1) 영흥과 안변의 첫 글자를 따서 영안도로 불렸다. 이후 중종 때 함경도로 개칭되어 사용되다가 1896년(고종 33) 함경북도와 함경남도로 구분되었다.

영위사 迎慰使

중국 사신을 접대하고 위로하기 위해 파견된 사신으로 1521년(중종 16) 선위사에서 영위사로 명칭이 바뀌었다.

영의정 領議政

1400년(정종 2) 도평의사사가 의정부로 개편되는 과정에서 최고 관직으로 영의정부사를 두었다. 1466년(세조 12) 영의정부사를 영의정으로 명칭을 바꾸었는데, 다른 말로 영상·상상·원보가 있다. 좌의정을 역임한 원로대신이 주로 임명되었으며, 좌의정·우의정과 함께 3정승으로 불렸다. 조선 중기 이후 비변사가 상설화되면서 의정부가 제 역할을 하지 못하자, 영의정의 권한이 약해졌으나 최고 관직이라는 상징성은 가지고 있었다. 1894년 갑오개혁 때 총리대신으로 명칭이 바뀐다.

영정법 永定法

정식 명칭인 영정과율법은 1635년(인조 13) 풍흉과 관계 없이 토지 등급에 따라 전세를 부과한 제도다. 비옥도에 따라 1결당 최대 20두에서 최소 4두까지 징수해야 하지 만, 전국 대부분의 토지를 하하전으로 분류해 4두를 거둬 들였다. 농민의 부담을 줄여주기 위한 정책이었지만, 국가 재정이 부족해져서 대동세와 삼수미 등을 별도로 거둬들 였다. 또한 지주가 소작인에게 세금을 전가하면서 영정법 은 백성들에게 실질적인 도움이 되지는 못했다.

영조(1694~1776, 재위 1724~1776)

숙종과 숙빈 최씨 사이에서 태어난 영조는 경종 재위 시 기 왕세제로 책봉되었다가 국왕으로 즉위했다. 노론이 정 국을 장악하자, 소론을 대거 기용하는 정미환국을 펼치며 국정을 안정적으로 끌고 가고자 했다. 소론의 이인좌가 20만 명을 동원해 일으킨 난을 진압한 영조는 붕당 간의 당쟁을 막고자 탕평책에 따르는 완론자들을 등용해 국정

| 영조 어진 |

을 이끌었다. 이조전랑의 삼사 인사권을 폐지하고, 성균관에 탕평비를 세우는 등 적극적으로 탕평책을 추진했다. 하지만 노론과 뜻을 달리하는 사도세자를 죽이는 등 탕평책을 완벽하게 성공시키지는 못했다. 재위 기간 균역법 시행, 신문고 부활, 청계천 준설 등 백성의 부담을 덜어주는 정책을 펼쳤다.

영조사 營造司

공조에 소속된 관청으로 궁궐, 성곽, 관청 건물, 가옥, 토목공사와 관련한 일과 가죽과 모포 등을 관리하는 일을 담당했다.

영창대군(1606~1614)

선조가 후궁이 아닌 왕후에게 낳은 유일한 왕자다. 광해
군은 왕권을 위협할 수 있는 영창대군을 역모죄로 엮어
서인(庶人)으로 강등시키고 강화로 유배 보냈다. 얼마 후
강화부사 정항에게 여덟 살의 나이로 죽임을 당했다.

예조 禮曹

6조의 하나로 교육, 과거, 조회, 국가 제례, 외교, 예법 등을
담당하던 관청이다. 건국 초에는 역할과 비중이 6조의 다
른 기관에 비해 낮았으나, 점차 권한이 커져서 이조·호조
다음의 지위를 갖게 되었다. 1894년(고종 31) 갑오개혁 때
학무아문으로 기능 대부분이 흡수되었다.

조선사 개념어 사전

예종(1450~1469, 재위 1468~1469)

세조의 큰아들 의경세자가 갑자기 죽으면서 국왕으로 즉위했다. 즉위 초 세조의 유언에 따라 한명회와 신숙주를 원상으로 삼은 뒤, 남이와 강순을 역모죄로 처형했다. 짧은 재위 기간이지만 조선 건국부터 예종까지의 정변과 전쟁을 기록한『무정보감』을 편찬하고,『경국대전』편찬 사업을 이어 나갔다. 또한 삼포에서 일본과의 사무역을 금지하고 직전수조법을 제정해 백성이 둔전에서 농사를 지을 수 있도록 했다.

예학 禮學

인간 행위의 규범과 사회질서의 근간인 예(禮)를 탐구하는 학문이다. 조선 전기에는 제도적 성격이 강한『주례』와 '오례'를 강조하며『국조오례의』를 편찬했다. 또한 권근, 정구, 김장생 등 뛰어난 학자들의 노력으로 예학이 발달했다. 조선 중기 이후에는 예송논쟁 등 예학이 정치적 문제로 발전하면서 당쟁의 원인이 되기도 했다.

오가작통법 五家作統法

강도 및 절도를 막기 위해 다섯 가구를 1통으로 편성한
뒤, 서로를 감시하도록 하는 제도로 단종 때 처음 시행되
었다. 『경국대전』에 수록되며 법제화되었지만, 조선 전기
에는 제대로 시행되지 않았다. 양난 이후 조세 수취를 위
해 전국적으로 실시되었고, 19세기에는 천주교도와 동학
교도를 체포하는 방법으로 활용되었다.

5군영 五軍營

조선 후기 5위를 대신해 한양과 주변 지역을 방어하기 위
해 설치된 부대로 훈련도감, 어영청, 총융청, 수어청, 금위
영이 있다.

오례 五禮

국가에서 시행하는 5가지 의례로 길례, 흉례, 군례, 빈례, 가례가 있다. 길례는 등급에 따라 대사·중사·소사로 나누어지는 제사, 흉례는 왕을 비롯한 왕족의 죽음과 관련한 국상이나 국장, 군례는 군대 출정 등 군대 의식, 빈례는 외국 사신을 맞이하고 보내는 절차와 의례, 가례는 국왕의 즉위와 책봉·혼례 등을 담당했다.

오륜행실도 五倫行實圖

| 『오륜행실도』 |

정조의 왕명으로 세종 때 편찬한 『삼강행실도』와 중종 때 편찬한 『이륜행실도』를 하나로 묶은 윤리서다. 부자, 군신, 부부, 장유, 붕우 등 오륜에 모범이 되는 150명의 행적을 김홍도 화풍의 그림으로 표현한 뒤 한문과 한글로 풀이했다.

5위 五衛

조선 전기 중앙군으로 취재로 선발한 갑사와 양인 중 군역을 지는 정병으로 구성되었다. 의흥위는 양반 자제 중에서 선발한 1만 8천 명의 부대, 용양위는 3천 명으로 구성된 기마병 위주의 부대, 호분위는 왕실 종친과 5천 명의 팽배(방패를 무기로 쓰는 병종)로 구성된 부대, 충좌위는 공신 자제들이 주로 소속된 2,500명의 부대, 충무위는 이성 왕족이나 왕비 가문의 자제와 정병이 주로 속한 4만 2천 명의 부대였다. 시간이 흐르면서 양반 자제들이 군역을 기피하고, 문신이 5위의 높은 자리를 차지하면서 기능이 약화했다. 임진왜란 이후 5위는 중앙군으로서의 기능이 사라지고 궁성 지키는 일에 국한되는 등 역할이 크게 줄어든다.

옥새 玉璽

어보, 국새라고도 불리는 옥새는 국가와 왕권을 상징하는 예물로 일반적으로 왕의 인장을 뜻하나 왕비와 왕세자 등

조선사 개념어 사전

| 유네스코 세계기록유산에도 등재된
조선 왕실의 옥새 |

ⓒ 유정호

의 의례용 인장까지 포함하기도 한다. 왕실 인사를 책봉하거나 덕을 기리며 특별한 이름을 올리는 의식을 할 때 지위와 이름을 옥새에 새겼다.

옹기 甕器

| 옹기 |

ⓒ 유정호

진흙을 반죽해 구운 후 잿물을 입히지 않아서 윤기가 없는 질그릇과 잿물을 입혀 윤기가 있는 오지그릇을 총칭하는 말이다. 옹기는 주로 음식물을 저장하거나, 김치·간장·된장 등을 발효시키는 생활 용기로 사용되었다.

왕도정치 王道政治

맹자의 가르침에 따라 인과 덕을 가지고 국가를 운영하는 것으로 강제적인 힘에 의해 국가를 경영하는 패도정치의 반대개념이다. 그러나 시대와 상황에 따라 왕도정치는 다르게 이해되고 활용되었다.

왜관 倭館

왜구 문제를 해결하기 위해 조선 영토에 일본인이 머물며 교역할 수 있게 제공하던 장소다. 태종은 부산포, 내이포, 염포, 가배량을 왜관으로 지정했다. 세종은 대마도를 정벌한 뒤 모든 왜관을 폐쇄했다가 삼포를 개항했다. 삼포왜란과 사량진왜변 등 일본인의 소동으로 왜관은 폐쇄되었다가 개항하기를 반복하다가 강화도조약 이후 완전히 사라진다.

외규장각 外奎章閣

1782년(정조 6) 왕실과 관련된 서적을 보관하기 위해 강화도에 설치한 규장각의 부속 도서관이다. 왕실 관계 서적 1천여 종 등 6천 권 정도를 보관하고 있었으나, 병인양요 때 프랑스군이 의궤 197종 297책을 포함한 도서 359점을 약탈하고 나머지는 불태워버렸다.

외척 外戚

어머니 집안의 혈연관계가 있는 친족으로 외족, 외친이라 부르기도 한다. 반면 아버지 쪽의 친족은 내친(內親)이라고 한다.

요동 遼東

중국 랴오허강의 동쪽 지역으로 현재 랴오닝성 동남부 일대다. 태조는 정도전의 의견을 받아들여 정벌을 논의하기

| 한국과 중국 사이에 있어 역사에 자주 등장하는 요동 |

도 했으나, 시간이 흐르면서 중국으로 가기 위한 육상 교
통로로 활용되었다.

요역 徭役

중앙 정부와 지방 관아가 비정기적으로 백성의 노동력을
징발하는 세금으로 잡역, 잡요 등으로 불렸다. 초기에는
가호의 민정 수를 기준으로 징발하다가 세종 때 토지 5결
당 1인을 징발하고, 성종 때는 8결당 1인을 징발했다. 단,

조선사 개념어 사전

요역은 1년에 6일을 넘지 않게 동원해야 했다. 조선 후기에는 대동법 시행으로 축소되다가 점차 임금노동으로 대체되었다.

용골대(1596~1648)

1635년(인조 14) 인조 비 인열왕후의 죽음을 조문하는 청나라 사신으로 조선에 들어와 무례한 행동을 하다가 생명의 위협을 느끼고 도망쳤다. 이 과정에서 청의 침략을 대비하라는 문서를 입수해 청 태종에게 바치면서 병자호란이 일어나는 계기를 만들었다. 병자호란 때는 청나라 장수로 조선을 침략했다.

용담유사 龍潭遺詞

동학을 창시한 최제우가 1860~1863년에 걸쳐 아홉 편의 가사를 엮어 만든 동학 포교가사집으로 부녀자와 일반인이 쉽게 이해할 수 있도록 한글로 편찬되었다.

용비어천가 龍飛御天歌

1445년(세종 27) 조선의 건
국을 찬송하는 노래를 묶은
책이다. 목조(태조 이성계의
고조부)에서 태종까지의 행
적을 한글로 기록한 125장
의 서사시 악장에는 태조가
하늘의 뜻에 따라 건국한

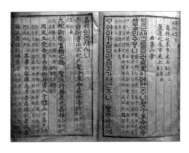

| 『용비어천가』 |
ⓒ 유정호

조선이 후대에도 잘 경영되기를 바라는 내용을 담겨 있다.

용양위 龍驤衛

5위에서 좌위를 맡았던 부대로 주로 양반 자제 중에서 시
험을 거쳐 선발했다. 용양위 별시위는 주로 기마병으로
구성되는데 1,500명이 5교대로 300명씩 6개월씩 근무했
다. 용양위 대졸은 3천 명이 5교대로 600명씩 4개월간 복
무했다.

우서 迂書

1737년(영조 13) 실학자 유수원이 조선이 가난한 원인을 밝히며, 이를 해결할 방안을 제시한 서적이다. 77개 주제를 문답 형식을 빌려 설명하고 있는데, 사농공상의 신분 질서를 타파하고 관료 기구의 합리적인 운영을 주장했다. 구체적으로는 모든 백성이 초등교육을 받고 능력과 자질에 맞게 관료로 기용될 수 있도록 기회를 제공하고, 상공업을 진흥해 부강한 나라로 만들어야 한다고 강조했다.

운평 運平

1504년(연산 10) 채홍준사라는 관직을 만들어 전국의 젊고 아름다운 여인을 한양으로 올려보냈는데, 그녀들을 운평이라 불렀다. 운평의 정원은 700명이었다.

원각사 圓覺寺

한양 종로구 탑골공원에 있었던
사찰로 태조 때 조계종 본사가 되
었다. 세종이 불교를 선교양종으
로 통합할 때 부지를 각 아문이
사용하면서 폐사되었다. 1464년
세조는 효령대군과 예불할 때 부
처님 사리가 늘어나는 진귀한 일
을 목격하고는, 사찰을 중건하고
원각사라 명명했다. 도성 3대 사
찰로 번창하다가 1504년(연산 10)
폐사되어 현재는 원각사지 10층석탑과 대원각사비만 남
아 있다.

| 원각사지 10층석탑 |
ⓒ 한국민족문화대백과사전

원경왕후(1365~1420)

태종의 비로 양녕·효령·충녕·성녕대군과 공주 네 명을
낳았다. 제1차 왕자의 난 때 태종에게 무기를 제공하며 거

조선사 개념어 사전

사를 일으킬 수 있도록 도왔다. 하지만 태종이 국왕으로 즉위한 이후 후궁을 많이 두고, 외척의 발호를 견제하기 위해 원경왕후의 남동생 네 명을 죽이면서 관계가 매우 나빠져 폐비가 될 위기를 겪었다.

원균(1540~1597)

경상우도수군절도사로 임진왜란이 일어나자 싸우지도 않고 퇴각한 후 이순신에게 합세해 일본 수군과 싸웠다. 그러나 전장에서 싸우기보다는 죽은 왜군의 수급을 수거해 전공을 쌓는 일이 많았다. 이순신이 삼도수군통제사가 되자 충청절도사로 육군을 통솔하다가, 1597년(선조 30) 이순신이 파직당하자 뒤를 이어 삼도수군통제사가 되었다. 안골포와 가덕도의 일본군 본진을 공격하기 위해 출전했다가 칠천량해전에서 패배하면서 죽었다. 이때 조선 수군이 전멸하면서, 조선은 제해권을 상실하며 전라도 해역까지 일본군에 내주었다. 임진왜란이 끝나고 이순신·권율과 함께 선무공신 1등으로 책록되었다.

원상 院相

국왕이 어리거나 병 등의 이유로 국정을 수행하기 어려울 때, 재상들이 승정원에 머물면서 국정을 논의해 국왕을 보필하도록 만든 관직이다. 1467년 병으로 국정을 돌볼 수 없던 세조를 대신해 신숙주, 한명회, 구치관 등이 원상으로 활동한 것이 시작이었다. 이후 예종, 성종, 연산군, 중종, 인종, 명종, 선조, 인조, 현종, 숙종, 경종 때도 원상이 있었으나 기간과 인원이 점점 축소되었다.

원임 原任

퇴임한 관원을 일컫는 말로, 1469년(예종 1) 정2품의 원임을 봉조하, 정3품의 원임을 봉조청이라 불렀다. 이들은 실질적인 업무를 담당하지 않았지만, 평생 품계에 따른 녹봉을 받았다. 임진왜란 이후에는 영의정, 우의정, 좌의정을 지낸 원임을 비변사도제조로 임명해 국정을 돕게 했다.

원자 元子

왕세자로 책봉되지 않은 국왕의 맏아들.

원종(1580~1619)

선조의 다섯째 아들이자 인조의 아버지로 1587년(선조 20) 정원군에 책봉되었다. 1604년 임진왜란 때 선조를 호종한 공으로 호성공신 2등에 책록되었다. 인조가 국왕에 즉위하면서 대원군으로 추존되었다가, 1632년 국왕으로 추존되었다.

월산대군(1454~1488)

덕종(세조의 맏아들)의 맏아들이자 성종의 형으로 1460년 (세조 6) 월산군에 봉해졌다. 한명회의 사위였던 동생(성종)이 국왕에 즉위하면서 월산대군으로 봉해지고, 좌리공신 2등에 책봉되어 토지와 노비 등을 하사받았다.

월인천강지곡 月印千江之曲

1447년 소헌왕후의 명복을 빌기 위해 수양대군(세조)이 지은 『석보상절』을 세종이 한글로 직접 편찬한 책이다. 석가모니의 전생부터 열반에 들어 진신 사리를 봉안하기까지의 일대기를 그린 500여 수의 노래가 수록되어 있다. 총 3권으로 편찬되었으나, 현재 상권만이 전해진다.

위리안치 圍籬安置

유배형을 받은 죄인이 도망치지 못하도록 날카로운 가시가 있는 탱자나무 등으로 울타리를 만들어 가두는 형벌.

위화도회군 威化島回軍

요동 정벌군을 이끌던 이성계가 위화도에서 조민수와 함께 군대를 돌려 최영의 군대를 물리치고, 고려의 정치적 실권을 장악한 사건이다. 이를 계기로 이성계와 급진파 신진사대부들이 권력을 장악하며 조선 건국의 기반을 마련한다.

유구국 流球國

일본 오키나와현에 있던 옛 왕국으로 동아시아와 동남아시아를 잇는 지리적 이점을 이용해 발전했다. 조선에 조공을 바치며 평화적인 관계를 유지했고, 임진왜란 때 명나라에 사신을 보내 조선을 도와달라고 간청하기도 했다. 1609년(광해 1) 일본 사쓰마번의 시마즈씨에게 지배를 받다가, 1879년(고종 16) 일본의 식민지가 되었다. 유구국이 홍길동이 세운 율도국이라는 전설이 전해 내려오기도 한다.

| 유기로 만든 다양한 그릇 |
ⓒ 국립민속박물관

유기 鍮器

구리에 주석 또는 아연 등 비철금속을 합금해 만든 놋그릇을 일컫는 말이다. 조선 정부

319

는 유기 생산을 장려하면서 식기류, 제사 용구, 등잔류, 난방 용구 등 다양하게 제작되었다.

유득공(1748~1807)

서얼 출신으로 뛰어난 능력을 인정받아 규장각검서관으로 임명된 후 정조의 총애를 받아 포천현감 등 여러 관직을 역임했다. 옛 왕조의 수도였던 개성, 공주, 평양과 청나라에 두 차례 다녀오면서 얻은 경험을 바탕으로 문학과 역사 방면으로 여러 업적을 쌓았다. 문학으로는 한시사가(漢詩四家)의 한 사람으로 꼽히며, 역사로는 발해를 우리 역사로 편입해야 한다는 『발해고』와 북방 지역 역사의 연원을 밝히는 『사군지』 등을 편찬했다.

유상 柳商

17세기 평양을 중심으로 상업에 종사하던 상인 또는 상인 집단을 일컫는 말이다. 평양은 명·청의 사신이 오가는 길

목이면서, 의주-한양-동래로 이어지는 교통의 중심에 있
어 상업에 매우 유리했다. 이들은 각 관아의 무역을 대행
하던 무역별장으로 중국과 교역했으나, 영조 때 무역별장
이 폐지되자, 만상에 자금을 투자하는 방식으로 교역에
참여했다.

유성룡(1542~1607)

| 유성룡 |

남인으로 기축옥사 때 사직을 허락
받지 못하자 스스로를 탄핵했다. 광
해군을 세자로 책봉할 것을 주장한
정철의 처벌을 두고 북인 이산해와
대립했다. 임진왜란이 발발하자 도
체찰사로 군무를 총괄하며 국왕을
평양까지 호종했다. 평안도도체찰사
가 되어 명나라 장수 이여송과 함께
평양성을 수복하고, 영의정 겸 4도
도체찰사로 군비를 확충하고 훈련도감 설치에 힘썼다.
1598년(선조 31) 북인의 탄핵으로 낙향한 이후 벼슬에 나서

지 않고 은거했다. 저서로『서애집』『징비록』등이 있다.

유성원(?~1456)

사육신의 한 명으로『의방유취』편찬에 참여한 집현전학
사로 세종의 총애를 받았다. 1453년(단종 1) 계유정난 때
수양대군의 협박을 받아 정난공신의 교서(敎書)를 초안하
고 집에 돌아와 통곡했다. 단종 복위를 모의하다가 발각
되자 칼로 목을 찔러 자결했다.

유수부 留守府

중국의 당나라와 송나라에서 수도 방어와 옛 도읍지의 행
정을 담당할 목적으로 설치되었던 기구로, 조선은 한양 외
곽을 방어하기 위한 지방 행정구역으로 유수부를 설치했
다. 개성유수부는 1438년(세종 20), 강화유수부는 1627년
(인조 5), 수원유수부는 1793년(정조 17), 광주유수부는
1795년(정조 19)에 설치되었다. 유수(留守)는 유수부의 책

임자로, 정2품 또는 종2품 관리가 임명되었다.

유수원(1694~1755)

사농공상의 직업적 평등, 도로와 교량 정비, 직업의 전문화 등을 강조하며 상공업 진흥을 강조한 영조 때 실학자다. 조선의 개혁을 주장한 『우서』를 눈여겨본 영조가 귀가 들리지 않는 유수원과 필담을 나눈 후 이조전랑 통청권과 한림의 추천권을 개혁했다. 그러나 신치운의 역모사건에 연루되어 처형당했다.

유응부(?~1456)

사육신 중 유일한 무관 출신으로 1456년 명나라 사신을 접대하는 연회 장소에서 세조를 살해하는 역할을 맡았다. 하지만 김질의 배신으로 실패하면서 죽임을 당했다. 종2품 자리에 있으면서도 끼니를 해결하지 못할 정도로 청렴했다고 전해진다.

유자광(1439~1512)

문무에 뛰어난 능력을 보였던 유자광은 서얼 출신임에도 불구하고 이시애의 난을 진압하는 공을 세워 세조의 총애를 받았다. 예종이 즉위하자 남이와 강순이 역모를 꾸미고 있다고 보고해 정난익대공신 1등으로 책록되었다. 성종 즉위 후 국문을 받을 위기에 처하기도 하지만, 세조의 비 정희대비의 도움으로 석방되어 주요 직책을 맡았다. 1498년(연산 4)에는 김종직의 '조의제문'이 세조의 찬탈을 비판하고 있다며 무오사화를 일으키는 원인을 제공했다. 그러나 갑자사화 때 연산군의 어머니 윤씨를 폐비하는 데 찬성한 이극균과 친하다는 이유로 관직에서 쫓겨났다. 중종 때는 반정 성공에 기여한 공로로 1등 공신에 책록되었지만, 사림의 탄핵을 받아 유배지에서 죽었다.

유적 儒籍

사학, 향교, 서원, 성균관에 재학했던 유생의 가계, 학통, 종파 등 인적 사항을 기록한 명부.

조선사 개념어 사전

유향소 留鄕所

전직 관리들이 지역사회의 주도권을 장악하기 위해 만든 조직 또는 그들이 모이던 장소를 말한다. 수령과 유향소가 갈등을 일으키며 여러 문제를 일으키자 태종이 혁파했다. 세종이 다시 설치했지만, 수령과 결탁해 백성을 괴롭히자 다시 철폐했다. 성종 때 유향소가 다시 설치되지만, 향사례와 향음주례 등만 시행하며 역할과 기능이 크게 축소되었다.

유향품관 留鄕品官

품계는 있지만 실질적인 일을 수행하지 않는 사람으로 대표적으로 전직 관리가 있다. 이들은 조선 초기 유향소를 통해 향촌 사회를 지배하는 과정에서 수령 및 관인과 대립하며 문제를 일으키기도 했다.

유형원(1622~1673)

병자호란과 집안의 몰락으로 전라북도 부안군 우반동에서 20년간 여생을 보내며 『반계수록』 26권을 집필했다. 이외에도 성리학, 지리서, 병법, 역사, 음운 등 다양한 분야

| 경기도 용인에 있는 유형원의 묘 |
© 국가유산청

의 책을 집필했으나 전해지지 않는다. 유형원은 모든 토지를 국유화한 뒤, 신분에 따른 재분배를 주장하는 균전제를 시행하면 백성들의 빈곤이 해결된다고 주장했다. 실학의 시작점이 된 유형원을 높이 산 영조는 『반계수록』을 배포해 활용하도록 했다.

육의전 六矣廛

국가에 점포세 등 여러 부담을 지는 대신 독점적으로 상업 활동을 할 수 있는 금난전권을 부여받은 도성의 상인을

말한다. 시기에 따라 차이는 있지만 주로 비단, 무명, 명주, 종이, 모시, 생선 등을 취급했다. 금난전권을 제한하는 신해통공으로 약화했다가 개항 이후 사라졌다. 육의전의 다른 말로 육주비전, 육부전, 육장전, 육주부전 등이 있다.

6조직계제 六曹直啓制

6조의 판서가 의정부를 거치지 않고 국왕에게 관련 업무를 보고하고, 국왕의 명령을 직접 하달받는 제도다. 의정부를 중심으로 국정을 운영하는 의정부서사제 때문에 왕권이 약해졌다고 생각한 태종과 세조가 6조직계제로 국정을 운영했다.

윤두수(1533~1601)

1558년(명종 13) 관직에 나간 이후 여러 직책을 맡아 업무를 수행하던 중 종계변무의 공으로 광국공신 2등에 책록되고 해원부원군에 봉해졌다. 건저문제로 유배형을 받았으나, 임진왜란 과정에서 선조를 호종하고, 3도체찰사로 세자를 모시고 남하하는 등의 공로를 인정받아 영의정에 올랐다. 1597년 (선조 30) 이순신의 파직을 주장하고, 한양으로 압송된 이순신을 고문해 정유재란이 일어나는 원인을 제공했다.

| 윤두수 |

ⓒ 국립중앙박물관

윤선거(1610~1669)

1636년(인조 14) 성균관 유생을 모아 청나라 사신의 목을 베라고 주장했다. 그해 12월 병자호란이 발발하자 강화도로 피신한 것을 자책하며 관직에 나가지 않고, 성리학과 예학을 공부했다. 송시열에게 사문난적으로 몰린 윤휴를 옹호하다가 배척당한 일로 서인이 노론과 소론으로 나눠진다.

조선사 개념어 사전

윤선도(1587~1671)

성균관 유생 시절 이이첨의 횡포를 상소한 일로 유배 생활을 하다가, 인조반정으로 풀려나 의금부도사가 되었다. 병자호란 때 국왕을 호종하지 않은 죄로 유배형을 받았다. 기해예송(1659)에서 남인으로서 효종의 정통성을 강조하며 삼년복을 주장했으나 패배해 삼수로 유배 보내졌다. 시조에 뛰어난 능력을 보여 「오우가」「어부사시사」등 많은 작품을 남겨 정철, 박인로와 함께 3대 가인(歌人)으로 불린다.

윤원형(1503~1565)

중종의 두 번째 계비 문정왕후의 동생이자 소윤의 영수로 경원대군(명종)을 세자로 책봉하고자 대윤의 윤임과 다투었다. 인종이 죽고 명종이 즉위하자, 대윤 일파를 역모죄로 몰아 처형하는 을사사화를 일으켰다. 양재역 벽서사건을 이용해 대윤의 잔당을 모두 숙청해 권력을 장악한 뒤, 친형 윤원로도 유배 보내 죽였다. 영의정에 올라 매관매직을 일삼아 막대한 재산을 모았으며, 첩 정난정과 공모해 아내와 아들을 죽였다. 문정왕후 사후 탄핵받아 유배 보내졌다가, 의금부도사가 잡으러 온다는 말에 정난정과 독약을 먹고 자결했다.

윤임(1487~1545)

중종의 비 장경왕후의 오빠이며, 대윤의 영수로 문정왕후가 경원대군(명종)을 낳자 김안로와 함께 세자(인종)를 보호하기 위해 노력했다. 김안로가 실각한 이후에도 인종을 보필했으나, 명종이 즉위하면서 소윤 일파가 일으킨 을사사화로 아들 3형제와 함께 사사되었다.

윤증(1629~1714)

뛰어난 능력을 인정받아 천거로 우의정까지 임명되었으나, 관직에 나가지 않았다. 송시열이 윤증의 아버지 윤선거가 병자호란 때 강화도로 피난 간 사실을 비난하는 묘

| 윤증 |

문을 작성한 것에 분노해, 송시열이 의리와 이익을 같이 추구했다고 비판하는 「신유의서」를 작성했다. 1684년 최신이 「신유의서」를 문제 삼자, 숙종은 윤증을 유현(儒賢)으로 대접하지 말라는 병신처분을 내렸다. 경종이 즉위한 후 관작이 회복되며 문성이라는 시호가 내려졌다.

윤지충(1759~1791)

정약용의 외사촌으로 1787년 한양 명례방(명동) 김범우 집에서 세례를 받고 천주교도가 되었다. 천주교의 뜻에 따라 죽은 어머니의 위패를 불태우고 제사를 지내지 않은 것이 문제가 되어 체포되었다. 잘못한 것이 없다고 끝까지 우긴 결과 전라북도 전주 풍남문에서 처형되며 한국 천주교 사상 최초의 순교자가 되었다. 이 일로 남인은 노론 벽파의 공격을 받아 위기에 처한다.

윤휴(1617~1680)

병자호란에서 패배해 청나라의 신하
가 된 것에 책임을 다하지 못한 것이
부끄러워 관직에 나가지 않다가, 오
삼계의 난 소식을 듣고 치욕을 씻자
는 '대의소'를 현종에게 바쳤다. 숙종
때 관직에 나가 기해·갑인예송 관련
해 송시열과 서인의 잘못을 지적하고,
북벌을 위해 도체찰사부 설치와 화차
개발 등을 주장했다. '오가작통사목',

| 윤휴 |

지패법 실시와 세법 개혁을 시도했으나 큰 변화를 일으키
기는 못했다. 성리학을 송시열과 다르게 해석하면서 사문
난적으로 몰렸으며, 경신환국으로 유배형을 받고 사사되
었다.

은결 隱結

논밭을 신고하지 않아 토지대장에서 빠진 토지를 일컫는 말이다. 중앙정부는 은결을 발견해 부족한 재정을 보충하고자 했으나, 오히려 지방 관청은 운영비 마련을 위해 은결을 만들어 이용하기도 했다.

은신군(1755~1771)

사도세자의 서자로 1771년 형 은언군과 함께 관작을 박탈당하고, 유배지 제주도에서 열일곱 살의 나이로 죽었다. 영조가 인평대군의 6대손 남연군이 은신군의 가계를 이어가게 했다. 훗날 남연군의 손자가 고종으로 즉위한다.

은언군(1754~1801)

사도세자의 서자로 유배형을 받는 등 어려움을 겪었으나, 정조가 즉위하면서 흥록대부에 올랐다. 홍국영이 은언군의 큰아들 상계군을 여동생인 원빈의 양자로 삼아 세자를 만들려다 쫓겨나는 과정에서 강화도로 유배되었다. 1801년 (순조 1) 신유사옥 때 아내 송씨와 큰며느리가 청나라 신부 주문모에게 세례받은 것이 발각되면서 사사되었다. 훗날 손자 원범(철종)이 국왕으로 즉위한다.

은전군(1759~1778)

사도세자의 다섯 번째 아들로 세 살 되던 해 생모가 사도세자에게 맞아 죽고, 은전군도 연못에 버려져 죽을 위기를 겪었다. 정조 즉위 후 삼대모역사건에서 홍상길이 은전군을 국왕으로 추대하려 했다. 정조는 역모와 관련이 없다는 사실을 알고 살리고자 했으나, 관료들의 반대로 사사되었다.

을묘왜변 乙卯倭變

1555년(명종 10) 일본 선박 70여 척이 전라남도 달량성을 공격하자, 해남현감 변협이 300명의 군사로 맞서 싸웠지만 패배했다. 이후 왜구가 장흥, 영암, 강진 등 인근 지역도 약탈하자, 조선 정부는 전라도도순찰사로 이준경, 방어사로 김경석과 남치훈을 임명해 토벌하도록 했다. 영암에서 왜구를 상대로 힘들게 승리하면서, 당시 조선의 군대가 제 기능을 하지 못하고 있음을 보여주는 대표적 사례로 손꼽힌다.

을사사화 乙巳士禍

1545년(명종 즉위년) 윤원형의 소윤이 윤임의 대윤 세력을 제거하는 과정에서 사림파가 대거 숙청당한 사건이다. 윤원형은 인종이 위독할 때 윤임이 중종의 다섯째 아들 봉성군을 왕으로 옹립하려 했고, 인종이 죽은 이후에는 계림군을 국왕으로 옹립하려 했다며 역모죄로 고발했다. 그결과, 대윤 세력과 많은 사림파 인사가 유배되거나 사사

되었다. 반면 소윤은 반역을 막은 공로로 스물여덟 명이
위사공신에 책봉되었다.

음과 蔭窠

음서제·천거 또는 생원·진사시에 합격해 관료가 된 음관
이 진출할 수 있는 벼슬자리를 일컫는 말이다. 천거의 경
우에는 고위 관료로 승진할 수 있었으나, 나머지는 수령
으로 나가기 위해 취재를 거쳐야 하는 등 여러 제약이 따
랐다.

음서제 蔭敍制

개인의 능력이 아닌 조상 덕택으로 관직에 나가는 음서제
는 국가에 필요한 인재를 유입하려는 목적보다는 양반 신
분을 유지하기 위한 수단으로 운영되었다. 그래서 음서로
등용된 관료들은 과거에 합격하지 못하면 고위 관료로 승
진하기 어려웠다.

의궤 儀軌

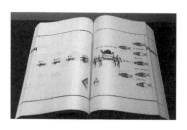

| 외규장각에 보관되었다가
반환된 의궤 중 하나인
『순원왕후신정왕후존숭도감의궤』 |

ⓒ 유정호

왕실에서 진행하는 혼사, 장례, 건축 등 여러 의례를 글과 그림으로 기록해 유사한 행사가 있을 때 참고하도록 제작된 서책이다. 의궤는 해당 행사를 주관하는 관서의 명칭에 의궤를 붙여 표시했으며, 5~8부 정도를 제작해 여러 관서에 나누어 보관했다. 대표적인 의궤로 2007년 유네스코 세계기록유산으로 지정된 『조선왕조의궤』가 있다.

의금부 義禁府

조선 건국 직후 경찰 업무를 담당하던 의용순금사가 1414년 (태종 14) 의금부로 개칭되었다. 역모죄 등 왕권을 위협하는 모든 행위를 처벌하고, 왕의 교지에 따라 범죄 사건을 재조사하는 역할을 담당했다. 이외에도 유교 윤리에 어긋

난 행위를 처벌하는 강상죄, 밀무역 등 대외 관련 범죄, 양
반 관료의 범죄 등을 다루었다. 태종 때 신문고가 설치되
었던 의금부를 금오, 왕부, 조옥이라 부르기도 했다.

의방유취 醫方類聚

1445년(세종 27) 병의 증상을 91종으로 나누고, 그 증상
에 해당하는 병론을 제시한 365권의 의학서다. 엄청난 분
량으로 문종과 세조 때 266권 264책으로 정리·축소했고,
1477년(성종 8)에 이르러서야 30질만 인쇄해 내의원·전의
감·혜민서·활인서 등 의료 기관에만 배포했다. 임진왜란
때 가토 기요마사가 약탈한 『의방유취』가 유일하게 남아
있지만 12책이 빠져 있다. 현재는 강화도조약 체결 당시
수호 예물로 받은 2질의 『의방유취』가 장서각도서와 연세
대학교 도서관에 소장되어 있다.

의산문답 醫山問答

실학자 홍대용이 1765년(영조 41) 청나라 북경을 다녀와서 이듬해 집필한 저서로, 가상 인물인 실옹과 허자의 대담 형식으로 구성되어 있다. 유학을 통달했다고 자부하는 허자가 실옹을 만나 인류의 기원, 계급과 국가 형성, 천문, 지전설 등 서구 과학을 소개하면서 성리학과 중국 사대주의에서 벗어나는 것이 부국강병의 시작이라고 밝히는 내용을 담고 있다.

의정부 議政府

1400년(정종 2) 만들어진 의정부는 정1품인 영의정·좌의정·우의정의 3정승과 종1품인 좌찬성·우찬성, 종2품인 좌참찬·우참찬까지 총 일곱 명의 재상을 두었다. 의정부는 국왕과 함께 6조에서 올라온 국정 현안을 토의한 뒤, 결정한 내용을 다시 6조로 내려보내 시행하도록 했다. 임진왜란 이후 비변사의 권한이 확대되면서 기능이 약화하다가 1907년(순종 즉위년) 폐지된다.

의정부서사제 議政府署事制

의정부가 6조에서 올라온 국정 현안을 논의하여 여러 대책 및 정책을 제시하면, 국왕이 최종적으로 결정하는 제도다. 의정부가 논의할 안건을 선발하는 만큼 국왕의 업무를 감소시켜주는 효과도 있지만, 반대로 왕권을 약화할 수 있는 문제점도 가지고 있었다. 태종과 세조는 왕권 약화를 우려하며 의정부서사제를 금지하고, 6조가 직접 국왕에게 보고하는 6조직계제를 시행했다. 그러나 조선 후기 비변사의 권한이 강화되면서 의정부서사제도 사라지고 말았다.

의흥위 義興衛

5위 중에서도 주축이 되는 군사 조직으로 갑사와 보충대로 편성되었다. 갑사는 무예가 뛰어난 양반 자제, 보충대는 서얼 또는 천민에서 양민이 된 사람으로 구성해 1천 일 동안 근무를 마치면 종9품 잡직에 임명되었다. 임진왜란 이후에 제 기능을 하지 못하고 이름만 남아 있다가 1882년

(고종 19) 폐지되었다.

이가환(1742~1801)

정조 때 남인 관료로 노론의 견제를 받았다. 조카 이승훈이 북경에서 세례를 받고 돌아와 천주교를 전파하는 것에 반대했다. 천주교를 믿지 말라는 「경세가」를 지었으나, 1801년 신유박해 때 한때 천주교를 믿었다는 이유로 체포되어 옥사했다.

이개(1417~1456)

사육신의 한 명으로 세종 때 『훈민정음 해례본』 『운회언역』 『동국정운』 등 여러 서적 편찬에 참여했다. 계유정난 공신을 책정할 때 환관 엄자치와 전균의 공신 책봉을 반대했으나 받아들여지지 않았다. 세조를 죽이고 단종을 복위하려다가 김질의 고변으로 실패하면서 거열형으로 처형당했다.

이괄의 난

| 이괄의 반란군을 피해 인조가 피신한 충청남도 공주의 공산성 |
ⓒ 유정호

이괄(1587~1624)은 인조반정 과정에서 뒤늦게 합류한 김유보다 한 등급 아래인 정사공신 2등에 봉해지자 불만을 품었다. 평안병사 겸 부원수로 평안도 영변에서 후금의 침략을 대비하던 중 1624년 문회와 허통에게 반역죄로 고발당했다. 이괄은 자기 아들을 한양으로 압송하려고 금부도사가 파견되자, 반란을 일으켜 한양을 점령하고는 선조의 아들 흥안군을 국왕으로 추대했다. 그러나 도원수 장만이 이끄는 관군에 패배하고 퇴각하던 중 이천에서 부하 이수백에게 목숨을 잃었다. 이때 살아남은 이괄의 부하

중 일부가 후금으로 도망쳐 인조반정의 부당함을 피력하면서 정묘호란이 일어나는 원인을 제공했다.

이귀(1557~1633)

이이와 성혼의 문하에서 공부한 이귀는 임진왜란 때 3도소모관에 임명되어 광해군을 돕고, 3도선유관으로 군사모집과 명나라군의 군량 수송을 맡았다. 광해군의 실정을 비판하다가 인조반정에 참여해 정사공신 1등에 책록되었다. 남한산성 보수 등 후금의 침략에 대비하기 위해 국방 강화를 건의했고, 정묘호란이 발발하자 인조를 강화도로 안전하게 피신시켰다. 그러나 후금과의 화의를 주장하다가 탄핵받아 사직했다.

이극돈(1435~1503)

예종 때 『세조실록』 편찬에 참여하고, 성종 때는 『경국대전』 교정과 『동국통감』 편찬에 참여했다. 연산군 때 실록

청당상관으로 『성종실록』을 편찬하면서 '조의제문'이 세조의 찬탈을 비난한 것이라며 유자광과 함께 문제 삼아 무오사화가 일어나는 원인을 제공했다.

이기겸발설 理氣兼發說

이황은 정지운의 『천명도설』 내용 중 '사단은 이에서 발하고, 칠정은 기에서 발한다(四端發於理 七情發於氣)'라는 구절을 '사단은 이의 발이고, 칠정은 기의 발이다(四端理之發 七情氣之發)'라고 수정했다. 이에 대해 기대승은 이황에게 편지를 보내면서 사단과 칠정을 구분해서는 안 되며, 이것들이 어느 하나에서 따로따로 나오는 것이 아닌 이와 기의 결합으로 이루어진다는 이기겸발설(理氣兼發說)을 주장했다.

이기일원론 理氣一元論

원리와 법칙인 이(理)와 물질과 현상인 기(氣)는 분리되지 않고 하나로 연결된다는 성리학 이론이다. 이와 기가 다르지만 서로 밀접하게 연관되어 있으며 상호 의존한다고 생각했다.

이기이원론 理氣二元論

중국 송나라 주희가 만물의 존재와 현상을 이(理)와 기(氣)로 설명한 성리학 이론으로 조선시대 이황을 중심으로 강조되고 보급되었다. 이(理)는 존재의 본질로 시간과 공간을 초월하는 존재로 원리·법칙이고, 기(氣)는 현실을 구성하는 구체적이고 물질적인 요소 및 현상으로 설명한다.

이기호발 理氣互發

이황은 사람의 마음을 구성하는 인의예지(仁義禮智)라는 사단을 이(理)로 파악하는 동시에 절대적인 선으로 이해했다. 반면 기쁨과 슬픔 등 인간의 감정을 표현하는 칠정은 기(氣)로 파악하면서 선악이 공존한다고 보았다. 이황의 이기호발은 기보다 이가 우위에 있음을 주장하는 것으로 조선의 성리학에 큰 영향을 주었다.

이덕무(1741~1793)

서얼 출신의 실학자로 규장각의 4검서관 중 한 명이다.『국조보감』『대전통편』등 많은 서적의 편찬 사업에 참여했으며, 왕명에 따라 박제가·백동수와 함께『무예도보통지』를 편찬했다. 신분의 한계로 높은 관직에 오르지는 못했지만,『청장관고』『사소절』등 10여 종의 저서를 남겼다.

이덕형(1561~1613)

| 이덕형 |
ⓒ 한국민족문화대백과사전

조선시대 가장 젊은 나이로 대제학에 오를 정도로 뛰어난 능력과 이항복과의 우정으로 널리 알려진 이덕형은 임진왜란이 발발하자 대동강에서 홀로 일본군과 화의를 교섭했다. 또한 명나라에 가서 원병을 요청하고, 병조·이조판서 및 훈련도감당상으로 활동하며 전쟁 승리에 기여한 공로를 인정받아 좌의정에 올랐다. 전쟁이 끝난 이후에는 경상·전라·충청·강원도의 4도도체찰사와 영의정으로 민심 수습에 나섰다. 명나라에게서 광해군을 조선 국왕으로 인정받기 위해 북경에 다녀왔지만, 영창대군 처형과 인목대비 폐모에 반대하다가 관직을 삭탈당했다.

이륜행실도 二倫行實圖

1518년(중종 13) 백성의 교화를 위해 붕우유신과 장유유
서의 이륜을 가르치는 책을 간행하자는 김안국의 제안을
받아들인 중종의 명령으로 조신이 편찬한 윤리서다. 모범
이 되는 중국인 48명을 그림과 해설을 통해 설명하는 방
식으로 구성되어 있다.

이몽학의 난

임진왜란 중인 1596년(선조 29) 이몽학은 의병장 김덕령
과 도원수 등 관군이 자신을 돕기로 했다는 거짓말로 사
람들을 끌어들여 홍산현을 비롯한 여섯 개 고을을 점령했
다. 그러나 홍주를 점령하지 못하는 상황에서 일어난 내
분으로 이몽학이 죽으면서 반란은 진압되었다. 선조는 반
란이 시작되었던 도천사를 불태우고, 홍산현을 강등시켜
부여에 귀속시켰다. 의병장 김덕령은 이름이 거론되었다
는 죄로 처형되고, 이덕형은 거적 위에서 40일 동안 용서
를 빌어 살아남았다.

이방간(1364~1421)

태조 이성계의 넷째 아들로 조선 건국 후 회안군에 봉해졌다. 국왕이 되고자 하는 마음이 커서 박포의 거짓말을 믿고, 1400년(정종 2) 제2차 왕자의 난을 일으켰다. 이방원과의 전투에서 패배한 뒤, 유배지에서 사망했다.

이방석(1382~1398)

신덕왕후 강씨의 소생으로 태조의 여덟 번째 아들이다. 조선이 건국된 1392년(태조 1) 정도전과 조준 등 공신의 추대로 열한 살에 세자로 책봉되었다. 이에 불만을 품은 이방원과 이방간 등 신의왕후가 낳은 아들들이 제1차 왕자의 난을 일으켜 폐세자시켰다. 유배지로 가던 중 이방원이 보낸 사람들에게 목숨을 잃었다.

이산해(1539~1609)

『토정비결』을 쓴 이지함의 제자인 이산해는 1590년(선조 23) 영의정으로 종계변무를 바로잡은 공로를 인정받아 광국공신에 책록되었다. 정철·유성룡과 함께 광해군을 세자로 책봉하자고 선조에게 제의하자는 약속을 어기고, 정철이 인빈 김씨와 신성군을 해치려 한다고 모함해 서인을 압박했다. 이 과정에서 서인에 대한 처리를 두고 동인이 북인과 남인으로 갈라지자, 강경파인 북인에 속했다. 임진왜

| 이산해 |
ⓒ 국립중앙박물관

란이 발발하자 방비하지 못한 죄로 탄핵받아 강원도로 귀양 갔다가 다시 관직에 돌아왔다. 이후 대북의 영수로 영창대군을 지지하던 소북에 맞서 광해군을 지지해 국왕으로 즉위할 수 있게 도왔다.

조선사 개념어 사전

이색(1328~1396)

| 이색 |
ⓒ 국립중앙박물관

고려 공민왕을 도와 전제 개혁과 교육 진흥을 주도했고, 우왕을 가르쳤다. 위화도회군으로 우왕이 강화로 유배 가자, 조민수와 함께 창왕을 즉위시켜 이성계를 견제하려다 유배형을 받았다. 조선을 건국한 태조 이성계가 한산백으로 책봉하며 등용하려고 했으나 거절했다.

이수광(1563~1628)

임진왜란 때 선조를 모신 공을 인정받아 관직에 나간 이후 주청사로 북경에 세 차례 다녀왔다. 이 과정에서『천주실의』『교우론』등을 가져와 천주교와 서양 문물을 소개했다. 성균관대사성으로 임진왜란으로 불탄 성균관을 재건하며 관직이 높아졌으나, 계축옥사로 관직에서 물러났다. 정묘호란 때 인조를 강화도로 호종한 공로를 인정받아 대사간, 이조판서, 공조참판을 역임했다. 이수광은 『지봉유설』을 통해 실용적인 학문 연구를 주장하며 조선 후기 실학이 발전하는 토대를 마련했다.

이순신(1545~1598)

| 충청남도 아산에 있는 이순신의 사당인 현충사 |

ⓒ 유정호

30세가 넘어 무과에 급제한 뒤 함경도 등 변방에서 근무하던 중 여진족에 패배한 일로 장형을 받고 백의종군했다. 이산해와 유성룡의 추천으로 초고속 승진해 1591년

(선조 24) 전라좌도수군절도사가 되어 전쟁을 대비했다. 임진왜란이 발발하자 한산도대첩으로 제해권을 장악해 일본군의 북진을 저지한 공로를 인정받아 삼도수군통제사가 되었다. 일본과 명나라의 휴전 협상이 결렬되자 조선을 재침략하려는 일본의 거짓 정보로 백의종군했다. 정유재란에서 삼도수군통제사가 된 원균이 칠천량해전에서 조선 군함 대부분을 잃자, 삼도수군통제사로 복귀해 13척의 배로 130여 척의 일본 전함을 상대로 승리하는 명량대첩으로 일본의 재침략을 막아냈다. 1598년 도요토미 히데요시가 죽자, 전쟁을 끝내고 철수하려는 일본군을 상대로 명나라 제독 진린과 함께 노량에서 크게 승리했다. 그러나 이 과정에서 적의 유탄에 맞아 죽었다.

이순지(?~1465)

세종의 명령을 받아 정인지, 정초 등과 함께 한양을 기준으로 시간을 계산하는 『칠정산 내외편』을 저술했다. 이후에도 장영실과 함께 앙부일구·간의 등 천문 기구를 만들고, 김담과 역법을 계산했다. 저서로는 천문과 관련된 문헌과 이론을 담은 『제가역상집』과 천문 분야 관리를 선발하는 교재로 쓰인 『교식추보법』 등이 있다.

이승훈(1756~1801)

1784년(정조 8) 동지사 서장관이던 아버지를 따라간 청나라에서 예수회 루이 드그라몽 신부에게 우리나라 최초로 세례를 받았다. 명례방(한양 명동)에 살던 김범우의 집을 교회로 삼아 전도하다가 붙잡히면서 천주교를 믿지 않겠다고 말했지만, 얼마 뒤 주교가 되어 성사를 집행했다. 1791년 평택현감이 되었을 때 천주교 서적을 발간했다는 이유로 탄핵받아 관직을 삭탈당하고 투옥되었다. 밀입국한 중국인 신부 주문모를 맞아들인 죄로 예산으로 유배당하지만, 정조의 도움으로 믿음을 이어갈 수 있었다. 정조 사후 일어난 신유박해로 서소문 밖에서 처형되었다.

이시애의 난

조선 초 북방 개척을 위해 토착민을 중용하는 정책으로 경흥진병마절제사와 판회령부사에 오른 이시애(?~1467)는 이징옥의 난 이후 서북 지역에 행해진 차별과 억압에 불만을 품었다. 1437년(세조 13) 남도의 군대가 함경도 군민을 모두 죽인다는 거짓말로 군사를 모은 이시애는 반란을 일으켰다. 절도사 강효문과 길주목사 설징신 등 중앙에서 파견된 수령을 죽이고, 강효문이 한명회·신숙주와 결탁해 반란을 도모한다는 거짓 보고로 조선 정부를 혼란에 빠뜨린 뒤 남쪽으로 진군했다. 병마도총사 이준이 이끄는 3만의 중앙군에게 북청 전투 등 여러 전투에서 패배하던 중 이시애가 부하의 배신으로 중앙군에 넘겨져 참수당하면서 반란이 진압되었다.

이언적(1491~1553)

사간원사간으로 김안로의 재등용을 반대하다가 관직에서 쫓겨났지만, 김안로의 죽음 이후 이조·형조·예조판서에 올랐다. 을사사화 당시 의금부판사로 참여하는 것에 죄책감을 느끼고 물러났다가, 양재역 벽서사건으로 강계로 유배 가서 죽었다. 기보다 이를 중시하는 이언적의 주리적 성리설은 이황에게 영향을 미쳤으며, 중종에게 국왕이 가져야 할 자세를 제시한 '일강십목소'는 후대에 많은 영향을 주었다. 이외에도 제례에 관한 『봉선잡의』와 인(仁)을 설명한 『구인록』 등 많은 저서를 남겼다.

이여송(1549~1598)

조상이 조선 출신인 명나라 장수로 임진왜란 당시 4만 3천여 명의 명군을 이끌고 평양성을 함락했다. 그러나 일본군을 추격하다가 벽제관 전투에서 크게 패하자, 일본과 휴전하는 데 주력했다. 명나라에 돌아간 이후 요동총병으로 타타르를 정벌하다가 전사했다.

이완(1602~1674)

병자호란이 일어나자 수안군수로 황해도 동선령에서 청
군을 공격해 승리를 거뒀다. 효종 때 어영대장이 되어 강
화도의 방비를 튼튼히 하는 등 북벌을 준비했다. 효종과
현종의 신임을 받아 공신이나 국왕의 외척이 훈련도감 대
장에 임명되던 관례를 깨고 16년간 재직하며 한성부판윤,
공조판서 등을 역임했다.

이이(1536~1584)

| 강원도 강릉 오죽헌의
이이 동상 |

ⓒ 김순식

신사임당의 아들로 열세 살에 진사
과에 장원한 것을 시작으로 29세까
지 아홉 번 장원급제 했다. 관직에 진
출해 사회 개혁안이 담긴『동호문답』
'만언봉사'와 국왕의 가져야 할 덕목
을 담은『성학집요』를 선조에게 제출
했다. 아동 교육을 위한『격몽요결』
과 기자에 관한 기록인『기자실기』

등을 저술하고, 향약·사창·대공수미법 실시를 주장하며 향촌 사회 안정을 위해 노력했다. 일본의 침략을 대비해 십만양병설을 주장하는 등 현실적인 개혁안을 내놓았지만, 당쟁을 조장한다는 동인의 탄핵을 받아 관직에서 물러났다가 복관하기를 반복했다. 이이의 사상을 이어받은 제자들은 주기론을 발전시키며 기호학파를 형성했다.

이이첨(1560~1623)

연산군 때 무오사화를 일으킨 이극돈의 후손으로 임진왜란 때 광릉의 세조 위패를 지키는 공을 세웠다. 세자 시절의 광해군을 가르쳤으며, 선조에게 영창대군이 아닌 광해군에게 왕위를 넘겨주어야 한다고 주장해 유배형을 받았다. 광해군 즉위 후 임해군과 진릉군을 역모죄로 사사하는 데 일조했다. 계축옥사를 일으켜 인목대비의 아버지 김제남을 역모죄로 사사하고, 인목대비를 유폐시켰다. 인조반정이 일어나자 이천으로 도망치다가 붙잡혀 참형당했다.

이익(1681~1763)

| 경기도 안산에 있는 이익의 무덤 |

© 유정호

경신환국 때 아버지와 이복형이 죽는 모습을 보고 과거 시험에 응시하지 않고 평생 학문 연구에만 몰두한 남인 실학자다.『곽우록』『성호사설』등 많은 저서를 통해 토지를 균등 배분하자는 한전론 외에도 사창제 실시, 노비제 폐지, 공거제 실시 등을 주장했다. 중국 중심 세계관에서 벗어나 우리나라 고유성과 정통성을 강조했던 이익의 사상은 안정복과 이중환 등 많은 실학자에게 계승되었다. 조정이 내린 관직을 거부해 곤궁한 생활을 하던 중 생계를 책임지던 아들마저 죽으면서 노년에 경제적 어려움을 겪다 83세에 죽었다.

이인좌의 난

1728년 경종 비의 오라버니 박필현과 남인 이인좌가 영조를 쫓아내고 소현세자의 증손인 밀풍군 이탄을 왕으로 추대하고자 일으킨 난으로 무신란이라고도 한다. 준비가 부족한 상황에서 난을 일으켜 이인좌를 제외한 다른 지역의 반란군은 관군에게 토벌되었다. 청주성을 함락했던 이인좌는 전세를 뒤집지 못하고 도망치다가 죽산에서 체포되어 능지처참당했다. 이인좌가 역모를 일으키는 과정에서 돈으로 반란군을 모집하는 방식은 후대 역모를 준비하는 사람들이 활용했다.

이제마(1837~1900)

1894년 진해현감으로 재직하면서 자신이 고안한 사상의학을 담은 『동의수세보원』 두 권을 집필했다. 1896년 함흥에서 발생한 반란을 진압하고, 『동의수세보원』을 수정·보충하는 작

| 이제마 |

업을 하다가 죽었다.

이조 吏曹

문관의 선임과 공훈 그리고 관리 성적 등을 담당하던 6조의 하나로 천관이라고도 불렀다.

이조전랑 吏曹銓郎

이조에 배속된 정5품 정랑 세 명과 정6품 좌랑 세 명을 전랑이라고 불렀다. 이들은 홍문관, 사헌부, 사간원에 배속될 관원을 국왕에게 추천할 뿐 아니라 다른 관청의 당하관 인사를 추천할 권리를 가지고 있었다. 이들은 임기가 끝나면 후임자를 추천할 수 있는 자대권이라는 권한도 가지고 있었다. 붕당이 조정의 여론 형성에 막강한 영향력을 행사하는 이조전랑을 확보하려고 다투는 과정에서 여러 문제가 발생하자, 영조는 삼사 관리 임명권을 약화시키고 정원을 두 명으로 줄였다.

이종무(1360~1425)

조선 건국 이후 무관으로 왜구를 격퇴하고, 제2차 왕자의
난에서 공을 세워 좌명공신 4등에 봉해졌다. 이후로도 명
나라에 다녀오는 등 여러 공로를 인정받아 삼군도체찰사
가 되었다. 1419년(세종 1) 227척의 군함으로 대마도를 정
벌해 의정부찬성사가 되었으나 김훈과 노이 등 불충한 자
를 정벌군에 편입시켰다는 이유로 대간의 탄핵을 받았다.
이듬해 관직에 돌아와 명나라에 사은사로 다녀왔다.

이종휘(1731~1797)

영·정조 시기 금부도사 및 공주판관을 역임한 관료이자
양명학자다. 부여와 발해를 우리 옛 국가로 인식하고, 고
구려를 중심으로 하는 『동사』를 집필했다. 또한 조선의 문
제점을 비판하며, 부국강병을 위한 여러 개혁을 제안했다.

이중환(1690~1756)

이익의 재종손이자 제자로 영조 때 목호룡의 고변이 소론의 음모로 밝혀지는 과정에서 유배형을 받았다. 유배에서 풀려난 이후 전국의 교통, 지리, 문화, 인물 등을 기록한 인문 지리서 『택리지』를 집필했다.

이징옥의 난

이징옥(?~1453)은 김종서를 도와 6진을 개척하는 데 공을 세워 함길도도절제사가 되었다. 계유정난을 일으킨 수양대군이 김종서와 가까운 자신을 제거하려는 것을 눈치채고는 후임으로 오는 박호문을 죽이고 여진족을 끌어들여 반란을 일으켰다. 자신을 대금황제로 칭했으나, 부하 정종과 이행검의 배반으로 죽으면서 난이 진압되었다.

이천(1376~1451)

무과에 급제하며 여러 직책을 수행하다가 1419년(세종 1) 우군부절제사로 대마도 정벌에 참여했다. 이듬해 충청도 병마도절제사로 부임한 뒤, 세종의 지시로 구리 활자인 경자자(庚子字)를 만들었다. 이후에도 표준 저울과 사륜차를 개발하고, 군함 등 여러 무기를 개량 및 개발했다. 호조판서로 재직 중에 간의·혼의·앙부일구 등 천문기구 제작을 총괄했으며, 평안도도절제사로 여진족을 토벌해 4군 설치에 공을 세웠다. 이외에도 산릉수리도감제조로 건원릉 수리를 담당하며 국방 강화 외에도 과학기술 발전에 크게 기여했다.

이현 梨峴

서울특별시 종로4가 부근에 있던 시장으로 종루, 칠패와 더불어 3대 시장으로 불렸다. 육의전과는 다른 상인들이 운영했는데 주로 해산물을 취급했다.

조선사 개념어 사전

이황(1501~1570)

| 이황 |

34세에 급제하며 관직에 나갔으나, 을사사화 때 벼슬과 품계를 박탈당했다. 명종의 부름으로 풍기군수가 되자 백운동서원을 조정에게서 편액과 물질적 지원을 받는 사액서원으로 만들었다. 친형 이해가 유배지로 가는 길에 죽은 이후 140여 번 받은 벼슬 중 70여 번을 사임했다. 고향에서 예안향약을 만들고 도산서원을 세워 후진을 양성하면서 『명종실록』 편찬에 참여했다. 또한 선조에게 '무진봉사'와 '성학십도'를 바쳤다. 선조는 이황이 죽자 영의정으로 추증했으며, 광해군은 문묘에 배향했다. 동방의 주자로 불리던 이황은 이기호발설을 주장했으며, 제자로 유성룡·김성일·이산해 등이 있다.

익종(1809~1830)

효명세자로 더 잘 알려진 익종은 순조의 원자로 네 살에
세자에 책봉되었다. 열아홉 살의 나이로 대리청정하면서
외척 안동 김씨를 견제하고자 새로운 인물을 등용하고,
과거제를 공정하게 운영하고자 했다. 형옥을 줄이고 격쟁
을 활성화해 백성의 소리에 귀를 기울였으며, 순조의 존
호를 올리는 등 왕실의 권위를 높이고자 노력했다. 대리
청정 4년 만에 갑작스럽게 죽었으나, 악장과 가사 그리고
궁중 무용인 정재무를 창작하고 『경헌집』 등 여러 문집을
남겼다.

인경궁 仁慶宮

광해군이 풍수지리가의 말을 듣고 경기도 파주시 교하로
천도하려다 신하들의 반대에 막히자, 승려 성지의 말을
좇아 인왕산 아래 인경궁을 짓게 했다. 그러나 왕의 기운
이 나온다는 새문동의 기운을 막기 위해 경덕궁(경희궁)을
지으면서 인경궁 건설이 지지부진하다가 인조반정으로

중단되었다.

인내천 人乃天

동학 3대 교주 손병희가 주장한 교리로 '사람이 곧 하늘이다'라는 뜻을 가진 인간 평등사상이다.

인목대비(1584~1632)

열아홉 살의 나이로 선조의 계비가 되어 영창대군을 낳았다. 광해군이 즉위하면서 영창대군을 지지하던 소북 유영경 일파가 몰락하자, 정인홍을 중심으로 한 대북이 1618년 경운궁(덕수궁)에 유폐했다. 아들 영창대군과 아버지 김제남을 잃고 힘든 세월을 보내던 중 광해군을 내쫓은 반정군이 몰려오자, 능양군(인조)을 다음 국왕으로 인정했다.

인물성동론 人物性同論

이간을 중심으로 한양 부근의 낙하 지방에 살던 노론 세력(낙론)은 인성과 물성이 본질적으로 같다고 보며, 조선과 청나라를 대등한 국가로 인식해 존화양이론을 극복해야 한다고 주장했다. 이들의 사상은 풍요로운 경제를 지향하는 이용후생으로 이어졌다.

인물성이론 人物性異論

한원진을 중심으로 충청도의 노론 세력(호론)은 인간과 물성이 서로 다르다고 보며, 조선을 중화 질서를 이해하고 실천하는 국가로 인식했다. 이들은 존화양이론을 강조하며 북벌론, 신분제, 지주제를 옹호했다. 이들의 사상은 구한말 위정척사와 의병 활동에 영향을 주었다.

인수대비(1437~1504)

세조의 장남인 덕종의 세자빈으로 책봉되었으나, 남편이 즉위하기 전 사망하면서 왕후가 되지 못했다. 그러나 둘째 아들이 국왕(성종)으로 즉위하면서 대비가 되었다. 성종의 아내 윤씨를 폐비시켜 사사하는 데 관여한 일로 연산군에게 가슴을 얻어맞고 죽었다. 부녀자의 예의범절을 가르치는 『내훈』을 남긴 인수대비는 소혜왕후, 희간왕비, 의경왕비, 인수왕대비 등으로 불린다.

인왕제색도

영조 때 화가였던 겸재 정선이 1751년 한양 인왕산을 그린 진경산수화로 현재 국립중앙박물관에서 소장하고 있다. '인왕'은 서울 삼청동 뒤편 인왕산을 뜻하며, '제색'은 비가 그친 풍광을 의미하는 것으로 〈인왕제색도〉는 소나기가 그친 인왕산 봉우리를 그린 그림이다. 정선은 〈인왕제색도〉에 병으로 아픈 친구 이병연을 그려 넣어, 비가 그친 인왕산처럼 친구가 쾌차하기를 바라는 마음을 담았다.

| <인왕제색도> |

ⓒ 유정호

인정

1. 인정(人定) : 치안 유지를 위해 매일 밤 10시경 종을 스물
   여덟 번 쳐서 통행금지를 알리는 제도.
2. 인정(人政) : 조선 후기 실학자 최한기가 1860년 저술한
   인사 행정에 관한 25권 9책의 이론서.
3. 인정(人丁) : 16~59세 사이의 국역을 담당하던 남자.

인조(1595~1649, 재위 1623~1649)

인조반정으로 국왕으로 즉위했으나, 논공행상에 불만을 품은 이괄의 난으로 공주로 피난을 떠났다. 친명배금 정책으로 1627년 후금이 침략하는 정묘호란이 발발하자 강화도로 천도한 뒤, 형제의 의를 맺는 정묘약조를 체결했다. 1636년 청 태종이 직접 공격하는 병자호란이 일어나자 남한산성에서 40일간 항전하다가 삼전도에서 군신의 예를 맺으며 항복했다. 청에 인질로 끌려갔다 8년 만에 돌아온 소현세자가 귀국한 지 두 달 만에 죽자, 세자빈 강씨를 수라상에 독을 넣었다는 죄명으로 죽였다. 재위 시절 강화도에 대동법을 시행하고, 국경 지대인 중강과 회령 등지에서 민간무역을 허락했다. 또한 국방력 강화를 위해 총융청과 수어청을 신설하고, 여러 곳에 진을 설치했다.

인조반정 仁祖反正

동생 능창군이 광해군에게 죽은 것을 두고 앙심을 품은 능양군(인조)이 사람들을 모아 반정을 준비했다. 광해군의 중립외교 등 정국 운영에 불만을 품은 관료들이 폐모살제를 명분으로 반정에 참여했다. 이귀가 평산부사로 임명되는 것을 기점으로 거사를 일으키려다 발각되었으나, 김자점이 후궁에 청탁을 넣어 사건을 무마했다. 이이반이 반란을 밀고한 것을 계기로 박승종이 추국청을 열자고 했으나 광해군은 허락하지 않고, 오히려 반정군에 가담한 훈련대장 이홍립을 풀어주었다. 다급해진 능양군은 1623년 직접 1,400여 명의 군대를 끌고 한양으로 진격해 창덕궁을 점령했다. 광해군은 의관 안국신의 집으로 피신했으나 곧 붙잡혀 강화도에 유배 보내졌다. 능양군은 유폐된 인목대비에게 새로운 국왕으로 인정받으며 정변에 성공하고야 만다.

인종(1515~1545, 재위 1544~1545)

중종과 장경왕후 사이에서 태어난 인종은 30세의 나이로 국왕에 즉위했다. 인재 확보를 위해 현량과를 부활하고, 기묘사화에서 희생된 조광조를 비롯한 사림파 출신의 복직을 허락했다. 하지만 중종의 죽음을 슬퍼하며 식사를 제대로 하지 못해 쇠약해지다가 죽으면서, 조선 국왕 중에서 가장 짧은 9개월간 재위했다. 야사에서는 문정왕후에게 독살당했다고 전한다.

인지의 印地儀

'규형' 항목 참조.

인징 隣徵

조선 후기 조세를 납부하지 못하고 죽거나 도망치면, 이웃이 대신 조세를 납부하는 것을 일컫는 말이다. 인징으로 많은 백성이 이중삼중으로 어려움을 겪으면서 향촌 사회가 붕괴하거나 민란으로 이어지기도 했다.

인현왕후(1667~1701)

숙종의 비 인경왕후가 천연두로 죽자, 열다섯 살의 나이로 계비가 되었다. 장옥정(장희빈)이 낳은 왕자 윤(경종)을 세자로 책봉하는 과정에서 일어난 기사환국으로 폐위되어 궁에서 쫓겨났다. 갑술환국으로 서인이 재집권하는 과정에서 왕후로 복위하지만, 끝내 자식을 낳지 못하고 죽었다.

일성록 日省錄

1760년(영조 36)부터 1910년(순종 4)까지 국왕을 중심으로 국정에 관한 전반적인 사항을 일기 형식으로 기록한 정부 공식 문서다. 『일성록』은 국왕도 열람할 수 없던 『조선왕조실록』과는 달리 신하들도 국왕의 허락을 받아 언제든 필요할 때마다 열람할 수 있었다. 국정을 파악하는 자료로 활용되던 『일성록』은 『승정원일기』에도 실리지 않은 많은 내용이 수록되어 있다.

임경업(1594~1646)

| 임경업 |

© 국립중앙박물관

이괄의 난을 진압한 공로로 진무 원종공신 1등이 되었다. 정묘호란 때 전라도 낙안에서 군대를 이끌고 강화도로 향하던 중 화의가 성립되어 후금의 군대와 싸우지 못했다. 이후 가도에 주둔하던 명나라 도독 유흥치 군대의 횡포를 막고, 백마산성과 의주성을 보수해 후금의 침략에 대비했다. 병자호란 때 승리하고 돌아가는 청군을 공격해 양민을 구출했으나, 전쟁 이후 주둔지 재건을 위해 청과 교역한 일로 유배형을 받았다. 이후 청나라의 병력 동원 요청으로 명과의 전투에 참전했으나, 직접적인 교전을 피했다. 그로 인해 명과 내통했다는 죄명으로 심양으로 압송되던 중 탈출해 명나라 마등고 휘하 장수가 되었다가 청나라 감옥에 갇혔다. 좌의정 심기원의 모반사건에 연루되어 국내에 소환되어 고문받던 도중 매를 이기지 못하고 죽었다.

임꺽정(?~1562)

명종 때 백정 출신 도적으로 황해도, 경기도, 강원도, 한
양에서 부호나 대상인의 재물을 약탈했다. 명종이 임꺽정
무리를 역적으로 규정하고 소탕을 명령했지만, 오히려 상
금을 노리고 엉뚱한 사람을 임꺽정으로 체포하는 일이 빈
번해졌다. 그러던 중 임꺽정의 참모 서림의 배반으로 관
군에게 붙잡혀 처형당했다. 『조선왕조실록』은 임꺽정이
도둑이 된 것은 왕정의 잘못이지 그들의 죄가 아니라며
훈구파의 부정·비리로 나타난 현상으로 파악했다.

임노동자 賃勞動者

조선 후기 농민 중 토지를 소유하지 못해 도시로 나가 노
동력을 제공하고 그 대가로 임금을 받는 노동자를 일컫는
말이다.

조선사 개념어 사전

임사홍(1449~1506)

두 아들을 예종과 성종의 사위로 보내고, 대사간과 예조 참의 등 요직을 맡았다. 하지만 성종 때 유자광과 파당을 만들었다는 죄명으로 탄핵받고 유배 갔다가 22년 만에 풀려났다. 연산군에게 폐비 윤씨가 사사된 사실을 알려 갑자사화를 일으키고 병조판서에 올랐다. 중종반정 때 맞아 죽는 것에 그치지 않고 부관참시를 당했다.

임술농민봉기

19세기 세도정치 기간 삼정의 문란으로 삶이 어려워진 백성이 임술년(1862)에 진주민란을 시작으로 경상·충청·전라도 등 전국 70여 개 고을에서 일으킨 봉기로 임술민란(壬戌民亂)으로 불리기도 한다. 철종은 안핵사, 선무사, 암행어사를 파견하는 한편 삼정이정청을 설치해 문제를 해결하고자 했으나 큰 효과는 보지 못했다.

임신약조 壬申約條

삼포왜란 이후 삼포가 폐쇄당하자, 경제적으로 어려워진 대마도주가 1512년(중종 7) 삼포왜란 주모자를 처형하고 조선인 포로를 송환하며 통교를 요청했다. 조선 정부는 삼포 중 내이포만 개항하면서 교역 선박을 50척에서 25척, 쌀 200섬을 100섬으로 줄이는 등 아홉 개 항목의 임신약조를 체결하며 국교를 재개했다.

임오의리 壬午義理

영조는 사도세자의 죽음을 "의리는 의리고 애통은 애통이니, 사적 애통으로 공적 의리를 가릴 수 없다"라며 모든 것이 종사를 위한 결정이라고 설명했다. 이후 정조를 포함한 어느 누구도 사도세자의 죽음을 언급하지 못하도록 했다.

임원경제지 林園經濟志

19세기 초 실학자 서유구가 한국과 중국의 서적 900여 종을 참고해 농업, 천문, 의학 등 실생활에 필요한 지식을 담은 백과사전이다. 113권 52책에 2만 8천여 개의 문물 지식이 담겨 있다.

| 『임원경제지』 |
ⓒ 한국민족문화대백과사전

임진왜란 壬辰倭亂

일본 전국시대를 통일한 도요토미 히데요시가 명나라 정벌을 내세우며 1592~1598년 동안 조선을 침략했던 전쟁이다. 일본군은 두 달 만에 평양성을 함락하며 승세를 올렸으나, 이순신이 이끄는 수군과 각지에서 일어난 의병의 활약으로 더는 북진하지 못했다. 자국 영토에서 전쟁하기를 원하지 않던 명나라는 조선에 군대를 파견해 평양성을 탈환하는 데 도움을 주었다. 조선을 배제하고 명나라와 휴전 협상을 벌이던 일본은 뜻대로 교섭이 이루어지지 않자, 조선을 재침략하는 정유재란을 일으켰다. 그러나 명량대첩과 직산 전투의 패배로 북상하지 못했다. 도요토미 히데요시가 죽으면서 철수하는 일본군을 이순신이 노량해전으로 크게 물리치면서 전쟁이 끝났다. 임진왜란 중 대표적인 전투로 이순신의 한산도·명량대첩과 노량해전, 권율의 행주대첩, 김시민의 진주대첩 등이 있다.

임하경륜 林下經綸

18세기 실학자 홍대용의 『담헌서』에 실려 있는 글로 여러 가지 개혁안이 담겨 있다. 전국을 경도(京都)와 9도로 나누고, 각 10만의 병력을 보유해 총 100만 명의 군인을 갖추자고 주장했다. 또한 과거제 폐지와 신분에 상관없이 능력에 맞게 임용하자는 개혁안이 담겨 있다.

임해군(1572~1609)

선조의 첫 번째 아들로 성질이 난폭해 세자로 책봉되지 못했다. 임진왜란이 발발하자 함경도로 피란했다가, 회령에서 가토 기요마사의 포로가 되었다. 명나라가 광해군의 즉위를 인정하지 않으며 요동도사 엄일괴를 보내 진상을 조사하려 하자, 진도로 유배 보내져 사사되었다.

입시사초

'사초' 항목 참조.

자격루 自擊漏

1434년 세종의 명령으로 이천, 장영실 등이 자동으로 시간을 알려주는 물시계를 제작했다. 시·경·점을 담당하는 세 개의 시보 인형 가운데 하나가 종·북·징을 치면, 시보

| 국립고궁박물관에서 복원한 자격루 |

ⓒ 국립고궁박물관

조선사 개념어 사전

장치 안에 있던 12지신 가운데 시(時)에 해당하는 동물이 팻말을 들고나와 시각을 알려주었다. 밤에는 나머지 인형 두 개가 북과 징을 울려 시각을 알려주었다.

자의대비(1624~1688)

1638년 인조의 계비로 책봉되어 장렬왕후로도 불린다. 효종이 죽자 자의대비가 상복을 몇 년간 입어야 하는지에 관한 복상 문제로 서인과 남인이 충돌하는 기해예송(1659)이 일어났다. 또한 효종의 비인 인선대비가 죽자 다시 복상 문제가 대두하며 서인과 남인이 충돌하는 갑인예송(1674)이 일어났다. 자녀를 낳지 못하고 창경궁에서 죽었다.

작서의 변 灼鼠—變

1527년(중종 22) 동궁에 사지와 꼬리가 잘리고, 눈, 귀, 입이 불로 지져진 쥐 한 마리와 나무패가 은행나무에 걸리는 일이 발생했다. 범인이 잡히지 않는 상황에서 김안로가 복성군을 세자로 책봉하려는 경빈 박씨의 소행이라고 주장했다. 그로 인해 경빈 박씨와 아들 복성군이 서인(庶人)으로 쫓겨난 뒤 사사되었다. 그러나 훗날 김안로가 권세를 회복하고자 아들을 시켜 벌인 짓이라는 게 밝혀지면서 경빈 박씨와 복성군은 신원되었다. 이 사건을 복성군의 옥사라고도 부른다.

잔반 殘班

정치·경제적으로 몰락한 양반을 일컫는 말로 농업이나 상업에 종사하며 상민처럼 살아갔다. 조선 후기 사회경제적인 소외로 반란 세력에 참여하는 등 사회 비판 세력이 되기도 했다.

잠채 潛採

조선 후기 광물의 수요가 늘어나면서 국가가 관리하는 광산에서만 채굴해야 하는 것에 불만을 품은 민간업자가 몰래 광물을 채굴하는 것을 일컫는 말이다.

잡과 雜科

기술관을 선발하는 과거 시험으로 통역관을 선발하는 역
과, 의사를 선발하는 의과, 천문·지리·명과학에서 일할
관리를 선발하는 음양과, 법률 전문가를 뽑는 율과가 있
었다. 잡과는 원칙적으로는 3년마다 역과 19명, 의과 9명,
음양과 9명, 율과 9명을 선발해야 했으나, 해당 관청의 제
조와 예조당상이 필요에 따라 초시와 복시만으로 선발하
기도 했다. 합격자에게는 합격 증서로 예조인(禮曹印)이
찍힌 백패가 주어졌다.

ㅈ

잡색군 雜色軍

1410년(태종 10) 조직된 잡색군은 주력군을 제외한 나머
지 병종의 군사를 일컫는 말이었으나, 시간이 흐르면서
정규군 외에 동원할 수 있는 예비 병력을 의미하게 된다.

세종 때 잡색군 편성 방식과 징병 대상에 대한 법규가 완성되지만, 동원과 훈련이 비정기적으로 이루어지며 제대로 활용되지 못하는 경우가 많았다.

장금사 掌禁司

태종 때 설치된 형조에 소속된 관청으로 형벌과 옥사에 관한 일, 금령을 내리는 일을 담당했다.

장길산(?~?)

조선 3대 도적 중 한 명으로 꼽히는 장길산은 숙종 때 구월산을 중심으로 전국을 돌아다니며 도적질했다. 조선 조정은 장길산을 체포하기 위해 여러 차례 관군을 보냈으나 실패했다. 함경도 서수로 거처를 옮겨 인삼 밀거래로 많은 돈을 번 장길산이 역모를 준비한다는 소문이 퍼졌지만 끝내 붙잡히지 않았다.

장녹수(?~1506)

예종의 둘째 아들 제안대군의 여종으로 아들까지 낳았던 장녹수는 기생으로 활동하던 중 연산군의 부름을 받고 입궁했다. 뛰어난 외모와 재주로 연산군의 마음을 얻으며 종3품 숙용에 오르자, 많은 사람이 출세를 위해 그녀에게 뇌물을 바쳤다. 치마를 밟았다는 이유로 기녀를 죽이는 등 장녹수가 연이어 횡포를 부리자, 인수대비가 연산군에게 장녹수를 가까이 두지 말라고 했으나 소용이 없었다. 중종반정 때 군기시 앞에서 목이 베어지고, 시신은 거리에 버려졌다.

ㅈ

장렬왕후

'자의대비' 항목 참조.

장례사 掌隷司

태종 때 설치된 형조에 소속된 관청으로 노비의 호적과 포로에 관한 일을 담당했다.

장례원 掌隷院

노비와 관련된 문서와 소송을 담당하던 관청으로 한성부 및 형조의 업무와 중첩되면서 1764년(영조 40) 형조에 병합되었다.

장만(1566~1629)

함경도관찰사로 재직하던 중 누르하치의 침입에 대비해야 한다고 선조에게 상소하고, 광해군이 즉위하자 여진족과 관련된 지도를 그려 바쳤다. 그러나 이후 광해군의 정국 운영에 불만을 품고 낙향했다가, 인조반정 이후 8도도원수로 후금의 침입에 대비하는 동시에 이괄의 난을 진압했다. 정묘호란 때 후금의 군대를 막아내지 못한 죄로 관작을 삭탈당하고 부여로 유배되었다가 복관되었다.

장시 場市

| 1910년까지 이어진 장시 |

© 서울역사박물관

15세기 중엽 전라도에서 장시가 처음 등장한 이후 대동법과 금난전권 폐지로 상품화폐경제가 발달하면서 17세기 이후 빠르게 확산했다. 장시의 확대로 보부상이 증가하고 객주와 여각이 발달하는 등 자본주의의 초창기 모습이 등장했다. 또한 장시는 서민들이 광대와 사당패 등 놀이 문화를 접할 수 있는 문화 공간의 역할도 담당했다. 19세기에는 새로운 사회를 열고자 하는 사람들이 봉기를 일으키는 장소로, 일제강점기에는 의병과 독립운동이 펼쳐지는 공간으로 활용되었다.

장영실(1390년경~?)

아버지는 원나라 출신이고 어머니는 기생 출신으로 종모법에 따라 부산 동래 관노로 생활하던 중 뛰어난 손재주로 태종의 부름을 받아 상경했다. 세종은 장영실을 명나라에 유학을 보내 과학기술을 배우게 한 뒤, 천민에서 해방시켜 주었다. 자격루를 만든 포상으로 정4품 호군의 관직을 받은 이후 혼천의, 옥루 등을 제작하며 종3품 대호군으로 승진했다. 하지만 세종이 이천으로 가던 중 안여(가마)가 부서진 일로 곤장 80대를 맞고 유배 보내졌다. 이후 장영실의 생사에 관한 기록은 남아 있지 않다.

조선사 개념어 사전

장용영 壯勇營

정조를 죽이려고 궁궐에 자객이 침입한 사건 이후 국왕 호위를 담당할 숙위소가 설치되었다. 숙위소는 무예출신청, 장용청으로 여러 차례 조직이 개편되다가 1793년 장용영이 되었다. 30명에서 출발한 장용영은 도성의 내영과 수원 화성의 외영, 5사 23초의 1만 8천 명으로 규모가 확대되었다. 국왕이 군권을 장악할 수 있게 만들어주었던 장용영은 정조가 죽은 2년 뒤인 1802년(순조 2) 정순왕후의 주도로 해체되었다.

장조

'사도세자' 항목 참조.

장희빈(1659~1701)

옥정이란 이름으로 역관 집에서 태어나 궁궐에서 생활하던 중 숙종의 승은을 입었으나, 숙종 어머니인 명성왕후의 미움을 받아 궁에서 쫓겨났다. 명성왕후가 죽고 다시 궁에 들어와 낳은 왕자(경종)를 원자로 책봉하는 과정에서 송시열을 비롯한 서인들이 죽거나 조정에서 내쫓기는 기사환국이 일어났다. 1690년 경종이 세자로 책봉되면서 왕비에 오르자, 장희빈의 아버지부터 증조부까지 정승으로 추증되었다. 남인이 축출되는 갑술환국 때 희빈으로 강등되자, 숙종의 마음을 되돌리려고 인현왕후와 숙빈 최씨를 죽이는 기도와 주술을 펼치다가 사사되었다.

저화 楮貨

태종 때 미곡을 확보하기 위한 목적으로 발행한 저화(지폐) 1장은 쌀 2말의 가치를 지녔다. 저화 확대를 위해 녹봉과 속죄금을 저화로 납부하게 했음에도 불구하고, 사람들이 사용하지 않아서 세종 때는 저화 1장이 쌀 1되에도 미

치지 못했다. 결국 16세기에 이르면 저화가 거의 유통되
지 않는다.

전객사 典客司

예조 소속의 관청으로 중국·일본의 사신과 여진족 추장
을 영접하고, 외국에서 조공하러 오는 사람들에게 연회를
베풀고 선물을 주는 일 등을 담당했다.

전계대원군(1785~1841)

ㅈ

사도세자의 서자인 은언군의 아들이자 철종의 아버지다.
홍국영이 은언군의 아들 상계군을 세자로 삼으려다 쫓겨
나면서 아버지 은언군과 함께 강화도에서 가난하게 살았
다. 1849년 아들 원범이 철종으로 즉위하면서 대원군으로
추봉되었다.

전분6등법 田分六等法

토지를 비옥도에 따라 6등급으로 나누어 조세를 차등적으로 징수한 제도다. 1444년(세종 26) 전제상정소가 토지의 등급에 따라 다른 길이의 자를 사용해 결의 실제 면적을 측량했다. 그 결과 조세의 형평성이 맞춰지고, 전국의 총 결수가 많이 증가했다. 시간이 흐르면서 국가 기강이 무너지고, 과세 기준을 제대로 이해하지 못하는 관리가 증가하면서 제 기능을 상실하다가 영정법으로 대체되었다.

전시 展試

국왕이 복시에 합격한 문과 33인, 무과 28인의 등급을 결정하는 시험으로 특별한 사유가 없는 한 떨어지는 법이 없었다. 문과는 전시 성적에 따라 장원을 포함

| 황제 앞에서 시험을 보는 중국의 전시 |

조선사 개념어 사전

한 갑과 3인, 을과 7인, 병과 23인을 정하고, 무과는 장원을 포함한 갑과 3인, 을과 5인, 병과 20인을 정했다.

전임당상 專任堂上

'비변사' 항목 참조.

전정 田政

군현을 단위로 전세를 납부할 토지의 총 결수를 정하고, 세금을 부과하는 일련의 모든 행정과 제도.

전향사 典享司

태종 때 설치된 예조 소속의 관청으로 궁중 연회와 제사, 제물, 술과 안주, 의약 등에 관한 일을 담당했다.

전호 佃戶

조선 전기에는 모든 땅을 국가 소유로 인식하면서 전호는 일반 농민을 일컫는 전객과 같은 의미로 사용되었다. 조선 후기에는 지주의 토지를 빌려 경작하는 농민을 지칭하는 용어로 사용된다.

점촌 店村

물건을 생산하는 장인들이 모여 토기, 유기, 철기, 옹기 등을 생산하던 마을이나 광산촌을 일컫는 말이다. 장인은 잡역에 동원되지 않는다는 점을 이용해 군역을 피하려는 사람, 물건을 사려는 소상공인, 임노동자 등 다양한 계층의 사람이 모여들기도 했다.

정간보 井間譜

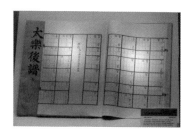

| 정간보 |

© Piotrus

세종이 소리의 길이와 높이를 정확하게 표시하기 위해 정(井)자 모양의 칸에 율명(12개의 음이름)을 적게 만든 악보로 동양에서 가장 오래된 악보다.

정감록 鄭鑑錄

ㅈ

작자 미상의 예언서로 『감결』을 비롯해 종류만 40~50여 개에 달한다. 양난 전후로 입신양명을 포기한 몰락한 양반들이 참위설, 풍수지리설, 도교 등을 이용해 조선의 멸망을 그럴듯하게 만들었다고 추측한다. 조선 후기 새로운 세상을 희망하는 백성들이 『정감록』을 이용해 여러 봉기를 일으켰는데, 대표적으로 정조 때 홍복영의 역모와 순조 때 홍경래의 난 등이 있다. 조선 정부는 반왕조적이며 현실을 부정하는 『정감록』을 금서로 지정해, 소유하는 것만으로도 처벌했다.

정난정(?~1565)

부총관을 지낸 정윤겸과 관비 출신 어머니 사이에서 태어나 기생으로 살다가 문정왕후의 동생 윤원형의 첩이 되어 궁궐에 드나들었다. 이 과정에서 대윤의 윤임이 중종의 여덟 번째 아들인 봉성군을 왕으로 세우려 한다는 거짓 정보를 전하며 을사사화를 일으키는 원인을 제공했다. 윤원형의 정실이 되어서는 문정왕후에게 승려 보우를 소개하고, 자기 자식을 위해 서얼이 벼슬에 나갈 수 있는 길을 마련했다. 문정왕후 사후 윤원형과 황해도로 유배 갔다가 스스로 목을 매어 죽었다.

정도전(1342~1398)

이색 밑에서 정몽주와 함께 학문을 익히고 고려 성균관박사로 재직하던 중 북원 사신 접대를 반대한 죄로 나주에 유배 보내졌다. 유배 생활이 끝난 이후 삼각산·부평·김포를 돌아다니며 후학 양성을 위해 노력하다가, 함주에 있던 이성계를 찾아가 조선 건국을 위한 논의를 했다. 위화도회군 이후 이성계를 도와 건국을 준비하던 중 정몽주의 주도하에 봉화로 유배 보내졌다. 조선 건국 후 한양으로 수도를 옮기는 총책임자로서 경복궁과 종묘 등의 전각에 이름을 붙였다.『조선경국전』으로 조선 통치 규범을 제시하고,『경제문감』으로 정치조직에 대한 초안을 마련했다. 이방석을 세자로 추천하고 요동 정벌과 사병 혁파를 추진하다가 1398년 제1차 왕자의 난 때 죽임을 당했다.

ㅈ

정묘약조 丁卯約條

1627년(인조 5) 정묘호란을 일으킨 후금의 군대가 강홍립을 강화도에 보내 화의를 요청했다. 조선 정부도 화의를 주장한 최명길의 주장을 받아들여 맺은 조약이다. '후금의 군대가 평산을 넘지 않고, 철병 이후 압록강을 넘어서지 않는다. 양국은 형제국으로 칭하며 조선은 명나라에 적대하지 않는다.' 등 조선에 불리하지 않은 내용으로 약조가 구성되었다.

정묘호란 丁卯胡亂

후금은 인조반정 이후 조선이 노골적으로 친명배금 정책을 내세우는 가운데 명나라 장수 모문룡이 평안도 가도에 머무는 것을 경계했다. 마침 이괄의 잔당이 후금으로 도망쳐오자, 광해군의 원수를 갚는다는 명분을 내세워 1627년(인조 5) 아민을 총대장으로 삼은 3만의 군대로 침략했다. 도원수 장만이 패배하면서 후금군이 개성까지 내려오자, 인조는 강화도로 들어가 장기전을 준비했다. 이에 후금군은 조선과 형제국이 된다는 내용의 정묘약조를 맺고 철수했다.

조선사 개념어 사전

정미사화 丁未士禍

'양재역 벽서사건' 항목 참조.

정미약조 丁未約條

1547년(명종 2) 대마도주가 사량진왜변 이후 단절된 교역을 재개하기를 요청하면서 맺은 조약이다. 세견선은 25척으로 제한하고, 약조의 내용을 위반하면 2~3년간 접대하지 않는다 등 여섯 개 조항으로 이루어져 있다. 약조 위반에 대한 벌칙도 있었지만, 왜구의 침략을 크게 줄이지는 못했다.

정미환국 丁未換局

1727년 노론이 신임사화 당시 처벌된 노론 계열 인물을 신원하고 소론을 처벌하자고 주장하자, 영조가 노론 인물들을 핵심 관직에서 물러나게 하고 소론을 중심으로 당색이 온건한 인물들을 불러들여 정국을 변화시킨 사건이다. 그로 인해 이인좌를 중심으로 역모를 준비하던 소론 계열은 준비가 부족한 상황에서 난을 일으켜 실패하고 만다.

정병 正兵

양인의 의무적인 군역을 뜻하는 명칭으로 사용되다가 점차 지방군을 통틀어 일컫는 말이 되었다.

정봉수(1572~1645)

임진왜란 때 무과에 급제하며 선전관으로 선조를 호종하고, 1605년에는 흑산도에 침입한 왜구를 토벌했다. 정묘호란이 발발하자 4천 명의 의병을 모집해 평안북도 용골산성에서 후금군을 상대로 승리하며 포로로 잡힌 수천 명의 백성을 구출했다. 이후 전라좌수사, 전라도병마절도사 등을 역임했다.

조선사 개념어 사전

정상기(1678~1752)

이익의 문인으로 토지와 산업 등 다양한 분야에서의 개혁을 주장한 경세치용학파의 실학자다. 백리척을 이용해 역대 왕조의 국경, 군현, 해로 등의 변천을 역사지리적으로 기록한 『동국지도』와 『인자비감』『심의설』등 여러 저서를 남겼다.

정선(1676~1759)

| 정선의 대표작 중 하나인
<금강전도> |

ⓒ 유정호

기사환국 이후 가세가 몰락해 그림을 팔아 생계를 유지하는 화가로 살아갔지만, 『주역』과 『중용』등 경학에 밝아 『도설경해』를 저술했다. 41세에 관직에 오른 뒤 80세에 첨지동추부사당상에 오르며 재상의 반열에 올랐다. 정선은 우리나라 산천을 화폭에 담는 진경산수화를 그려 조선 후기

ㅈ

403

미술에 많은 영향을 주었다. 대표작으로 〈인왕제색도〉 〈금강전도〉 〈독서여가도〉 등이 있다.

정순왕후(1745~1805)

노론 가문 출신으로 열다섯 살에 영조의 계비가 되어 소론에 친화적인 사도세자가 죽는 데 일조했다. 순조 때 수렴청정하면서 여주(여자 국왕)를 칭하며 신하들에게 개인별 충성서약을 받는 등 국왕처럼 행동했다. 신유박해를 통해 정조의 측근 세력을 제거하고, 정조의 업적인 장용영 등 여러 제도와 기구를 폐지했다. 그러나 1803년 수렴청정이 끝나면서 측근 세력이 숙청되었다.

정약용(1762~1836)

네 살에 이미 『천자문』을 익힐 정도로 영특해, 열 살 이전에 지은 한시를 맏형 정약현이 모아 『삼미집』을 편찬해주었다. 스물여덟 살에 관직에 올라 배다리를 만들고, 『기기

도설』을 참고해 거중기를 만들어 수원 화성을 건설하는 데 도움을 주는 등 여러 활동으로 정조를 보필했다. 1801년(순조 1) 신유박해와 황사영 백서사건에 연루되어 18년간 강진에서 유배 생활하는 동안 다산초당을 세우고 『목민심서』『흠흠신서』『경세유표』 등을 집필했다. 중농학파 입장에서 여전제 실시와 노비제 폐지를 주장하고, 중상학파 입장에서 서양 기술 도입 등을 주장하며 실학을 집대성했다는 평가를 받는다.

ㅈ

정여립(1546~1589)

스물네 살에 홍문관수찬에 오르며 이이와 성혼의 기대를 받았으나, 홀연히 관직을 버리고 전라도 진안 죽도로 내려가 대동계를 조직했다. 신분에 상관없이 능력만 있으면 회원으로 받아들인 대동계가 왜구를 물리치며 백성의 인기를 얻자, 황해도관찰사와 안악군수가 정여립이 역모를 꾀하고 있다고 고발했다. 조선 정부가 관군을 보내 체포하려 하자, 정여립은 진안 죽도로 도망쳐 자결했다.

정여창(1450~1504)

김종직의 문인으로 무오사화 때 사초에 기록된 내용을 제대로 보고하지 않았다는 이유로 종성에 유배되었다. 죽은 뒤에도 갑자사화에 연루되어 부관참시를 당했다. 성리학에 통달해『용학주소』『진수잡저』등 여러 책을 저술했으나, 무오사화 때 부인이 서책을 불태워 전하지 않는다. 중종 때 우의정에 추증되고, 광해군 때 문묘에 배향되었다.

정유재란 丁酉再亂

명나라와의 휴전 협상이 뜻대로 이루어지지 않자, 일본은 조선의 남쪽을 할양받기 위해 1597년(선조 30) 1월 경상·전라·충청도를 공격했다. 이순신이 백의종군한 상황을 이

용해 남원과 전주성을 함락하며 초반 승기를 잡았다. 그
러나 복귀한 이순신의 수군이 명량에서 승리를 거두고,
조명 연합군이 충청도 직산에서 일본군을 격퇴했다. 더는
진격하지 못하고 울산과 순천 등에 왜성을 쌓고 수성하던
일본군은 도요토미 히데요시가 죽자, 본국으로 퇴각하던
중 이순신이 이끄는 수군에게 큰 피해를 봤다. 이로써 7년
간의 임진왜란이 끝나지만, 조선은 큰 피해를 보았다.

정인홍(1536~1623)

정철과 윤두수를 탄핵한 것이 받아들여지지 않자 낙향했
다가, 임진왜란이 일어나자 의병을 모아 합천·고령 등지
에서 일본군에 맞서 승리를 거두었다. 전쟁 후에는 화의
를 주장한 유성룡과 성혼 등을 탄핵했다. 광해군이 즉위
하자 유배에서 풀려나 대북 정권을 수립하고, 국정을 이
끌었다. 스승 조식이 문묘 종사에 들어가지 못하자 이황
과 이언적을 비난하는 회퇴변척으로 유생들과 갈등을 빚
었다. 인조반정으로 참형당했으나, 1908년(순종 2) 관작이
회복되었다. 신채호는 정인홍을 우리나라 4대 영웅으로

ㅈ

평가했다.

정전제 井田制

중국 하·상·주나라에서 토지를 정(井)자로 구분한 뒤, 중앙의 토지에서 생산된 곡물을 세금으로 납부하도록 한 토지제도다. 조선 후기 토지를 소유하지 못하는 빈농이 늘어나면서 유형원, 정약용 등 일부 실학자들이 정전제를 시행하자고 주장했다. 정전제의 다른 말로 정전법, 정전, 백묘지제, 정전구일법 등이 있다.

정조(1752~1800, 재위 1776~1800)

아버지 사도세자가 죽자, 효장세자의 양자로 입적했다. 영조를 대신해 대리청정하다가 스물다섯 살에 국왕으로 즉위했다. 즉위 초 삼대모역사건 등 불안한 상황을 홍국영의 도움을 받아 안정시켰다. 왕권 강화를 위해 규장각을 통해 친위 세력을 육성하고, 노론이 장악한 5군영에 맞설

| 정조 어진 |

© 유정호

장용영을 설치했다. 시전 상인의 독과점을 막고 노론을 견제하기 위해 금난전권을 폐지하고 난전 상인을 보호하는 통공정책을 실시했다. 종교에서도 서학을 강압적으로 탄압하지 않는 등 포용적인 모습을 보였다. 재위 후반기에는 화성을 건설하는 등 왕권 강화에 힘쓰다가 갑작스러운 병으로 마흔아홉 살에 죽었다.

정종(1357~1419, 재위 1398~1400)

고려 말 지리산과 해주 등지에서 왜구를 토벌하고, 위화도회군 이후 공양왕을 옹립한 공로로 추충여절익위공신에 책록되었다. 조선 건국 후 의흥삼군부중군절제사로 병권을 가졌으나, 왕이 되고 싶은 마음은 없었다. 제1차 왕자의 난에서 이방원의 추천으로 국왕에 즉위한 후 개경으로 천도하고 국정을 이방원에게 맡겼다. 제2차 왕자의 난 이후 왕위를 이방원에게 넘기고 상왕으로 물러났다.

정창손(1402~1487)

세종 때 한글 창제와 왕실의 불교 숭상을 반대해 여러 번 좌천 또는 파직당했으나, 능력을 인정받아 집현전부제학으로『고려사』『세종실록』등의 편찬에 참여했다. 문종 때 대사헌, 대제학, 병조판서를 역임하며『문종실록』편찬에 참여했다. 사위 김질에게 사육신의 단종 복위 계획을 들은 것을 세조에게 보고해 영의정에 올랐다. 예종이 즉위한 후에는 남이와 강순의 옥사를 다스리고, 성종 때 원상이 되었다. 1504년 갑자사화 때 연산군 생모 폐출을 논의한 죄로 부관참시를 당했다가 중종 때 신원되었다.

정철(1536~1593)

을사사화로 아버지와 함께 유배지를 따라다니다가, 전라남도 담양에서 김인후와 기대승에게 학문을 배웠다. 명

| 정철 |

종 때 과거에 급제하며 사헌부지평, 함경도암행어사 등을 역임하고, 이이와 사가독서했다. 45세에 강원도관찰사로 재직하면서 「관동별곡」 등 여러 시조를 지었으며, 탄핵받아 고향 창평에 머물 때 「사미인곡」 「속미인곡」 등 많은 작품을 남겼다. 정여립의 난의 조사를 맡아 수많은 동인을 죽이고 관직에서 내쫓았다. 그러나 광해군을 세자로 책봉할 것을 요구하는 건저문제로 유배형을 당했다. 임진왜란이 발발하자 선조를 의주까지 호종하고, 사은사로 명나라에 다녀왔으나 동인의 모함으로 관직에서 물러나 강화에서 죽었다.

정축화약 丁丑和約

병자호란에서 패배한 인조가 삼전도에서 항복하며 맺은 약조다. 명나라의 고명과 책인을 청나라에 바칠 것, 명나라와 국교를 단절하고 청나라와 군신 관계를 맺을 것, 세자와 왕자 및 대신의 자제들을 심양에 인질로 보낼 것 등 열한 가지 내용이 담겨 있다.

정탁(1526~1605)

명종 때 관직에 나가 『명종실록』 편찬에 참여하고, 명나라에 사신으로 여러 번 다녀왔다. 임진왜란이 발발하자 선조를 호종하고, 이듬해에는 영위사로 명나라 송응창을 영접하는 등 국난 극복을 위한 노력을 펼쳤다. 곽재우와 김덕령 등 뛰어난 장수를 천거했으며, 1597년 이순신이 전장에 나가지 않는다는 죄명으로 처형당할 위기에 처하자 상소문을 올려 이순신의 목숨을 구했다.

정희왕후(1418~1483)

세조의 비로 계유정난을 처음에는 말렸으나, 안평대군이 거사 계획을 알게 되었다는 소식을 듣고는 수양대군에게 갑옷을 입혀주며 독려했다. 왕후에 오른 후 큰아들 의경세자가 갑자기 죽고, 둘째 예종이 즉위 1년 2개월 만에 죽는 슬픔을 겪었다. 정희왕후는 의경세자의 둘째 아들인 자산군(성종)을 다음 왕으로 선택한 뒤, 성년이 될 때까지 조선 최초로 수렴청정을 했다.

제1차 왕자의 난

1398년(태조 7) 정도전이 주도한 정치 배제와 이방석의 세자 책봉, 요동 정벌을 위한 진법 훈련을 명분으로 한 사병 해체에 위기감을 느낀 이방원이 일으킨 정변이다. 무인년에 일어났다고 해 무인정사라고도 한다. 정변 과정에서 정도전이 죽고, 세자 이방석은 유배 가는 길에 죽임을 당했다. 태조 이성계는 둘째 아들 이방과(정종)에게 왕위를 물려준 뒤 상왕으로 물러났지만, 실권은 이방원이 장악했다.

제2차 왕자의 난

1400년(정종 2) 제1차 왕자의 난에서 포상이 적은 것에 불만을 품은 박포와 태조의 넷째 아들 이방간이 손을 잡고 일으킨 정변으로 방간의 난 또는 박포의 난이라고도 부른다. 태조와 정종의 만류에도 난을 일으킨 이방간은 개경에서 이방원의 군대에 패배하며 유배를 떠나고, 박포는 처형당했다. 그해 11월 정종은 이방원(태종)에게 왕위를 물려준다.

제승방략 制勝方略

군사를 이끌고 지정된 장소로 집결한 수령이 중앙에서 파견된 병·수사의 지휘 아래 적군과 싸우는 방식을 일컫는 말이다. 조선 전기 완성된 진관체제가 15세기 이후 제 역할을 하지 못하자, 얼마 되지 않는 병력을 활용하기 위해 실시한 방어 체제다. 임진왜란 초반 제승방략으로 모은 신립의 조선군이 무너지면서 일본군에 제대로 대처하지 못해 고전한다.

제포 薺浦

경상남도 창원시 진해구 웅천동에 있던 포구로 내이포라고도 부른다. 1443년(세종 25) 맺은 계해약조 이후 제포에 머물던 일본인이 60여 명에서 500여 호로 증가했다. 1510년(중종 5) 이곳에 머물던 일본인이 제포첨사 김세조를 죽이고 삼포왜란을 일으켰다. 제포 앞 가덕도는 임진왜란 때 원균이 일본군과 격전을 벌이는 등 전략적으로 중요한 위치를 차지했다.

제폭구민 除暴救民

동학을 창시한 최제우가 부패한 정부를 바로잡자며 강조한 것으로 '관리들의 폭정을 제어하고 백성을 구하자'는 뜻을 가지고 있다. 동학농민운동 당시 동학농민군이 내건 기치 중 하나다.

조공 朝貢

19세기까지 정기적으로 중국에 사절단을 보내 예물을 바치는 행위를 일컫는 말이다. 조선은 조공을 바치는 사절단을 통해 명·청의 동향을 살피고, 경제적 실리를 얻는 데 목표를 두었다.

조광조(1482~1519)

김굉필의 문인으로 사간원대간으로 있을 때 사간원과 사헌부에 올바른 말을 하는 사람이 없으니 모두 그만두게 해달라는 상소를 올린 일을 계기로 중종과 개혁에 나섰다. 왕도정치와 민본정치를 원칙으로 삼아 현량과 실시, 서얼의 관직 진출, 『소학』과 여씨향약 보급 등을 추진했다. 그러나 소격서 철폐와 105명의 공신 중

| 조광조 |

76명의 위훈을 삭제하는 일로 중종과 훈구파의 견제를 받

아 능주에 유배되었다가 사사되었다. 이때 조광조를 따르
던 사람들이 함께 처벌받은 일을 기묘사화라고 부른다.

조선경국전 朝鮮經國典

1394년(태조 3) 정도전이 『주례』를 참고해 관직 체제를 비
롯해 국가 통치에 필요한 내용을 정리해놓은 법전이다.
앞부분은 나라를 통치하는 방법과 조선으로 국호를 결정
한 이유 등이 서술되어 있고, 뒷부분은 6조의 업무를 설명
하고 있다. 태조가 극찬했던 『조선경국전』은 정도전의 개
인 문집인 『삼봉집』에 수록되어 전해지고 있다.

조선왕조실록 朝鮮王朝實錄

태조에서 철종까지 472년간의 역사를 시간 순서에 따라
기록한 2,124책의 역사서다. 국왕이 죽으면 정1품 영사 중
한 명을 실록총재관으로 임명해 『조선왕조실록』 제작 임
무를 맡을 실록청을 만들었다. 초조 작업에서는 전임사관

| 『조선왕조실록』 |

ⓒ 유정호

이 보관하던 사초와 『승정원일기』 『시정기』 『경연일기』, 개인 문집, 야사 등의 자료를 연대순으로 정리한 뒤 사실 여부를 검토했다. 중초 작업에서는 도청의 당상과 낭청의 첨삭이 이루어졌다. 마지막으로 문장과 체제를 통일하는 정초 작업이 끝나면 실록 편찬에 사용된 자료를 자하문 밖 세검정 부근 개울가에서 씻어 기록을 없앴다. 사고에 보관된 『조선왕조실록』은 사관만이 열람할 수 있게 해 후대 사람이 내용을 수정 또는 보충하지 못하도록 했다. 국보로 지정된 『조선왕조실록』은 1997년 유네스코 세계기록유산으로 등재되었다.

조선통보 朝鮮通寶

| 조선통보 |
ⓒ 유정호

1427년 주조되어 저화와 함께 유통된 동전이다. 소액 거래에 사용하도록 제작되었으나, 원료인 구리 부족과 가치 하락으로 화폐 기능을 제대로 수행하지 못했다. 인조 때 조선통보를 법화로 주조·유통하려고 상평청에서 제작하도록 했으나, 병자호란과 화폐 사용에 대한 인식 부족으로 주조가 중단되었다.

조식(1501~1572)

사화를 경험하면서 관직에 연연하지 않고 학문 연구와 제자 교육에 힘썼다. 그러나 현실 정치에도 관심을 두어 명종에게 조정과 문정왕후를 비판하는 상소를 올리고, 선조에게는 올바른 정치를 요구하는 '무진봉사'를 올렸다. 성리학에서 실천을 강조하는 경(敬)과 의(義)를 추구하던 조식은 교육 방법에 있어 기초적인 내용을 우선 가르쳐야 한다고 주장했다. 그의 제자로는 정탁, 곽재우, 정인홍 등이 있다.

조운 漕運

지방에서 거두어들인 조세를 강과 바다를 이용해 한양으로 운송하던 제도로 조전, 조만, 해조라고도 부른다. 강을 이용하는 경우 수운·참운, 바다를 이용하는 경우는 해운이라 하는데, 출발지와 도착지에는 물건을 보관하는 창고인 조창이 설치되었다. 그러나 평안도, 함경도, 제주도는 조세를 자체 보관하며 군량미나 외국 사신 접대 비용으로 사용하도록 했다. 조선 후기 대동법의 시행으로 발달하던 조운은 조세의 금납화가 이루어지면서 폐지되었다.

조의제문 弔義帝文

김종직이 꿈에 나온 초나라 회왕(의제)을 위로하는 글이다. 김종직의 문인인 김일손이 '조의제문'을 사초에 기록했는데, 『성종실록』 편찬 책임자인 이극돈이 단종을 항우에게 죽은 회왕으로 비유해 세조를 욕되게 했다며 이 글을 문제 삼았다. 이 일로 김종직은 부관참시를 당하고, 그의 문인들도 죽거나 파직당하는 무오사화가 일어난다.

조준(1346~1405)

고려 우왕 때 급제해 최영 휘하 체찰사로 왜구를 토벌한 공로를 인정받아 선위좌명공신에 책록되었다. 이성계를 도와 전제 개혁을 반대하는 조민수를 탄핵해 유배 보낸 뒤, 전제 개혁을 이루어냈다. 이성계를 국왕으로 추대해 개국공신 1등이 되었으나, 이방원이 세자가 되지 못하자 사직했다. 제1, 2차 왕자의 난에서 이방원을 지지해 영의정부사에 올랐다. 저서로는 하륜과 편찬한 『경제육전』과 『송당문집』이 있다.

조창 漕倉

한강 연안과 서해와 남해에 설치된 창고로 조세로 거둔 곡물과 진상품을 보관했다. 조선 후기에는 조세를 면포나 동전으로 거두면서 조창의 중요성이 감소했다.

조총 鳥銃

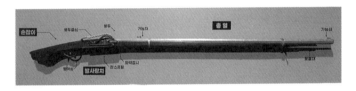

| 조총 |

© 유정호

15세기 말 유럽에서 만들어져 일본을 통해 전해진 총기로, 새를 쏘아 맞힐 수 있다는 뜻으로 조총이라 불렀다. 화승을 이용해 방아쇠를 당기면, 화약에 불이 붙어 탄환이 발사되는 조총은 1590년(선조 23) 일본이 선조에게 진상했으나 큰 관심을 받지 못했다. 그러나 임진왜란에서 조총의 위력을 확인한 조선은 일본에서 수천 자루를 수입해

성능을 개선한 결과 조선 후기에는 20만여 자루를 보유하게 된다.

조헌(1544~1592)

| 조헌을 추모하기 위해
경기도 김포에 세워진 우저서원 |

ⓒ 유정호

이이와 성혼의 문인으로 보은현감 등 여러 관직을 역임했다. 임진왜란이 일어나자 옥천에서 의병을 일으켜 영규가 이끄는 승병과 함께 청주를 탈환했다. 전라도로 향하는 일본군을 막기 위해 금산에서 700명의 의병과 분전했으나 전사했다. 1754년(영조 30) 영의정에 추증된 조헌은 임진왜란의 사충신 중 한 명으로 꼽힌다.

족보 族譜

족보란 시조를 기점으로 현재 자손까지의 계보를 기록한 서적이다. 종적으로는 시조에서 이어지는 세계(世系)를 알려주고, 횡적으로는 동족 간 혈연적 거리를 알게 해준다. 족보는 시조부터 시작해 모두를 기록한 대동보, 분파한 구성원만 수록한 파보, 족보 편찬자의 직계 혈연만 기록한 가승보 등 종류가 다양하다. 최초의 족보는 1423년(세종 5) 편찬된 문화 류씨의 『영락보』로 알려져 있으나, 현존하는 가장 오래된 족보는 1476년(성종 7)에 편찬된 안동 권씨 『성화보』다. 족보는 양반 지위를 유지해주고, 동성(同姓) 간의 혼인을 판단하며, 면역 대상자를 확인하는 용도로 사용되는 등 공문서의 기능을 가졌다.

족징 族徵

조선 후기 군역과 환곡 등 조세를 납부하지 않고 죽거나 도망치면 친척에게 징수하는 불법적 관행을 말한다. 족징으로 인해 조세 대상자는 이중삼중으로 어려움을 겪으면

조선사 개념어 사전

서 19세기 민란의 원인으로 작용한다.

종계변무 宗系辨誣

파평군 윤이와 중랑장 이초가 명나라로 도망가서 이성계가 이인임의 아들이라고 거짓 보고한 말이 기록된 『대명회전』을 바로잡으려는 일을 일컫는 말이다. 조선 정부는 끊임없이 정정을 요구했지만, 명나라는 홍무제의 유훈이라 변경할 수 없다면서 200년 가까이 조선을 통제하는 수단으로 활용했다. 1584년(선조 17) 종계변무주청사 황정욱이 수정된 『대명회전』을 가져오면서 끝을 맺는다.

ㅈ

종루 鍾樓

1398년(태조 7) 새 왕조의 개국과 백성에게 통금 시간을 알려주기 위해 한양 중심에 종을 단 누각이다. 종루를 중심으로 시전이 자리 잡으면서, 종로가 한양의 상업 중심지 역할을 하게 된다. 종루의 다른 명칭으로 종각, 운종가,

종루가 등이 있다.

종묘 宗廟

| 종묘 |

© 유정호

국왕과 왕비의 신주를 모신 사당으로 『주례』의 규정에 따라 경복궁 왼편에 설치되었다. 사직과 더불어 국가를 상징하는 종묘는 열아홉 명의 왕과 서른 명의 왕비가 모셔진 정전, 태조의 4대 조상과 실제 왕위에 오르지 못한 국왕의 신주가 모셔진 영녕전, 제관들의 대기소인 향대청, 왕이 목욕하고 의복을 정제하던 어숙실로 구성되어 있다. 현재 종묘는 임진왜란 때 소실된 것을 1608년(광해 즉위년) 중건한 것으로 세계문화유산으로 지정되어 있다.

종법 宗法

조선시대 친족 집단을 파악하는 방법으로 적장자로 이어지는 가계를 대종(代宗), 작은아들로 파생되는 가계를 소종(小宗)으로 구분했다. 제사 승계와 재산상속에서 적장자를 우선시하고, 여성을 배제하면서 가부장적 사회와 남성 중심적 사회로 재편하는 결과를 가져왔다.

주세붕(1495~1554)

풍기군수로 백운동에 안향의 사당 회헌사를 건립하고, 교육기관으로 백운동서원을 세웠다. 서원에서 향촌 풍속을 교화하고 유생들의 교육에 힘쓴 결과, 풍기군수로 부임한 이황이 백운동서원에 사액을 바라는 글을 조정에 올리며 지원을 요청했다. 황해도관찰사로 있을 때도 해주에 최충을 제향하는 수양서원을 건립했다.

주자서절요 朱子書節要

이황이 『주자대전』에서 중요한 부분을 발췌해 주희의 사상을 정리한 유학서다. 1561년(명종 16) 성주목사 황준량이 간행한 것을 시작으로 여러 차례 간행되며 조선의 성리학이 발달하는 데 큰 영향을 주었다.

주초위왕 走肖爲王

중종이 훈구파와 손을 잡고 조광조와 사림파를 탄압하기 위해 조작한 사건이다. 조광조의 개혁이 왕권을 제약한다고 판단한 중종이 '당파를 만들어 권력을 장악하고 국정을 어지럽힌다'는 명분을 내세워 훈구파 홍경주를 시켜 궁궐 후원 나뭇잎에 꿀물로 '주초위왕'이라 쓰게 했다. 벌레가 꿀이 묻은 부분을 갉아먹으면서 나뭇잎에 글씨가 나타나자 훈구파는 '주(走)'와 '초(肖)' 두 글자를 합친 '조(趙)'는 조광조가 국왕(王)이 된다(爲)는 것을 의미한다면서 1519년 기묘사화를 일으키는 계기로 삼았다.

주해수용 籌解需用

영조 때 실학자인 홍대용이 저술한 수학서로 덧셈·뺄셈·
곱셈·나눗셈의 사칙연산, 연립방정식, 비례상수, 삼각법
등 수학 관련 공식을 예제 풀이로 쉽게 이해할 수 있도록
구성되어 있다.

중농학파 重農學派

정권에서 밀려나 한양과 경기도에 거주하는 남인이 주도
해 토지개혁과 농민 생활 안정을 위한 정책을 주장한 실
학으로 경세치용학파라고도 부른다. 이들은 중국 요·순·
삼대의 문물 제도를 다룬 6경 체제를 학문의 기반으로 삼
고, 정전제를 모델로 하는 토지개혁 방안을 제시했다. 대
표적 인물로 유형원, 이익, 정약용 등이 있다.

ㅈ

중립외교 中立外交

명나라는 조선에 후금 정벌에 동참할 것을 요구하고, 후
금은 명나라의 요청에 따르지 말라고 압력을 행사했다.
1618년 후금 정벌에 조선군이 참여하자 광해군은 도원수
강홍립을 불러 '형세를 보아 항배를 정하라'고 밀명을 내
렸다. 명나라 군대가 후금의 상대가 되지 못한다는 사실
을 확인한 강홍립은 후금에 항복한 뒤 각종 정보를 수집
해 조선에 전달했다. 하지만 인조반정 이후 중립외교가
중단되고 친명배금 정책을 실시하면서 정묘호란과 병자
호란이 발발한다.

중상학파 重商學派

집권층인 노론 출신이 부국강병과 경제 활성화를 위한 상
공업 발달과 사회 개혁을 주장한 실학으로 북학파 또는
이용후생학파라고도 부른다. 중국을 받들어야 하는 상국
이 아니라 동등한 국가로서 인식하며 사대주의 관점에서
벗어나려 했다. 대표적 인물로 유수원, 홍대용, 박지원, 박

제가 등이 있다.

중인 中人

양반보다는 아래지만 상민보다는 높은 계층을 지칭하는
용어다. 넓은 의미로는 양반 서얼, 중앙 서리, 지방 토관을
지칭하며, 좁은 의미로는 전문 기술직인 의관, 역관, 율관
등을 지칭한다. 중인의 어원은 한양의 중심부에 거주해서
생겼다는 설과 어느 당파에도 가담하지 않은 사람이라는
두 가지 설이 있다. 대표적인 중인 계층인 서얼은 조선 초
에는 능력이 있으면 관리가 되는 경우도 있었으나,『경국
대전』에서 서얼은 기술관만 할 수 있다고 명시한 이후 불
가능해졌다. 조선 후기 서얼의 허통운동과 소청운동 등
신분 상승 운동으로 영·정조 시기 박제가, 유득공 등 서얼
이 관직에 등용되고, 1851년(철종 2)에는 승문원과 선전관
등 청요직에도 임용되었다.

중종(1488~1544, 재위 1506~1544)

성종의 둘째 아들이자
연산군의 이복형제인
중종은 반정군의 추대
로 국왕에 즉위했다. 훈
구파에서 벗어나 왕권
을 강화하기 위해 조광

| 서울특별시 강남에 있는 중종의 무덤 정릉 |
ⓒ 유정호

조를 비롯한 사림파를 등용했다. 그러나 현량과 실시, 소
격서 폐지 등 조광조의 개혁이 너무 급진적이고 왕권을
제약하자, 1519년 기묘사화를 일으켜 사림파를 숙청했다.
재위 기간 박경의 옥사·이과의 옥사·동궁 작서의 변 등
많은 정치적 사건이 일어났으며, 삼포왜란 등 왜구와 여
진족의 침입도 많았다.

중종반정

연산군의 폭정에 반발한 박원종과 성희안이 반정을 계획
하고, 이조판서 유순정과 군자감부정 신윤무 등이 참여했

다. 1506년 연산군이 장단으로 유람을 떠나는 날 거사를 일으키기로 했으나 행차가 취소되면서 계획이 틀어졌다. 이를 모르던 호남의 유빈과 이과가 거사 격문을 보내자 어쩔 수 없이 급하게 거사를 진행했다. 진성대군(중종)을 국왕으로 추대한 뒤 경복궁의 연산군 침소로 달려가 옥새를 받아냈다. 성종의 계비이자 진성대군의 어머니인 대비 윤씨의 윤허를 받아 연산군을 강화도에 유배 보내고 진성대군을 국왕으로 즉위시켰다. 반정이 끝난 후 객관적 기준 없이 정국공신 117명, 원종공신 3천 명 이상을 책봉하고 토지를 하사하면서, 백성의 삶을 더욱 어렵게 만드는 문제점을 가져왔다.

직역 職役

16~59세의 남성 양인이 관료나 군인으로 복무하는 등 국가에 필요한 특정한 역할을 수행하는 것을 일컫는 말이다. 직역이 개인의 의지로 바꿀 수 없다는 점에서 신분을 나타내는 척도가 되기도 했다.

직전법 職田法

과전법 체제에서 관리가 사망하면 수조권을 무조건 반납
해야 했으나 관료들이 수신전, 휼양전, 공신전을 이용해
세습하면서 지급할 토지가 부족해지는 현상이 발생했다.
세조는 과전법의 폐단을 막는 동시에 자신을 국왕으로 인
정하는 관료에게 포상하기 위한 재정을 확충하고자 현직
관료에게만 수조권을 부여하고 수신전과 휼양전을 폐지
하는 직전법을 시행했다. 그러나 관리들이 규정보다 더
많이 세금을 거둬들이는 등 편법을 사용하면서 직전법이
사라지고, 양반 관료가 직접 토지를 소유하는 지주가 되
어 부를 축적하는 지주전호제로 넘어간다.

진경산수화 眞景山水畵

중국이 아닌 우리나라 산과 하천을 화폭에 담은 산수화를
의미한다. 18세기 국학 발달과 함께 우리 것에 관심과 자
긍심이 높아지면서 진경산수화가 유행했다. 대표적인 화
가와 작품으로 정선의 〈금강전도〉 〈인왕제색도〉, 강세황

의 〈영통동구도〉, 김홍도의 〈명경대〉〈옥순봉〉 등이 있다.

진관체제 鎭管體制

1457년(세조 3) 행정조직 '읍'을 군사조직 '진'으로 편성한 뒤 수령이 군사 지휘권을 갖도록 규정한 제도다. 절제사와 첨절제사가 있는 거진(巨鎭)이 주변의 여러 진을 거느리고 독자적으로 전쟁을 수행하는 진관체제는 작은 규모의 전투에 유리하지만, 적의 대규모 공격을 막아내는 데 한계가 있었다. 15세기 이후 대립제와 방군수포제로 군역이 무너지면서 제 역할을 못하자 제승방략 체제로 바뀌고 만다.

진사 進士

소과의 하나인 진사시에 합격한 사람으로 문과에 응시하거나 성균관에 입학할 자격이 주어졌다. 이들은 지방에서 유학자로서 지역민을 교화하고 통제하며 여론을 형성하는 등 사족으로서 지위를 가지고 영향력을 행사했다. 조선 후기에는 소과의 생원시에 합격한 사람들도 진사라고 부르기도 했다.

진주대첩 晉州大捷

임진왜란 때 호남으로 넘어가는 관문에 있던 진주성을 공격한 일본군을 상대로 두 차례 싸운 전투다. 제1차 전투는 1592년 (선조 25) 9월 진주목사 김시민과 3,800명의 조선군

| 1927년에 찍은 진주성 촉석루 사진 |

ⓒ 유정호

이 하세가와 히데카즈가 이끄는 2만 명의 일본군을 6일간의 전투 끝에 물리치면서 임진왜란 3대 대첩으로 기록된다. 제2차 전투는 1593년 6월 진주목사 서예원의 관군과 의병을 포함한 6천~7천 명의 병력이 가토 기요마사와 고니시 유키나가가 이끄는 일본군 9만 3천 명을 상대로 선전했으나 패배했다. 일본군은 진주성을 함락했지만 막대

한 피해를 입어 호남으로 진출하지 못하자, 성에 있던 백성 6만여 명을 학살했다.

진주민란 晉州民亂

1862년(철종 13) 진주목사 홍병원이 도결을 시도하자 경상우병사 백낙신도 부족한 병영 재정을 메꾸기 위해 진주 백성에게 6만 냥을 징수했다. 가혹한 세금 수탈에 몰락한 양반이던 유계춘과 이계의 주도로 백성들이 진주 관아를 공격해 도결을 철폐하겠다는 약속 문서를 받아냈다. 이들은 병상우수사 백낙신에게도 찾아가 잘못을 추궁하면서 세금 징수하는 하급 관리를 죽였다. 조선 조정은 진주민란의 책임을 물어 홍병원과 백낙신을 파직하고, 봉기를 일으킨 유계춘 등 열 명을 효수하고 스무 명을 유배 보냈다. 이 과정에서 조선 조정은 안핵사로 파견된 박규수의 건의를 받아들여 삼정의 문란을 해결하는 기구로 삼정이정청을 설치했다.

집현전 集賢殿

1420년 세종은 젊고 능력 있는 신진 인사를 확보하기 위해 집현전을 설치했다. 집현전학사로 선발된 20여 명의 관료는 학문 연구에만 매진하도록 다른 관직으로의 이동이 허락되지 않았다. 집현전학사는 집이나 사찰 등에서 공부할 수 있는 사가독서가 제공되었으며 직제학 또는 부제학까지 승진한 관료는 6조나 승정원 등 요직에 임명되었다. 1442년에는 세자 정무 처결기관인 첨사원이 집현전에 설치되면서 정국 운영의 핵심 기관으로 성장했다. 세조 때 사육신의 난으로 폐지되었다가 성종 때 홍문관으로 계승된다.

징비록 懲毖錄

유성룡이 『시경』의 '미리 징계해 후환을 경계한다'라는 구절인 '징비'를 제목으로 삼아 임진왜란의 원인, 전개 과정, 종전을 기록한 서적으로 1633년(인조 11) 유성룡의 아들 유진이 『서애집』을 낼 때 수록했다가, 10년 후 16권으로

조선사 개념어 사전

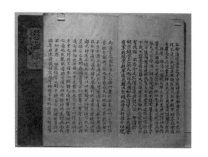

| 『징비록』 |

간행했다. 숙종 때 일본 수출 금지 품목이었던 『징비록』은 임진왜란 전후의 상황을 이해하는 데 도움을 주는 사료로 규장각에 소장되어 있다.

ㅈ

찰방 察訪

각 도의 중요한 길목에 설치된 역참과 그곳에 근무하는 역졸을 관리하는 종6품의 외관직.

참상관 參上官

정3품하에서 종6품하까지의 품계로 교리, 현감, 종사관 등을 담당했으며 900일을 근무해야 품계가 높아지는 자격이 생겼다. 참상관은 조회에 참석하거나 수령으로 나갈 자격이 주어졌으며, 불효·살인·역모가 아닌 이상 직첩을 뺏기지 않았다.

조선사 개념어 사전

위계		품	계	동반 (문관)	서반 (무관)	관직명
당상관		정1품	상	대광보국 숭록대부		영의정, 우의정, 좌의정, 영사, 도제조
			하	보국 숭록대부		
		종1품	상	숭록대부		좌·우찬성, 판사
			하	숭정대부		
		정2품	상	정헌대부		좌·우참찬, 6조판서, 대제학, 5위도총관, 한성부판윤
			하	자헌대부		
		종2품	상	가정대부		6조참판, 대사헌, 관찰사, 동지사, 부총관, 병마절도사, 수군절도사
			하	가선대부		
당하관	참상관	정3품	상	통정대부	절충장군	6조참의, 도승지, 부제학, 목사, 수군절제사, 병마절제사
			하	통훈대부	어모장군	병조참지, 직제학, 상호군
		종3품	상	중직대부	건공장군	사헌부집의, 사간, 대호군, 병마첨절제사, 수군첨절제사
			하	중훈대부	보공장군	
		정4품	상	봉정대부	진위장군	사헌부장령, 응교, 호군, 도선
			하	봉렬대부	소위장군	
		종4품	상	조산대부	정략장군	청정, 군수, 부호군, 병마동첨절제사, 수군만호
			하	조봉대부	선략장군	
		정5품	상	통덕랑	과의교위	6조정랑, 교리, 직강, 찬의, 사직
			하	통선랑	충의교위	

ㅊ

당하관	참상관	종5품	상	봉직랑	현신교위	판관, 별좌, 부교리, 현령, 도사, 부사직
			하	봉훈랑	창신교위	
		정6품	상	승의랑	돈용교위	6조좌랑, 감찰, 정언, 전적, 사과, 장안, 좌·우익찬
			하	승훈랑	진용교위	
		종6품	상	선교랑	여절교위	주부, 찰방, 현감, 교수, 종사관, 부사과, 병마절제도위
			하	선무랑	병절교위	
	참하관	정7품		무공랑	적순부위	봉교, 사정, 참군
		종7품		계공랑	분순부위	직장, 부사정, 근사
		정8품		통사랑	승의부위	부직장, 좌·우시직, 별검
		종8품		승사랑	수의부위	봉사, 부사맹, 전곡, 화리
		정9품		종사랑	효력부위	훈도, 부봉사, 전성, 사용
		종9품		장사랑	전력부위	참봉, 전화, 부사용, 초관

참성단 塹星壇

단군왕검을 위한 제단으로 강화도 마니산 정상에 설치되어 있다. 단군이 쌓았다고도 전해져 오는 참성단에서 조선시대 도교 의례에 따라 매년 봄과 가을에 제사를 지냈으며 특별한 일이 있으면 수시로 제사를 지내기도 했

| 참성단 |

ⓒ 국가유산청

다. 1639년(인조 17), 1700년(숙종 26) 중수되었으며 가로 50cm, 세로 105cm의 비석에는 1717년 강화유수 최석항이 보수했다는 내용이 기록되어 있다.

참하관 參下官

정7품에서 종9품까지의 품계로 봉교, 훈도, 초관 등을 담당했다. 이들은 조회에 참석할 수 없는 실무를 담당하는 하급 관리로 문과, 무과, 잡과, 수령 취재 등에 합격하기 전까지는 참상관에 올라갈 수 없었다.

창경궁 昌慶宮

| 창경궁의 정문 홍화문 |

ⓒ 유정호

1484년(성종 15) 태종을 위해 지어졌다가 빈 곳으로 남겨
진 수강궁을 보수해 창경궁이라 부르며 세조의 비, 덕종
의 비, 예종의 계비를 모셨다. 이후 국왕이 머물면서 궁궐
의 기능을 갖게 된 창경궁은 임진왜란 당시 불에 타 소실
되었다가 1616년(광해 8) 중건되었다. 이후로도 1633년
(인조 11) 이괄의 난, 1830년(순조 30) 대화재로 소실되었
다가 다시 지어지기를 반복했다. 일제강점기에는 일제가
의도적으로 창경궁 전각을 헐고 동물원과 식물원을 설치

조선사 개념어 사전

해 궁궐의 기능을 잃고 말았다. 현재 창경궁에는 대장금이 중종을 치료하던 환경전, 장희빈이 인현왕후를 저주하던 통명전, 사도세자가 뒤주에 갇힌 문정전 등 여러 전각이 복원되어 있다.

창덕궁 昌德宮

| 창덕궁의 정전 인정전 |

ⓒ 유정호

1405년(태종 5) 완공된 창덕궁은 자연 지형에 맞추어 건물을 자유분방하게 배치한 점이 높이 평가되어 1997년 세계

문화유산으로 지정되었다. 동궐로 불리던 창덕궁은 임진
왜란 때 소실, 1610년(광해 2) 중건, 인조반정 때 화재로 소
실되어 1647년 재건되었다. 숙종은 창덕궁 후원을 좋아해
청심정 등 여러 전각을 세웠고, 정조는 규장각을 설치해
탕평책을 추진했다. 1917년 큰 화재로 소실된 전각을 복
원하는 과정에서 경복궁의 강녕전과 교태전 등 전각의 일
부를 가져다 활용했다. 헌종의 후궁 김씨를 위한 공간이
던 낙선재에서 조선의 마지막 왕족인 순종 비 순정효황후
와 황태자 영친왕과 덕혜옹주가 생활했다.

채제공(1720~1799)

남인의 분파인 청남 계열의 관료로 영조한테서 사도세자
를 폐위하라는 명령을 막아내었으며 세손 시절의 정조를
가르쳤다. 호조판서·개성유수 등 요직을 담당하다가, 정조
가 즉위하자 사도세자의 죽음과 관련한 이들을 처단했다.
홍국영이 실각하면서 8년간 은거하다가 정조를 도와 신해
통공을 추진하는 등 탕평책을 추진했다. 1801년(순조 1) 노
론 벽파의 주도로 추탈관작되었다가 훗날 신원되었다.

채홍준사 採紅駿使

연산군 때 전국의 미녀를 선발해 궁궐로 보내는 역할을 담당하던 관직이다. 미녀를 많이 선발할수록 작위가 높아지고 토지와 노비를 포상으로 받을 수 있어, 기녀만이 아니라 양갓집 처녀도 강제로 끌고 가는 횡포를 벌였다. 이들 때문에 한양으로 끌려온 여인이 1만여 명에 달했다.

책봉 冊封

주나라가 지방 세력을 제후로 임명한 것에서 유래한 책봉은 중국 왕조가 주변국에게서 패권을 인정받는 동시에 실질적으로 지배할 수 없는 주변국의 주권을 인정하는 외교 방식이다. 조선도 명·청에게서 국왕으로 인정한다는 책봉을 받았지만, 내정간섭이 아닌 형식적인 의례에 불과했다.

ㅊ

책인 冊印

국왕으로 인정한다는 책봉 내용이 기록된 문서로 금으로 만든 인장(도장)과 함께 보내졌다.

천거 薦擧

과거제의 단점을 보완해 유능한 인재를 발탁하고자 당상관이 3년마다 관료로서 적합한 후보자를 세 명씩 추천케 하는 제도다. 조선 중기 이후 같은 당파의 사람을 추천하면서 여러 문제점을 일으키기도 했다.

천민 賤民

가장 낮은 신분인 천민(천인)은 조세나 군역의 의무가 없었으나 재산으로 간주되어 자유가 주어지지 않았다. 천민의 대부분은 노비였으나 광대, 재인, 백정, 기생, 무당, 사공 등도 있었다. 천민 신분은 자손에게 세습되었으나 전공을 세우거나 국가에 돈을 내고 벗어나기도 했다.

천상열차분야지도 天象列次分野之圖

| <천상열차분야지도>를
종이에 옮겨 그린 것 |

ⓒ 국립중앙박물관

1395년(태조 4) 천문 현상을 12분야로 나누어 차례로 늘어놓는 우리만의 방식으로 제작된 천문도로 중국 남송에서 만들어진 〈순우천문도〉(1247)에 이어 세계에서 두 번째로 오래되었다. '천상'은 별과 별자리를, '열차'는 천구를 적도에 따라 12차로 나눈 곳의 배열을, '분야'는 지상의 구역을 별자리와 연관해 나누었음을 의미한다. 우리나라에서 볼 수 있는 1,467개의 별이 돌에 새겨진 〈천상열차분야지도〉는 고구려 천문도에서 유래했으며 별의 밝기 정도에 따라 크기를 다르게 새겨 놓아서 중국보다 뛰어난 모습을 보여준다.

철종(1831~1863, 재위 1849~1863)

강화도에서 농민으로 살아가던 중에 헌종이 후사 없이 죽자, 순원왕후의 주도로 국왕으로 즉위했다. 관서 지방의 기근과 영남 지방의 수해로 피해 본 백성에게 선정을 베풀었다. 삼정이정청을 통해 삼정의 폐해를 바로잡고자 했으나 실패하면서 많은 지역에서 민란이 발생했다. 1860년에는 최제우가 동학을 창시하자 사회를 어지럽힌 죄를 물어 처형했다. 서른세 살에 죽을 때까지 다섯 명의 아들을 낳았으나 모두 죽어 왕위를 계승할 자손이 없었다.

첩해신어 捷解新語

임진왜란 때 일본에 끌려가 10년 만에 귀국한 강우성이 저술한 일본어 통역 교재다. 일본 글자 옆에 한글로 음을 달았으며 어구마다 한국어로 뜻을 설명했다. 1~3권은 초급 회화, 4~6권은 상급 회화, 7~8권은 문장, 9~10권은 일본 공문이 수록되어 있다. 1678년(숙종 4)부터 일본어 역관 시험 과목으로 채택되었다.

청남 清南

갑인예송(1674)에서 남인이 승리하자 송시열의 처벌을 두고 청남과 탁남으로 갈라졌다. 청남은 송시열의 극형을 주장했으며 대표적 인물로 윤휴, 허목 등이 있다.

청요직 清要職

홍문관, 사간원, 사헌부 등 언론을 담당하는 하급 관원이지만, 청렴해야 하는 중요한 자리라는 뜻으로 청요직으로 불렀다. 높은 학식과 인품을 가지고 있어야 청요직으로 나갈 수 있었으며, 당상관으로 진출하는 특권이 주어졌다. 그래서 고위 관료가 되기 위해서는 반드시 거쳐야 하는 엘리트 코스 중 하나였다.

ㅊ

청화백자 靑華白磁

흰 바탕에 푸른 물감으로 그림을 그린 도자기로 15세기 중반부터 조선 후기까지 유행했다. 아라비아 상인들을 통해 중국에서 수입한 코발트로 푸른 물감이 제작되는 만큼 청화백자는 가격이 비싸서 왕실이나 사대부 집안에서만 사용되는 사치품이었다.

| 청화백자 참외 모양 주전자 |
ⓒ 국립중앙박물관

체찰사 體察使

'도순찰사' 항목 참조.

초계문신제 抄啓文臣制

조선 전기 시행하던 사가독서제의 전통을 이어받아 규장
각 문신에게 본래의 직무를 면제해주는 대신 학문을 익
히고 연구하는 일에만 전념하도록 지원한 제도다. 집에서
글을 써서 제출하면 공부한 것으로 인정해주는 특혜도 있
지만, 매달 두 번씩 학문의 성과를 검증받는 구술시험과
한 번의 글쓰기 시험으로 평가받아야 했다. 1781~1800년
까지 138명이 초계문신으로 발탁되었는데, 대표적 인물로
정약용·정약전 형제가 있다.

초시 初試

문과(대과, 소과), 무과, 잡과의 1차 시험을 초시라고 부른
다. 문과 대과의 경우 초시에서 성균관 유생만 응시 가능한
관시 50명, 한양에서 시행된 한성시 60명, 지방에서 시행
된 향시 140명씩 총 250명을 선발했다. 문과 소과(사마시)
는 한성시에서 생원과 진사 각 200명, 향시에서 생원과 진
사 각 500명씩 총 1,400명을 선발했다. 무과는 원시 70명,

ㅊ

향시 120명으로 총 190명을 선발했다. 잡과는 해당 관청별로 역과 57명, 의과 18명, 음양과 18명, 율과 18명을 선발했다.

총융청 摠戎廳

임진왜란을 계기로 조선 후기 편제된 5군영의 하나로 1624년(인조 2) 한양의 외곽을 방비하기 위해 설치했다. 수어청이 설치되면서 경기 북부의 방어를 담당하다가 정조 때 장용영 외영으로 이속되었다. 순조 초 장용영이 혁파되면서 기능이 회복되었다가, 1884년(고종 21) 친군영제가 운영되면서 폐지되었다.

총통 銃筒

포의 크기, 화약의 중량, 사정거리에 따라 천자총통, 지자총통, 현자총통, 황자총통으로 나뉜다. 제일 큰 천자총통의 경우 전체 길이 1.31m로 사정거리가 약 1.6km인 것에

| 진주성에 발견된 총통더미 |

©유정호

비해서 제일 작은 황자총통은 50.4cm에 사정거리가 1.1km에 불과하다. 임진왜란 당시 이순신이 이끄는 수군은 총통을 이용해 일본 전함을 침몰시키며 승리를 거두었다.

최명길(1586~1647)

광해군 때 인목대비가 유폐된 것에 반발하여 인조반정에 참여해 성공시켰다. 관료로서 백성의 조세 경감과 관제 개혁 등을 추진하고, 인조 친동생 능원군의 살인사건을 조사하는 등 강직한 모습을 보였다. 정묘호란이 발발하자 후금과의 화친을 주장해 정묘약조를 체결하는 데 일조했다. 병자호란 때 청군을 접대하며 인조가 남한산성으로 피신할 시간을 벌었고, 청 태종에게 보낼 항복문서를 작성했다. 병자호란 이후 명나라에 정축화약이 어쩔 수 없는 상황에서

ㅊ

맺은 것이었음을 알리는 문서를 보낸 일로 청나라 심양에 압송되었다가 국내에 돌아와 병으로 죽었다.

최부(1454~1504)

제주에 죄인을 잡아들이는 추쇄경차관으로 부임했다가 부친상으로 나주로 돌아오는 길에 풍랑을 만나 일행 43명과 명나라 절강성 임해현에 도착했다. 명나라 황제를 만나는 자리에서 고구려 역사를 이야기하며 조선이 명의 속국이 아닌 자주국임을 밝혔다. 성종이 명나라 황제를 만나고 귀국한 일을 정리해 보고하도록 지시하자, 일기 형식의 『중조견문일기』를 작성했다. 간행될 때 『표해록』으로 제목이 바뀐 이 책에는 명나라의 정치, 경제, 지리 외에도 조선에 필요한 수차 제작 등 실용적인 지식이 담겨 있다. 18세기 후반에는 일본에서 『당토행정기』라는 이름으로 번역·출간되었다.

최시형(1827~1898)

| 일본군에 잡혔을 때의 최시형 |

ⓒ 국립중앙박물관

1862년(철종 12) 동학에 입문해 이듬해 제2대 교주가 되었다. 동학을 창시한 최제우가 처형되자 태백산에 은신해 『동경대전』 『용담유사』 등 경전을 발간했다. 1892년(고종 29) 충청도관찰사에게 교조 신원과 포교의 자유를 요구한 것을 시작으로 이듬해 고종에게 상소를 올리고 신도들이 궁궐 앞에서 통곡하게 했다. 충청남도 보은에서는 교조 신원 외에도 일본과 서양 세력을 몰아내자는 집회를 열었다. 1894년 동학농민운동 제2차 봉기 때 10만여 명의 동학농민군을 데리고 합류해 관군과 일본군에 맞서 싸웠으나 패배했다. 피신하던 중 강원도 원주에서 체포되어 한양에서 처형되었다.

ㅊ

최윤덕(1376~1445)

아버지를 따라 왜구와 여진족에 맞서 싸우느라 무과 전시에 응시하지 못했다. 하지만 전공을 인정받아 태종 때 경성병마사, 경성절제사 등에 부임해 동북면 일대를 지켜냈다. 세종 때는 삼군도통사가 되어 이종무와 대마도를 정벌하고, 병조판서로 삼남 여러 지역에 읍성을 쌓았다. 1432년(세종 14) 건주여진의 평안도 침략을 물리친 공으로 우의정에 올랐다. 평안도와 함경도에 토관 제도를 시행하고, 여연과 자성 등에 성곽을 축조하는 등 4군 설치에 노력하다가 병으로 죽었다. 무신으로 정승에 올라 장상(將相)이라 불리던 최윤덕은 숙종 때 평안도 안주 청천사 사당에 을지문덕과 함께 모셔졌다.

최제우(1824~1864)

몰락한 양반에다 재가녀의 자식으로 차별받던 경주 출신의 최제우는 한 승려에게 『을묘천서』라는 비기를 얻고 수행하다가 깨달음을 얻고 1860년(철종 11) 동학을 창시했

| 최제우 |

© 국립중앙박물관

다. 〈용담가〉 〈안심가〉 등 한글 가사로 포교 활동을 하고, 「포덕문」 「논학문」 등을 저술해 교리와 사상을 체계화했다. 신도가 3천여 명을 넘어서며 동학이 빠르게 성장하자 최시형을 제2대 교주로 삼았다. 1864년(고종 1) 세상을 어지럽힌다는 죄명으로 경주에서 체포되어 대구 감영에서 처형당했다.

추사체 秋史體

| 경기도 과천에 있는
추사박물관에 전시된 추사체 |

© 유정호

조서 후기 문신이자 학자였던 김정희의 글씨체로 시기별로 차이가 있으나 제주도 유배 이후 완성되었다고 평가받는다.

춘추관 春秋館

나랏일의 기록과 역사서를 편찬하는 일을 담당하던 관청이다. 춘추관은 전담 관원이 배치되지 않고 다른 관서의 관원이 겸임하는 구조로 되어 있었다. 춘추관의 최고 책임자인 영관사는 3정승이 모두 겸직으로 맡았으며 기타 관원은 모두 문관으로 임용했다. 예문관에 소속된 여덟 명의 전임사관은 매일 국정을 기록한 사초 두 부를 작성해 한 부는 춘추관에 제출(입시사초)하고, 남은 한 부는 집에 보관(가장사초)했다. 국왕이 죽으면 사초와 『시정기』를 수합해 실록을 편찬했고, 사고에 실록을 보관하고 관리하는 역할도 담당했다.

충무위 忠武衛

5위 부대의 하나로 이성 왕족이나 외척의 자제와 정병 4만 2천여 명으로 구성되었으며, 한양 북부와 함경도의 군사를 통할했다. 임진왜란 이후 제 기능을 하지 못하고 축소되다가 1882년(고종 19) 폐지되었다.

충좌위 忠佐衛

5위 부대의 하나로 공신 자제 2,500여 명으로 구성되었으며, 한양 남부와 전라도 군사를 통할했다. 임진왜란 이후 제 기능을 하지 못하고 축소되다가 1882년(고종 19) 폐지되었다.

취재 取才

이조, 예조, 병조 등에서 하급 관리를 채용하기 위해 실시한 시험이다. 군현의 수령, 지방 교관, 기술관, 군인 등을 취재로 선발했다.

측우기 測雨器

강수량을 측정하는 도구인 측우기는 유럽보다 200년이나 앞서 제작되었다. 전해지는 것으로 가장 오래된 것은 1837년(헌종 3) 제작되어 공주 충청감영에서 보관한 측우기다. 측우기는 땅에 스며든 빗물의 깊이로 측정하는 과정에서 발생하는 오류를 해결하기 위해 문종이 세자 시절 제작했다. 지방 관아에서 측우기로 강수량과 비가 온 날짜를 기록해 보고했다. 양난 이후 중단되었다가 1770년(영조 46) 부활했다. 측우기가 만들어진 이유로 농사 진흥에 활용했다는 주

| 측우기 |

ⓒ 유정호

장과 기우제의 도구로 왕권을 강화하는 데 사용했다는 주장이 있다.

친명배금 親明排金

인조반정을 일으킨 서인은 임진왜란 때 조선을 구해준 명나라를 배반하고 중립외교를 펼치는 것을 문제 삼아 광해군을 폐위했다. 이후 인조 정권은 명나라를 중시하고 후금을 멀리하는 외교정책인 친명배금으로 국정을 운영해 정묘호란과 병자호란이 발발하고 만다.

친영 親迎

신랑이 신붓집에서 혼례를 올린 후 신부를 신랑 집으로 데려오는 혼례 절차를 일컫는 말이다. 세종은 부계 중심의 종법 질서를 만들기 위해 숙신옹주를 친영제로 보내며 장려했지만 큰 효과를 보지 못했다. 18세기에 이르러서야 부부가 혼인 후 1~2년 이내에 신랑 집으로 들어가는 친영 제도가 보편화되었다.

칠백의총 七百義塚

| 칠백의총순의비 |

ⓒ 국가유산청

ㅊ

1592년(선조 25) 조헌의 의병과 영규의 승병이 금산에서 고바야카와가 이끄는 일본군을 맞아 전원 순절하며 전라도로 가는 길목을 지켜냈다. 조헌의 제자 박정량과 전승업이 이들의 시신을 거두어 하나의 무덤으로 만들고 칠백의총이라고 불렀다. 이후 '중

봉조헌선생일군순의비'라는 비석이 세워졌고, 이들을 기리는 사당이 건립되었다. 1663년(현종 4) 조선 정부는 사액과 4결의 토지를 내려 제향을 도왔다. 일제강점기 일제는 사우와 의총을 허물고 일군순의비를 폭파하고 토지는 강제로 팔아버렸다. 광복 이후 재건되어 사적으로 지정되었다.

칠정산 七政算

세종이 즉위할 당시 원의 역법인 수시력을 정확하게 이해하지 못해 시각을 정확하게 계산하지 못하는 문제가 발생했다. 세종은 한반도에 맞는 역법을 계산하기 위해 정초와 정인지를 중심으로 1442년 한양을 기준으로 하는 역법 『칠정산 내편』을 편찬했다. 1444년에는 김담과 이순지가 아라비아 역법을 연구해 『칠정산 외편』을 편찬했다. 우리가 사용하는 1년(365일 5시 48분 45초)보다 1초 짧게 계산되는 『칠정산』은 조선의 높은 과학기술 수준을 보여준다.

칠패 七牌

17세기 한양으로 유입되는 인구가 증가하면서 서소문 밖에 형성된 시장으로 쌀, 포목, 어물 같은 품목이 거래되었다. 특히 어물이 가장 많이 거래되었는데 거래량이 시전의 내어물전의 열 배가 될 정도였다.

타조법 打租法

토지를 소유하지 못한 농민이 지주에게 토지를 빌리는 대가로 수확량의 일정 비율을 납부하는 제도로 타작법이라고 부르기도 한다. 수확량에 따라 지주가 가져가는 몫이 달라지는 만큼 소작농에 대한 감독과 간섭이 심했다. 타조법은 조선 후기 일정 수확량을 납부하는 도조법으로 변한다.

탁남 濁南

갑인예송(1674)에서 승리한 후 서인 영수 송시열의 극형에 반대하는 태도를 보인 남인 분파로 대표적 인물로 허

조선사 개념어 사전

적, 권대운 등이 있다.

탁지지 度支志

1788년(정조 12) 왕명에 따라 박일원이 호조의 모든 사례를
정리해 편찬한 서적이다. 조세와 국가 재정 등을 담당하는
호조의 기록인 만큼 조선 후기의 사회, 경제를 알려주는
중요한 자료로 평가받고 있다. 또한 중국 연호를 사용하지
않고 우리나라 편년을 사용하는 특징을 가지고 있다.

탕평책 蕩平策

『서경』「홍범편」에 나오는 탕평은 국왕이 당파에 연연하
지 않고, 중립적으로 정치를 바르게 해야 한다는 의미를
담고 있다. 탕평책을 처음 주장한 사람은 박세채로 경신
환국 직후 국왕이 당파에 상관없이 우수한 인재를 기용
해 서인과 남인의 갈등을 해결해야 한다고 말했다. 영조
는 노론과 소론의 강경파를 배제하고 온건파를 고루 등용

E

하는 완론 탕평책을 추진했다. 그러나 점차 국왕과 가까운 인물이 발탁되면서 외척이 국정을 운영하기 시작했는데 이들을 탕평당이라 불렀다. 정조는 탕평당을 비판했던 준론이라 불리는 강경파를 등용해 정국을 운영하는 준론 탕평책을 펼쳤다. 영·정조 시기 시행된 탕평책은 붕당 간의 갈등으로 발생하는 환국을 막고 왕권을 강화하는 순기능을 가져왔지만 인척을 통해 권력을 안정시키려 하는 과정이 세도정치로 이어지는 역기능을 가져오기도 했다.

태조(1335~1408, 재위 1392~1398)

왜구와 홍건적의 침입을 막아내던 고려 말 무인으로 요동 정벌 과정에서 위화도회군으로 권력을 장악한 뒤 우왕과 창왕을 폐위했다. 1392년 공양왕에게 선양받아 조선을 건국한 뒤 수도를 한양으로 옮기고 조선에 맞는 새로운 법전을 편찬했다. 향교와 성균관을 건립해 성리학을 진흥하고 불교는 억압했다. 이방석의 세자 책봉과 사병 혁파를 두고 이방원을 중심으로 하는 제1차 왕자의 난으로 왕위를 둘째 아들 이방과(정종)에게 넘기고 상왕으로 물러났

다. 제2차 왕자의 난으로 이방원이 왕위에 오르자 소요산과 함주 등 여러 곳을 떠돌다가 한양으로 돌아와 불교에 의지하며 살다가 죽었다.

| 태조 이성계 어진 |

ⓒ 유정호

태종(1367~1422, 재위 1400~1418)

태조 이성계의 다섯 번째 아들로 열일곱 살에 문과에 급제하는 등 문무에 뛰어난 능력을 보이며 조선 건국에 크게 기여했다. 그러나 공신에서 배제되고 사병 혁파 등으로 위기에 몰리자, 제1차 왕자의 난을 일으켜 권력을 장악했다. 제2차 왕자의 난 이후 국왕으로 즉위하자 처남 민무구 형제를 비롯해 왕권을 위협할 만한 세력을 숙청했다. 큰아들 양녕대군 대신 셋째 충녕대군을 국왕(세종)으로 즉위시킨 뒤에도 상왕으로 국정을 주도했다. 재위 시절 의

정부와 6조 중심의 행정 체계를 완성하고 8도 체제를 정비했다. 이외에도 의금부 설치, 억불숭유 정책, 서얼금고법, 호패법 등을 실시해 나라의 기틀을 마련했다.

택리지 擇里志

1751년(영조 27) 이중환이 쓴 지리지로 전반부는 「팔도총람」, 후반부는 「복거총론」으로 구성되어 있다. 「팔도총람」에는 전국의 지형과 자연조건 외에도 인물과 역사 등 광범위한 인문학적 내용이 담겨 있다. 「복거총론」에는 풍수지리, 인심, 경치, 경제 등 여러 조건을 비교하며 사람이 살기 좋은 지역을 제시하고 있다.

토관 土官

고려 말 원나라로부터 수복한 지역을 통제하고 북방 민족의 침입을 막기 위해 지역 유력자를 관리로 임명하는 제도로 조선 초 북방 개척 과정에서 활용되었다. 문반의 경우 해당 지역 관찰사, 무반은 병마절도사의 추천을 받아 임용되었다. 토관 출신 관료는 정5품까지 승진할 수 있었으며, 3~10결 규모의 토지 수조권을 하사받았다.

통공정책 通共政策

정조는 정경유착을 막아 백성의 생활을 안정시키고 왕권을 강화하기 위해 육의전을 제외한 모든 시전의 금난전권을 폐지하고 난전의 물품 매매를 허락했다. 그러나 자본력을 가진 사상(私商)이 거래를 독점하며 상업을 주도하는 현상이 나타났다.

통신사 通信使

일본 정세를 파악해 침략을 사전에 차단하려는 목적으로 보낸 사신단으로 조선통신사라고 부르기도 한다. 임진왜란이 끝난 직후에는 전쟁 종결 강화 교섭과 붙잡혀간 조선인을 데려오기 위해 통신사를 파견했다. 1811년(순조 11)까

E

| 통신사 행렬 |

ⓒ 유정호

지 에도 막부는 정통성을 강화하고 조선의 선진문물을 수
용하기 위해 통신사 파견을 요청했다. 6개월에서 1년 동안
한양-부산-대마도-시모노세키-오사카-에도(도쿄)에 도
착하기까지 소요되는 비용은 모두 에도 막부가 부담했다.

통청 通清

조선 후기 서얼과 중인 등 중간 계층이 청요직을 포함한
높은 관직으로 진출하고자 벌인 움직임을 일컫는 말이다.
서얼이 연대해 차별 폐지 상소를 올리는 등 신분 상승을

　　　　　　　　　　　　　　조선사 개념어 사전

위한 움직임을 보이자 영조와 정조는 향교와 서원에서의 직임을 허용하고 규장각검서관으로 기용했다. 반면 중인들도 통청운동을 벌였지만 허용되지 않았다.

E

판소리

부채를 든 소리꾼이 북 반주에 맞추어 노래, 말, 몸짓을 섞어 이야기를 풀어내는 공연 예술이다. 17~18세기 등장한 판소리는 서민 경제 발달과 문화 수준이 높아졌음을 보여준다. 민간에 전래하는 설화를 바탕으로 구성된 판소리는 열두 마당이 있었는데, 현재는 〈춘향가〉〈심청가〉 등 다섯 마당만 전해진다.

판옥선 板屋船

을묘왜변을 계기로 빠르고 거친 물살을 잘 견디며 화포 공격을 할 수 있도록 제작된 전선이다. 판옥선은 적선을

　조선사 개념어 사전

| 국립진주박물관에 전시된 판옥선 모형 |

ⓒ 유정호

공격하는 병사들이 머무는 위 갑판(판옥)과 노를 저어 배를 움직이는 격군이 머무는 아래 갑판 2층 구조로 되어 있다. 판옥선은 일본 배에 비해 크고 선체가 높아서 더 많은 병력과 무기를 실을 수 있었다. 그러나 속도가 느려 원거리에서 활과 대포로 공격해 적선을 격침하는 전술을 펼쳤다.

판적사 版籍司

태종 때 설치된 호조 소속의 관청으로 호구 조사, 토지 측량과 관리, 부역, 조세, 공물 부과와 징수, 풍흉 조사, 곡식 대여 등을 맡았다.

Ⅱ

팔도지리지 八道地理志

1478년(성종 9) 집현전직제학 양성지가 세조의 명령을 받아 완성한 지리지다. 세종 때 편찬한 『신찬팔도지리지』이후 변화된 내용을 보충한 것으로 알려졌으나 현재 전하지는 않는다.

편액 扁額

종이, 비단, 널빤지에 쓴 글씨나 그림으로 현판이라고도 부른다. 편액은 도성 문루, 전각, 사찰, 관아, 향교, 일반 주택에 걸렸으며 전각의 명칭 외에도

| 함경남도 함흥에 있는
김정희가 쓴 진흥왕순수비 편액 |

ⓒ 국립중앙박물관

건물 관련 사항이나 문인들의 글씨가 적혀 있기도 했다.

조선사 개념어 사전

편전 片箭

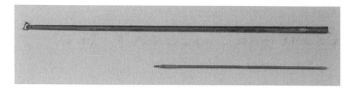

| 통아(위)와 편전(아래) |

동전, 변전, 애기살이라고도 불리는 편전은 24~36cm의 짧은 화살촉으로 대나무를 반으로 쪼갠 통아에 넣어 발사되었다. 편전은 일반 화살보다 사거리가 더 길어서 200~500m 정도까지 날아갔으며 관통력도 매우 뛰어나서 먼 곳에서 쏴도 갑옷을 뚫을 정도로 살상력이 높았다. 또한 편전은 언제 발사되는지 가늠하기 어렵고 발사 속도가 매우 빨라서 적군이 막아내지 못했다. 조선은 편전 사격 기술이 주변국에 넘어가는 것을 경계해 국경 지역과 외국인 앞에서는 연습을 금지했다.

평시서 平市署

'경시서' 항목 참조.

폐비 윤씨(?~1482)

성종의 계비로 연산군을 낳고 다른 후궁을 저주하거나 독극물을 음식에 넣는 투기를 부렸다. 성종의 얼굴을 할퀸 죄로 궁에서 쫓겨나 사사되어 동대문 밖에 묻혔다. 성종은 자신이 죽은 뒤 100년 동안 폐비 윤씨 문제를 거론하지 못하도록 했으나, 연산군은 폐비 윤씨의 죽음과 관련해 갑자사화를 일으켰다.

포폄 褒貶

관료의 근무 성적을 평가해 포상(포)이나 징계(폄)하는 것으로 매년 6월 15일과 12월 15일에 이루어졌다. 경관은 해당 관청의 당상관이, 외관은 관찰사와 병마절도사가 포폄을 담당했다. 단, 제주의 경우는 제주목사가 등제를 매겨 관찰사에게 보고했다. 성적에 따라 자급이 올라가거나 파직되기도 했다.

표해록 漂海錄

최부가 1488년(성종 19) 국왕의 명령을 받아 작성한 일기 형식의 명나라 기행문이다. 조선시대에는 최부의 『표해록』 외에도 동일한 제목의 기행문이 많았는데, 이는 중국으로 표류했다가 돌아온 이들이 그만큼 많았음을 보여준다.

Ⅱ

하륜(1347~1416)

조선의 새로운 수도로 무악을 추천했던 하륜은 충청도도순
찰사로 제1차 왕자의 난에서 이방원을 도와 정사공신 1등
에 책록되었다. 제2차 왕자의 난에서도 이방원을 도와 권
력의 중심에 들어서면서 6조직계제, 저화 발행, 신문고 설
치 등을 주장해 실행시켰다. 『동국사략』을 편수하고 『태
조실록』을 편찬했으며 문집으로 『호정집』이 있다.

하멜표류기

1653년 네덜란드인 하멜(1630~1692)을 포함한 서른여섯 명
의 선원이 풍랑으로 표류하다가 제주도에 도착했다. 효종

| 고향인 네덜란드 호린험에
세워진 하멜 동상 |

© Wikifrits

은 북벌을 위한 화포 제작 담당으로 훈련도감에 배속했으나 계속 도망가려고 해 전라도 강진으로 쫓겨났다. 효종 사후 감시가 소홀해지자 하멜은 동료 일곱 명과 함께 일본으로 탈출했다. 동인도회사를 통한 교섭으로 조선에 남은 선원을 데리고 네덜란드로 돌아간 하멜은 13년 이상 밀린 봉급을 받기 위해『하멜표류기』를 작성해 발표했다.

하위지(1412~1456)

사육신의 한 명으로 집현전직전으로 있을 때 수양대군(세조)을 보좌해『진설』을 교정하고,『역대병요』편찬에 참여했다. 계유정난에 불만을 품은 하위지는 세조의 부름을 받고 예조참판이 되어 단종 복위를 계획하다가 체포되어 거열형으로 죽었다. 관료로 있는 동안 세조에게 받은 녹

ㅎ

봉을 사용하지 않은 것으로 유명하다.

한명회(1415~1487)

명나라에서 조선이라는 국호를 받아온 한상질의 손자로 과거에 합격하지 못하다가 마흔 살이 넘은 나이에 음서로 개성 경덕궁직을 맡았다. 권람의 소개로 수양대군을 만나 계유정난을 성공시키는 중추적인 역할을 했으며 사육신의 난을 막는 데 공을 세웠다. 황해·평안·함경·강원 4도 체찰사로 국경 지대를 안정시키고 정승으로 국정을 운영했다. 세조가 말년에 한명회를 견제하기 위해 남이를 등용했으나 예종 즉위 후 남이를 제거했다. 성종 즉위 초에는 원상이자 국왕의 장인으로 병권을 장악해 국정을 이끌었다. 그러나 한명회의 딸이자 성종의 비였던 공혜왕후가 죽고, 성종이 직접 정치에 나서면서 권력에서 밀려났다. 연산군 때 폐비 윤씨와 관련해 무덤이 파헤쳐지고 시신이 토막 나는 부관참시를 당했다.

한산도대첩 閑山島大捷

| 한산도대첩이 벌어진 경상남도 통영의 한산도 |

ⓒ 유정호

조선 수군의 활약으로 군수물자 보급로 확보가 어려워진 일본은 대규모 수군을 출동시켜 제해권을 장악하고자 했다. 1592년(선조 25) 이순신은 전라우수사 이억기와 경상우수사 원균을 합류시킨 총 55척의 배로 한산도에서 와키자카 야스하루가 이끄는 73척의 전선 중 47척을 격침하고 12척을 나포하는 승리를 거두었다. 임진왜란 3대 대첩으로 꼽히는 한산도대첩으로 일본군이 북진하지 못하면서 전쟁의 판도가 바뀐다.

ㅎ

한성부 漢城府

한양의 호적, 부역, 진휼 등 행정 업무와 도로, 화재 등 도시를 관리하는 관청이자 한양의 행정구역 명칭이다. 한성부는 민사소송과 형사사건을 담당하며 형조, 사헌부와 함께 삼법사(三法司)로 불렀다. 호적 업무에서는 한양만이 아니라 전국의 호적을 담당했다. 정2품직 판윤을 비롯한 약 90여 명이 근무했다.

한전론 限田論

국가의 토지는 국왕의 소유라는 개념 아래 개인의 토지 소유에 제한을 두자고 주장한 토지개혁안이다. 강제로 토지를 빼앗기보다는 생존에 필요한 토지를 배분한 뒤 생업을 이어갈 최소한의 토지는 매매할 수 없도록 금지하자고 주장했다. 그러나 현실에서 시행되지 못하고, 지주의 광범위한 토지 소유를 비판하는 데 그쳤다.

한호(1543~1605)

한석봉으로 더 잘 알려진 서예가로 왕희지와 안진경의 필법을 익히며 모든 서체에 뛰어났다. 임금이 내리는 문서나 외교 문서를 작성하는 사자관으로 국가의 주요 문서를 도맡아 작성했다. 임진왜란 때 온 명나라 장수 이여송도 글씨를 받아 갈 정도로 한호의 글씨는 명나라에서도 유명했다.

항조 抗租

소작인들이 지주에게 지대를 납부하지 않는 저항 방식으로 개인 소유의 사유지 외에 국가에서 관장하는 둔토(군량 지급하기 위한 토지)와 궁장토(궁궐에 딸린 토지)에서도 발생했다.

ㅎ

해동역사 海東繹史

19세기 초 실학자 한치윤이 우리 역사를 바로 세우기 위한 목적으로 쓴 역사서다. 본편 70권과 그가 죽으면서 마무리하지 못한 『지리고』를 조카 한진서가 보충한 15권으로 구성되어 있다. 중국 서적 523종과 일본 서적 22종에 기록된 우리 역사를 발췌해 단군조선에서 고려까지의 역사를 기전체 방식으로 서술했다.

햇무리

옅은 구름이나 안개 때문에 해 둘레에 둥글게 나타나는 테두리로 한자로는 일훈(日暈)이라고 부르며 『조선왕조실록』에 자주 등장한다. 중국에서는 왕조 몰락이나 자연재해의 징조로 해석했고, 조선은 비나 눈의 징조로 여겨져 농업과 관련해 의미를 두었다.

행궁 行宮

| 조선의 여러 행궁 중 하나인 남한산성 행궁의 정문 |

ⓒ 유정호

국왕이 궁궐을 떠나 이동할 때 임시로 거처하는 곳을 일
컫는 말로 이궁, 행재소라고 부른다. 장소와 상황에 따라
막사를 지어 머무르거나 관서 또는 부호의 집에 머무르기
도 했다. 국왕이 자주 행차하는 곳은 행궁을 세우고, 지역
의 학자를 불러 여론을 듣거나 의견을 묻기도 했다. 대표
적인 행궁으로 세종의 온양 행궁, 세조의 오대산 상원암
행궁, 인조의 남한산성 행궁이 있다.

ㅎ

행수법 行守法

순자법 때문에 관직과 품계가 일치하지 않는 문제를 해결하고자 만든 제도다. 품계가 높은 사람이 낮은 관직에 임용되면 '계고직비'라 해 관직 앞에 '행(行)'자를 붙였다. 반대로 품계 낮은 사람이 높은 관직에 임용되면 '계비직고'라 해 관직 앞에 '수(守)'자를 붙였다.

행주대첩 幸州大捷

| 행주산성에 새겨진 의병의 전투 모습 |

ⓒ 유정호

1593년(선조 26) 조명 연합군이 평양성을 수복하자, 전라도관찰사 겸 순찰사 권율이 명군과의 합동작전으로 한양을 되찾으려고 행주산성에 주둔했다. 그러나 이여송이 이끄는 명군이 독자적으로 한양을 점령하려다 패배하고 돌아가자, 일본군은 3만여 병력으로 행주산성을 아홉 차례 공격했다. 권율과 1만여 명의 조선군은 일본군 총대장이던 우키타 히데이에를 비롯한 여러 장수에게 상처 입히며 승리를 거뒀다. 임진왜란의 3대 대첩으로 꼽히는 행주대첩으로 권율은 도원수에 임명된다.

향교 鄕校

| 경기도 과천에 있는 과천향교 |

ⓒ 유정호

유교 이념을 확산하고 통치 질서를 세우기 위한 지방 관립 교육기관으로 전국 대부분의 군현에 설립되었는데, 고을의 위상과 크기에 따라 입학 정원이 30~90명으로 각기 달랐다. 향교는 중앙 정부에서 지급한 학전(學田)을 재원으로 삼아 공자와 선현의 위패를 모시는 문묘와 교관이 교생을 가르치는 교육 두 가지 기능을 담당했다. 조선 후기에는 군역을 피하는 수단 또는 양반 신분을 보증해주는 수단으로 활용되었다.

향리 鄕吏

고려와 달리 조선의 향리는 과거에 응시해 관료가 될 수 없게 되면서 지방 행정 실무를 담당하는 하급 관리인 중인으로 전락했다. 이들은 이방·호방·예방·병방·형방·공방으로 나누어 업무를 분담했으며, 우두머리를 호장이라 불렀다. 이들에게는 급료가 지급되지 않았으며 업무 수행에 들어가는 비용도 직접 부담해야 했다. 그로 인해 향리들은 세습되는 향리역을 피해 도망가거나 백성을 수탈하는 부패를 저지르기도 했다.

향반 鄕班

향교나 서원을 통해 향촌에서 영향력을 행사하는 양반을 일컫는 말이다. 중앙 정계에서 쫓겨나 낙향한 양반과 벼슬하지 못한 지역 양반이 향촌의 주도권을 두고 대립하는 향전(鄕戰)을 벌이기도 했다.

향사례 鄕射禮

향촌 교화를 목적으로 수령이 봄과 가을 두 차례에 걸쳐 효·제·충·신·예에 뛰어난 사람을 초청해 술과 음식을 베풀고 연회가 끝난 뒤 편을 갈라 활쏘기하던 행사다. 향약이 보급되면서 별도로 시행되기보다는 향약의 부속 행사로 진행되었다.

ㅎ

향시 鄕試

| 함경도에서 진행된 향시를 그린 <북새선은도> |

© 국립중앙박물관

소과(문과), 무과의 1차 시험인 초시 중 8도에서 진행되는
시험으로 합격자에게는 복시에 응시할 자격이 주어졌다.
소과(문과)는 관찰사가 관장했으며, 무과는 병마절도사가
관장했다.

향약 鄕約

향촌 규약의 줄임말로 사림파는 하층민을 통제하고 훈구파를 몰아내어 정권을 잡는 기반으로 활용했다. 17세기 말부터 수령이 향약을 백성 통제 수단과 더불어 재산을 빼앗는 용도로 활용하자, 정약용 등 실학자들은 향약의 폐단을 거론하며 폐지를 주장했다.

향약집성방 鄕藥集成方

1433년 세종의 명령으로 유효통과 노중례가 2년에 걸친 노력 끝에 우리의 약재와 치료 방법을 85권 30책으로 편찬한 의학서다. 1~75권의 임상 치료 편에서는 외과·부인과 등 959개의 증상으로 질병을 구분하고, 1만 7천여 개의 민간요법과 치료 방법을 설명하고 있다. 76~85권까지는 우리나라 약재를 우리 이름으로 기록해 광물성·식물성·동물성 약재로 구분하고, 채취 시기와 효능을 자세히 적어놓았다. 허준이 『동의보감』을 편찬하는 데 큰 도움을 주었던 『향약집성방』은 의학 지식 외에도 우리의 옛 언어

ㅎ

를 밝히는 중요한 자료로 활용되고 있다.

향약채취월령 鄕藥採取月令

1431년 『향약집성방』을 제작하기 위해 세종의 명령을 받아 유효통과 노중례 등이 한반도에서 생산되는 약초와 채취 시기를 기록해 간행한 의학서다.

향음주례 鄕飮酒禮

수령이 매년 음력 10월 학식과 연륜이 높은 사람을 향교나 서원에 모셔 잔치를 여는 의례 행사다. 어른을 공경하고 봉양하는 자세를 가르치는 데 목적이 있는 만큼 술자리가 끝나면 향약의 약조 등을 읽으며 마무리했다.

향임 鄕任

수령을 보좌하고 향리의 잘못을 바로잡는 향임은 수령이 고을에 덕망이 있거나 벼슬을 지낸 사람 중에서 2년 임기로 선발해 임명했다. 주와 부는 4~5인, 군은 3인, 현은 2인의 향임이 배치되었는데, 이들은 좌수·좌별감·우별감으로 나누어 6방을 감찰했다. 향임의 다른 명칭으로 감관 또는 향정이 있다.

향회 鄕會

지방의 사대부들이 운영하는 회의로 유향소와 더불어 지방민을 통제하는 수단으로 활용했다. 초기에는 향회 출석부인 향안에 이름이 등록되면 사대부로 인정받는 등 양반의 권위를 높여주었으나, 조선 후기 수령의 권한이 강해지면서 세금 징수 자문 정도의 역할만 수행했다. 또한 평민층도 향회에 참여하기 시작하면서 삼정의 문란에 맞서 여론을 조성하고 민란을 일으키는 역할도 수행했다.

ㅎ

허균(1569~1618)

세자시강원설서와 황해도도사에 임명되었으나 한양 기생을 끌어들였다는 이유로 탄핵받아 파직되는 등 여러 차례 복직과 파직을 반복했다. 광해군 때 이이첨과 함께 인목대비 폐모론을 주장해 신임을 얻었으나, 조카사위인 의창군을 국왕으로 추대하려 했다는 역모죄로 참형당했다. 최초의 한글 소설이자 사회 모순을 비판한 『홍길동전』을 비롯한 『학산초담』 『한정록』 등 여러 소설을 집필했다.

허난설헌(1563~1589)

허균의 누나 허난설헌은 여덟 살 때 신선이 사는 세계를 시로 표현한 「광한전 백옥루 상량문」을 지을 정도로 이미 뛰어난 재주를 보이면서 당나라 시를 잘 짓기로 유명한 이달의 지도를 받았다. 열다섯 살에 혼인했으나 고된 시

| 강원도 강릉 허난설헌 생가터에 세워진 시비 |

ⓒ 유정호

496　　　　　　　　조선사 개념어 사전

집살이 중에 두 아이가 전염병으로 죽었다. 아버지 허엽과 오빠 허봉의 연이은 죽음에 충격을 받아 스물일곱 살에 요절했다. 허균이 남아 있던 허난설헌의 시와 자신이 외우고 있던 허난설헌의 시를 모아 『난설헌집』을 출간했는데 조선만이 아니라 일본과 명나라에서 큰 인기를 얻었다.

허적(1610~1680)

자의대비 상복을 두고 벌어진 갑인예송(1674)에서 영의정이 되어 기년복을 통과시키며 남인이 정권을 주도하게 만들었다. 송시열의 극형을 두고 남인이 청남과 탁남으로 분열되자 극형을 반대하는 탁남의 영수가 되었다. 1680년 조부 허잠에게 시호가 내려지는 것을 축하하는 자리에서 숙종의 허락 없이 왕실 천막인 용봉차일을 사용해 미움을 받던 중 정원로가 허적의 서자 허견의 역모를 고변한 일로 경신환국 때 사사되었다.

ㅎ

허준(1539~1615)

용천부사를 지낸 허론의 서자로 지방
에서 의원으로 활동하다가 정승 유의
천의 종기를 치료한 일로 천거받아
내의원이 되었다. 선조의 명령을 받
아『맥경』『찬도방론맥결집성』을 교
정 집필했으며 천연두에 걸린 세자
시절의 광해군을 치료해 정3품 당상
관이 되었다. 중인 신분을 벗고 문관
이 된 허준은 선조의 명령을 받아『동
의보감』을 1610년(광해 2) 완성했다.
이외에도 의학 서적을 한글로 번역한

| 허준 |

ⓒ 한국민족문화대백과사전

『언해태산집요』『언해구급방』『언해두창집요』를 집필하
고 동아시아 최초로 성홍열을 다룬『벽역신방』등을 저술
했다.

허통 許通

명종과 선조 때 일시적으로 서얼이 관직에 나갈 수 있게 허용(허통)하다가, 인조 때 '허통사목'을 제정해 양인 첩의 자손은 손자, 천인 첩의 자손은 증손부터 관직 진출이 가능해졌다. 숙종 때는 서얼을 호적에 유학[幼學, 관직에 나가지 못한 살아 있는 유생, 죽어서는 학생(學生)으로 불렸다]으로 기록하는 것을 허용했고, 정조는 '정유절목'을 제정해 서얼이 요직에 오를 수 있는 길을 마련해주었다. 1823년(순조 23)에는 1만여 명의 서얼 유생이 허통을 요구하는 상소가 받아들여져 종2품까지 오를 수 있게 되었다.

헌종(1827~1849, 재위 1834~1849)

효명세자가 갑자기 죽으면서 조선시대 가장 어린 나이인 여덟 살에 국왕으로 즉위했다. 헌종의 할머니 순원왕후의 수렴청정이 끝나면서 안동 김씨와 풍양 조씨의 권력 다툼이 벌어졌다. 재위 시기 유난히 자연재해가 많았으며 이양선이 출몰하는 등 정국이 불안했다. 풍양 조씨 주도로

ㅎ

기해박해(1839)가 일어나고 최초의 한국인 신부 김대건도 서양 성직자 잠입 해로를 개척하다가 처형되었다.

현덕왕후(1418~1441)

세자궁의 궁녀였다가 문종의 아이를 가지면서 정4품 승휘에 올랐다. 세자빈 순빈 봉씨가 동성애로 폐위되자 문종의 세 번째 세자빈으로 책봉되었다. 1441년(세종 23) 단종을 출산했으나 3일 뒤에 죽었다. 단종이 폐위되면서 종묘에서 신주가 철거되었다가 1699년(숙종 25) 신원되었다. 슬하에 단종과 경혜공주가 있다.

현량과 賢良科

중종 때 조광조가 학문과 덕행을 갖춘 인재를 과거제로는 뽑기 어렵다며 천거를 통해 인재를 등용하는 현량과를 제안했다. 1519년 천거된 120명에게 중종이 시국 문제 해결책을 물어본 뒤 28명을 선발하는 현량과를 처음 시행했다. 그러나 기묘사화로 조광조가 실각하면서 현량과는 폐지되었다.

현종(1641~1674, 재위 1659~1674)

효종이 청나라 심양에 볼모로 있을 때 태어난 현종은 1649년(인조 27)에 왕세손으로 책봉되었다. 1659년 효종이 죽자 인조의 계비인 자의대비의 복상을 두고 서인과 남인이 충돌하는 기해예송이 일어났다. 1674년에는 효종의 비 인선왕후가 죽자 자의대비의 복상을 두고 다시 남인과 서인이 충돌하는 갑인예송이 일어났다. 재위 기간 전라도에 대동법을 시행해 국고를 확충하고, 혼천의를 만드는 등 역법 연구와 문학 진흥에 힘썼다.

혈주 穴主

조선 후기 광산 채굴업자.

형조 刑曹

6조의 하나로 추관 또는 추조라고도 불리며 법률, 소송, 형옥, 노비에 관한 일을 맡아보던 관청이다. 의금부, 한성부와 함께 삼법사(三法司)라고 불리던 형조는 상복사, 고율사, 장금사, 장례사 네 개의 사(司)와 전옥서, 장례원 등의 속아문을 두었다.

호군 護軍

조선 전기 정4품의 중앙 군영의 지휘관으로 궁궐에 설치된 호군청에 머물며 도성과 궁성을 순찰했다. 조선 후기에는 실제 직무 없이 녹봉만 지급하는 산직으로 변했다.

호락논쟁 湖洛論爭

18세기 송시열의 직계 제자들이 벌인 사상 논쟁이다. 인성(인간의 본성)과 물성(물질의 본성)이 다르다는 인물성이론을 지지하는 호론은 존화양이론을 강조하며 북벌론을 지지했다. 또한 신분제와 지주제를 옹호하면서 구한말 위정척사와 의병 활동에 영향을 미쳤다. 인성과 물성이 같다는 인물성동론을 지지하는 낙론은 청나라를 선진국으로 인식하고 이용후생을 강조했다. 이들은 구한말 서구 문물을 수용하자는 개화파에 영향을 주었다.

호분위 虎賁衛

5위 부대의 하나로 왕실 종친과 5천 명의 팽배로 구성되었으며 한양 서부와 평안도 군사를 통할했다. 임진왜란 이후 제 기능을 못하고 축소되었다가 1882년(고종 19) 폐지되었다.

호조 戶曹

ㅎ

6조의 하나로 인구, 공물, 토지 등 재화와 경제에 관련된 업무를 담당하던 관청으로 판적사, 회계사, 경비사 세 개의 사(司)를 두었다.

호패 號牌

1413년(태종 13) 16세 이상의 남자 양인에게 발급된 신분증이다. 민정(民丁)의 수를 파악해 군역과 요역을 수취하기 위해 호패를 발급했으나 세종 때 전체 인구의 10~20%만 발급받을 정도로 백성의 반발이 컸다. 세조는 호패에 관한 사무를 담당하는 호패청을 두었고, 인조는 호패를 소지하지 않

| 호패 |

© 유정호

으면 효수형에 처하는 등 강력하게 시행한 결과 숙종 때 정착되었다. 2품 이상의 관료와 삼사의 관원은 관청에서 제작한 호패를 받았던 반면 백성은 이름, 신분, 직역, 거주지 등을 담은 종이를 관청에 제출해 사실 여부를 확인받은 뒤 호패를 받았다. 호패의 경우 양반은 상아처럼 고급 재료를 사용했지만 상민의 경우 나무로 제작되는 등 신분

에 따라 재질이 달랐다.

혼일강리역대국도지도 混一疆理歷代國都之圖

1402년(태종 2) 김사형, 이무 등이 제작한 우리나라 최초 이자 동양에서 현존하는 가장 오래된 세계지도다. 가로 164cm, 세로 148cm의 크기의 지도에는 중화사상에 따라 중국이 중앙에 가장 크게 그려지고 조선이 다음으로 크게

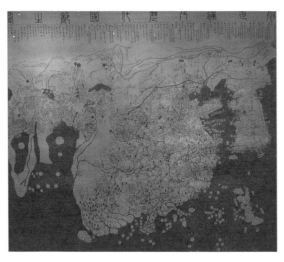

| <혼일강리역대국도지도> |

ⓒ 유정호

ㅎ

505

그려져 있다. 하지만 일본의 지리적 위치가 부정확하고 유럽과 아프리카는 매우 작게 그려지는 오류가 있다. 현재 일본 류코쿠대학 도서관에서 보관하고 있다.

홉

부피를 나타내는 단위로 합(合)이라고도 부른다. 1홉은 1/10되로 약 180ml다.

홍경래의 난

1811년(순조 11) 오래 지속된 지역 차별과 삼정의 문란으로 불만이 높아진 평안도에서 홍경래가 일으킨 난이다. 몰락한 양반이던 홍경래는 자신을 평서대원수라 부르며 가산군 다복동에서 봉기해 가산, 정주, 곽산, 선천 등 평안도 일대를 점령했다. 그러나 관군의 반격으로 내분이 일어난 상황에서 홍경래가 부상을 당하자, 반군은 정주성으로 퇴각했다. 관군은 폭약으로 성벽을 파괴하고 정주성에 있던 열 살 이하의 아이를 제외한 1,917명을 사살하며 진압했다. 사람들은 홍경래의 죽음을 믿지 않고 새로운 세상을 꿈꿨으며, 순조는 홍경래의 난 이후 국정 운영의 의지를 상실하면서 안동 김씨가 권력을 장악하기에 이른다.

홍국영(1748~1781)

세손 시절의 정조를 보필하면서 정조의 대리청정을 성사시키고, 국왕으로 즉위한 정조를 죽이려는 역모를 막아냈다. 정조는 즉위 후 홍국영을 도승지로 임명하고, 자신의 신변을 보호하는 숙위소 대장에 이어 훈련대장과 금위대장으로 임명해 군권을 맡겼다. 왕비가 자식을 낳지 못한다는 이유로 후궁으로 들여보낸 여동생이 2년 만에 죽자 독살한 범인을 찾는다며 궁궐 나인에게 가혹한 형벌을 내리는 등 횡포를 부렸다. 정조의 이복동생 은언군의 아들 이담을 여동생(원빈 홍씨)의 양자로 삼아 세자로 책봉하려는 횡포가 정후겸 못지않다고 해 대후겸으로 불렸다. 정조와 독대 후 은퇴한 홍국영은 서른세 살의 나이에 강릉 바닷가에서 죽었다.

ㅎ

홍길동(?~1500?)

연산군 때 충청도 일대를 뒤집어놓던 도적으로 허균의 『홍길동전』의 모델이며 이익이 조선의 3대 도적 중 한 명으로 손꼽았다. 관료들과 결탁하고 스스로를 당상관으로 위장해 관아를 자유롭게 출입하며 재물을 빼앗은 죄를 무겁게 물어 강상죄로 처벌했다. 홍길동이 죽은 지 10년 뒤인 중종 때 호조에서 홍길동의 도둑질로 도망간 사람이 많아 세금을 거두기가 어렵다고 보고할 정도로 큰 피해를 주었다.

홍대용(1731~1783)

작은아버지 홍억의 수행 군관으로 청을 방문한 뒤 청의 선진문물과 서양 문물을 받아들여야 한다고 주장했다. 구체적으로는 지구 자전설, 균전제와 부병제를 토대로 하는 경제 개혁, 과거제를 폐지하고 공거제를 통한 인재 등용, 신분 철폐와 의무교육 등을 주장했다. 특히 중국 중심의 질서를 부정하며 모든 국가의 주체성을 강조했다.

홍무정운역훈 洪武正韻譯訓

한자의 중국어 발음을 정확하게 가르치기 위해 명나라에서 편찬한『홍무정운』을 훈민정음으로 표음하고 주석을 붙여 편찬한 책이다. 신숙주와 성삼문이 중국을 7~8차례 방문하고, 조선에 온 중국 사신에게 물어보는 등의 노력 끝에 6년 만인 1455년(단종 3) 완성했다.

홍문관 弘文館

옥당, 옥서, 영각이라고도 불리는 홍문관은 궁중의 서적을 관리하고 왕에게 자문하는 역할을 담당하는 관청이다. 1478년(성종 9) 혁파된 집현전의 기능을 장서 출납을 담당하던 홍문관이 계승하면서 사헌부, 사간원과 더불어 삼사로 불리며 학술과 언론기관으로 자리 잡았다. 특히 청요직의 상징인 홍문관을 거치면 정승과 판서 등 고위 관료로 승진할 수 있었다.

ㅎ

홍이포 紅夷砲

붉은 머리카락의 네덜란
드인이 사용하던 무기라
고 해 명나라에서 홍이포
라 불렀다. 네덜란드와의
전쟁에서 홍이포의 위력을
체감한 명나라는 홍이포를

| 홍이포 |

수입·제작해 전쟁에서 활용했다. 병자호란 때 청나라군도
홍이포를 활용해 조선의 항복을 받아냈다. 조선도 박연
등 네덜란드인을 훈련도감에 배속해 홍이포 제작과 사용
법을 가르치도록 하는 등 국방력 강화에 활용했다.

홍패 紅牌

문과, 무과의 전시 합격자에게 준 증서
로 붉은 바탕의 종이에 합격자의 성적,
등급, 성명이 기재되어 있었다. 생원이
나 진사의 경우는 백패가 지급되었다.

| 1814년 문과에 장원으로
합격한 조기영의 홍패 |

ⓒ 국립중앙박물관

화성성역의궤 華城城役儀軌

| 『화성성역의궤』 |
ⓒ 국립중앙박물관

1794~1796년(정조 18~20) 수원 화성의 준비부터 완공에 이르는 모든 과정을 기록한 열 권의 책이다. 공사 일정, 동원된 인부(1,280명), 연 동원 일수(37만 6,342일), 각 건물에 대한 설명, 사용된 자재(벽돌 69만 5천 장)와 건설 방법 등이 자세하게 기록되어 있다. 화성 건설을 선전하기 위해 제작된 『화성성역의궤』는 2007년 유네스코 세계기록유산으로 등재되었다.

화차 火車

두 개의 바퀴가 달린 수레 위에 수십 개의 총과 화포를 장치해 한 번에 여러 발을 쏠 수 있게 만든 무기다. 1409년 (태종 9) 최해산이 만든 최초의 화차를 문종이 정확한 조준과 사거리를 높이도록 개량하고, 지방에 500여 대의 화

ㅎ

차를 배치했다. 전쟁 중에
는 막강한 위력을 발휘하
는 무기였지만 평상시에는
무거운 물건을 운반하는
수레로 활용했다. 임진왜
란 때 변이중이 개량한 화
차는 경주 탈환과 행주대

| 덕수궁에 전시된 화차 |
ⓒ 표영관

첩에서 승리하는 데 도움을 주었다.

환국 換局

숙종 때 정국을 주도하던 서인과 남인을 급격하게 교체
하는 현상을 말한다. 숙종은 경신환국, 기사환국, 갑술환
국으로 관료들을 통제해 국왕이 국정을 주도하고자 했다.
환국 이후 권력을 장악한 붕당이 상대 붕당을 인정하지
않고 탄압하여 배제하는 방식으로 변하면서 일당 전제로
나간다.

황구첨정 黃口簽丁

조선 후기 군정 폐단의 하나로 군역의 대상이 아닌 15세 이하의 어린아이를 군적에 올려 군포를 징수하는 부정한 방법.

황보인(1387~1453)

병조판서를 역임하고 김종서와 함께 6진을 개척하는 등 여러 공로를 세워 세종이 자신을 항상 호종하라고 명령할 정도로 아낌을 받았다. 문종이 즉위하자 사은사로 명나라에 가서 고명을 받아 왔으며 영의정부사로 임명되었다. 문종이 죽자 유훈에 따라 단종을 보필하면서『세종실록』을 감수했다. 그러나 김종서와 함께 인사 대상자의 이름에 황색으로 점을 찍어 올리는 황표정사 등으로 권한이 커지자 이를 견제한 수양대군이 일으킨 계유정난 때 피살되었다.

ㅎ

황사영 백서 黃嗣永帛書

1801년(순조 1) 천주교를 탄압하는 신유박해를 피해 제천의 토기 굽는 마을 배론으로 피신한 황사영(1775~1801)이 북경 주교에게 보낸 편지다. 길이 62cm, 너비 38cm 비단에 적힌 1만 3,384자에는 청 황제가 조선에 압력을 행사해 서양인 선교사를 받아들이게 하거나 조

| 교황청에서 인쇄한 「황사영 백서」 |
ⓒ 국립중앙박물관

선을 청 영토로 편입시켜달라는 요청이 들어 있다. 또한 이 모두가 불가능하면 서양 군대를 조선에 파견해 신앙의 자유를 보장해달라고 했다. 한양 주교로 있던 뮈텔은 의금부에 압수되어 보관 중이던 「황사영 백서」를 1925년 교황 피우스 11세에게 바쳤고 교황청은 200부를 인쇄해 주요 가톨릭 국가에 배포했다. 현재 로마 교황청 민속박물관에 보관되어 있다.

황윤길(1536~?)

1590년(선조 23) 통신사 정사를 맡아 도요토미 히데요시를 만나고 돌아온 뒤 전쟁을 대비해야 한다고 보고했다. 그러나 전쟁이 일어나지 않을 것이라고 주장한 김성일의 주장이 받아들여지면서 임진왜란에 대한 대비가 제대로 이루어지지 않았다.

황진이(?~?)

양반 아버지와 천민 어머니를 둔 얼녀 출신의 기생으로 많은 일화를 남겼다. 황진이의 유혹에 넘어가지 않을 것이라는 벽계수를 망신 주고, 살아 있는 부처라 불리던 지족선사를 유혹해 파계시켰다. 그러나 서경덕을 유혹하는 데 실패하고는 그의 제자가 되기를 청하기도 했다. 이외에도 한양 제일의 소리꾼 이사종 등 많은 유명인과 풍문을 만들어내다가 40세 전후로 생을 마감하고 개경에 묻혔다. 대표적인 작품으로 「청산리 벽계수야」 「박연」 「동짓달 기나긴 밤을」 등이 있다.

ㅎ

황표정사 黃標政事

문종은 김종서와 황보인 등 중신에게 단종을 보필하라는
유훈을 남겼다. 이에 따라 김종서와 황보인이 인사 대상자
중 임명할 사람 이름 위에 노란 종이를 붙이면, 단종은 그
위에 점을 찍어 임명했다. 관료들이 이 모습을 부정적으로
보면서 계유정난이 일어나는 명분으로 작용한다.

황희(1363~1452)

조선이 건국하자 두문동에 은거
했다고 전해지며 태조 이성계의
부름을 받아 관직에 나왔다. 양녕
대군을 두둔하다 여러 차례 파직
당하고, 그를 폐세자시키는 일에
반대했다가 남원으로 유배 보내
졌다. 세종은 황희에게 주요 직책
을 맡겨 자신을 보필하도록 했다.
이후 황희는 세종의 많은 업적이

| 황희 |

ⓒ 유정호

조선사 개념어 사전

이루어질 수 있도록 보필한 공로로 조선을 대표하는 명재
상으로 칭송받았다. 그러나 박포의 아내와 간통한 혐의를
받고, 제주 감목관 태석균의 감형을 사사로이 사헌부에
청탁한 잘못을 저지르기도 했다.

회계사 會計司

호조 소속의 관청으로 서울과 지방 관청에 모아둔 물건을
관리하고, 1년의 수입과 지출을 계산하는 일을 담당했다.

회니시비 懷尼是非

윤증이 아버지 윤선거의 묘문을 송시열에게 써달라고 부
탁했으나, 송시열이 과거 윤선거가 자신이 사문난적이라
비난한 윤휴를 옹호했던 일을 문제 삼으며 묘문을 형편없
이 적어주었다. 이 모습에 실망한 윤증이 송시열을 비난
하는 편지(「신유의서」)를 쓰자, 1684년(숙종 10) 최신이 윤
증의 처벌을 요구했다. 이를 두고 서인은 윤증을 옹호하

ㅎ

는 사람은 소론, 송시열을 옹호하는 사람은 노론으로 나뉜다. 송시열이 살던 충청도 회덕과 윤증이 살던 이산의 앞 글자를 따 당시 상황을 '회니시비'라 부른다.

회퇴변척 晦退辨斥

1610년(광해 2) 정인홍이 문묘 종사에 스승 조식이 빠진 것에 반발해 회재 이언적과 퇴계 이황을 비판하는 상소문을 올렸다. 이에 반발한 성균관 유생 500명은 성균관 유적인 「청금록」에서 정인홍을 삭제했다. 이런 모습을 못마땅하게 바라본 광해군이 성균관 유생을 처벌하고자 했으나 좌의정 이항복의 중재로 마무리되었다. 정인홍의 대북파는 회퇴변척으로 큰 타격을 입지만, 서인은 유생을 지지층으로 삼아 인조반정을 준비한다.

효령대군(1396~1486)

태종의 둘째 아들이자 세종의 형이다. 회암사 중수를 건의하고 조성도감제조로 원각사 건립을 감독했다. 직접 『원각경』을 국역해 간행하는 등 불교에 관심을 두었던 효령대군은 성종 때 91세로 죽었다.

효명세자(1809~1830)

순조의 맏아들로 숙종 이후 150년 만에 적통으로 태어나 네 살에 세자로 책봉되었다. 순조는 열네 살의 효명세자에게 왕실 제사 업무를 맡기고 열아홉 살이 되던 해 대리청정하도록 했다. 기존의 대리청정과는 달리 인사권과 군사권을 모두 행사하게 된 효명세자는 풍양 조씨를 등용해 안동 김씨를 견제하고자 했다. 특히 자신이 직접 만든 악장과 가사, 궁중 무용 정재무를 궁중 연회에서 선보이며 왕실의 위엄을 보였다. 그러나 갑자기 피를 토한 지 14일 만에 스물한 살의 나이로 죽었다.

ㅎ

효종(1619~1659, 재위 1649~1659)

인조의 둘째 아들로 소현세자와 함께 청나라에 볼모로 끌려갔다. 소현세자가 죽은 지 4년 후에 국왕으로 즉위해 병자호란을 설욕하고 명나라를 부흥시키기 위한 북벌을 준비해 군제 개편과 군사훈련을 강화했다. 청나라의 요청으로 나선정벌에 두 차례 참여해 조선군의 위력을 보여주었다. 경제적으로는 김육의 의견을 받아들여 충청도와 전라도에 대동법을 시행하고 상평통보를 유통하고자 노력했다. 또한 『농가집성』 등 실제 생활에 필요한 서적을 간행하고 보급했다.

후시 後市

청나라와의 사무역과 밀무역을 일컫는 말로 북경의 회동관 후시, 중강 후시, 책문 후시 등이 있었다.

| 조선이 외국과 비공식적인 무역을 하던 후시 |

후천개벽사상 後天開闢思想

동학, 증산교, 원불교 등 조선 후기에 만들어진 종교가 내
세운 사상이다. 지금의 세상이 끝나고 백성들이 바라는

새로운 세상이 곧 다가올 것이라는 내용이 담겨 있다.

훈구파 勳舊派

넓게는 조선 전기 왕을 보필하면서 공을 세운 훈구대신을
의미하며, 좁은 의미로는 계유정난에서 공을 세운 공신
집단과 후손을 의미한다. 자주적이고 주체적인 태도로 문
물 제도를 정비하던 훈구파는 여러 번의 정변으로 권력과
부를 독점하는 대지주, 대상인이 되어 부정부패를 저지르
는 적폐가 되어 갔다. 이들로 인해 국가와 백성의 삶이 피
폐해지자, 사림파가 이들을 정계에서 축출했다.

훈련도감 訓鍊都監

1593년(선조 26) 유성룡의 건의로 급료를 받는 군인이 국
왕을 호위하고 도성의 방어를 담당하게 하는 훈련도감이
만들어진다. 중앙군의 핵심 부대인 만큼 평안도와 함경도
를 제외한 6도에서 거둔 삼수미를 부대 운영에 사용했으

며, 자체적으로 무기장 운영과 군량 마련을 위한 둔전 경영이 허락되었다. 포수, 살수, 사수 5천여 명으로 구성된 훈련도감은 유생부터 노비, 승려에 이르기까지 다양한 신분으로 구성되었다.

훈련원 訓鍊院

1392년(태조 1) 군사들의 무예 능력을 연마 및 시험하는 기관인 훈련관으로 시작되었다가, 1466년(세조 12) 훈련원으로 명칭이 바뀌었다. 조선시대 계속 운영되던 훈련원은 1907년(순종 즉위년) 일본에 의해 강제 폐지된다.

훈민정음 訓民正音

『훈민정음』은 '백성을 가르치는 올바른 소리'라는 뜻을 가진 서책으로 1446년 세종이 한글을 만든 이유와 사용법을 간략하게 적은 『예의본』과 집현전 학자들이 한글 원리를 설명하는 『해례본』으로 구성되어 있다. 특히 『해례본』 덕분에 한글이 인류 역사상 최초로 발음기관을 본떠 백성을 위해 만든 글자라는 것이 밝혀졌다. 대한민국 정부는 『훈민정음 해례본』 발간일인 10월 9일을 한글날로 지정해 기념하고

| 『훈민정음 해례본』 |

ⓒJocelyndurrey

있으며, 『훈민정음 해례본』은 유네스코 세계기록유산으로 등재되어 있다.

훈민정음운해 訓民正音韻解

1750년(영조 26) 신경준이 한자음을 표시하기 위해 한글의 원리를 연구해 집필한 책으로 『훈민정음도해』라고도 불린다. 한글의 자음과 모음에 관한 설명 외에도 한글 이전에 고대 문자가 한국에 있었다는 주장이 담겨 있다. 또한 표음문자로서의 한글의 우수성과 방언에 관한 연구 결과도 담겨 있다.

조선사 개념어 사전

휼양전 恤養田

과전법에서는 관료가 죽으면 받았던 과전을 반납해야 했
다. 그러나 관료와 아내가 모두 죽었을 때 자손이 어리면
지급된 과전을 반납하지 않고 상속이 가능하게 하여 생계
를 유지할 수 있도록 했다. 이때 지급된 토지를 휼양전이
라고 한다. 그러나 휼양전을 통해 불법으로 토지를 소유
하는 일이 많아지면서 과전법이 폐지되는 원인이 된다.

흠흠신서 欽欽新書

정약용이 저술한 형법서이자 우리나라 최초의 율학 연구
서로 1822년(순조 22) 30권 10책으로 간행되었다.『대명
률』과『경국대전』의 형벌 규정과 판례 외에도 살인사건을
해결하는 데 필요한 실무 지식 등이 수록되어 있다.

ㅎ

흥청 興淸

연산군 때 운평 중에서 나이와 용모를 보고 선발된 300명
의 여인으로 왕을 가까이 모신 지과흥청, 임금과 잠자리
를 함께한 천과흥청으로 나뉜다. 흥청의 보증인을 '꽃을
보호하고 봄을 보탠다'는 뜻의 '호화첨춘(護花添春)'이라
불렀고, 흥청이 입는 옷은 '상서로움을 맞이하는 옷'이란
뜻의 '아상복(迓祥服)', 흥청의 식료품을 저장하는 공간은
'화려함을 보호하는 창고'라 해 '호화고(護華庫)'라 불렀다.
대표적인 흥청 출신 인물로 장녹수가 있다.

조선사 개념어 사전

초판 1쇄 발행 2025년 2월 24일

지은이 유정호
펴낸곳 믹스커피
펴낸이 오운영
경영총괄 박종명
편집 김형욱 최윤정 이광민
디자인 윤지예 이영재
마케팅 문준영 이지은 박미애
디지털콘텐츠 안태정
등록번호 제2018-000146호(2018년 1월 23일)
주소 04091 서울시 마포구 토정로 222 한국출판콘텐츠센터 319호 (신수동)
전화 (02)719-7735
팩스 (02)719-7736
이메일 onobooks2018@naver.com
블로그 blog.naver.com/onobooks2018

값 25,000원
ISBN 979-11-7043-617-1 03910